国家发展和改革委员会就业收入分配和消费司

北京师范大学中国收入分配研究院 ／ 编著

ANNUAL REPORT ON

CHINA HOUSEHOLD
INCOME DISTRIBUTION
（ 2 0 2 2 ）

中国居民收入分配
年度报告（2022）

社会科学文献出版社

SOCIAL SCIENCES ACADEMIC PRESS (CHINA)

《中国居民收入分配年度报告(2022)》
编写委员会

前　言

收入是民生之源，也是消费之基。党的二十大提出，"分配制度是促进共同富裕的基础性制度。坚持按劳分配为主体、多种分配方式并存，构建初次分配、再分配、第三次分配协调配套的制度体系"，这为当前和今后一段时间的收入分配工作指明了方向。

中国特色社会主义进入新时代，我国社会主要矛盾已经转化为人民日益增长的美好生活需要和不平衡不充分的发展之间的矛盾。要有效解决新时代主要矛盾，必须坚持以习近平新时代中国特色社会主义思想为指导，深入贯彻落实党的二十大精神，坚持以人民为中心的发展思想，紧紧抓住人民最关心最直接最现实的利益问题，实现好、维护好、发展好最广大人民根本利益，坚持在发展中保障和改善民生，坚持尽力而为、量力而行，深入群众、深入基层，采取更多惠民生、暖民心举措，着力解决好人民群众急难愁盼问题，扎实推进共同富裕，不断实现人民对美好生活的向往。

新中国成立 70 多年来，我国经济发展质量效益稳步提升，人民生活持续改善，收入分配格局不断优化。2022 年，我国国内生产总值超过 120 万亿元，人均国内生产总值达到 1.27 万美元，综合国力进一步增强，超大规模市场优势进一步显现，扎实推进共同富裕的条件更加成熟。但是，也要看到，世界百年未有之大变局加速演进，世界进入新的动荡变革期，我国发展进入战略机遇和风险挑战并存、不确定难预料因素增多的时期，给改善国民收入分配格局带来新的挑战。面对内外部的机遇和挑战，收入分配领域会发生哪些主要变化，出现哪些苗头性、倾向性、潜在性问题？推动收入分配领域重点工作，应当采取什么样的思路、原则和政策举措？要解决这些问题，清醒认识收入分配基本形势尤为重要。《中国居民收入分配年度报告（2022）》的内容涵盖了全国居民收入分配总体状况以及分城乡、地区、行业、群体的居民收入情况，系统介绍了财政、税收、社会保险、社会救助、农民工工资支付等方面重大政策和重点工作实施进展情况，客观反映了当前我国居民收入分配领域的全貌，既可以为政府部门研究制定调节收入分配的政策举措提供参考依据，也能够为研究机构深化收入分配领域学术研究、企业做出生产经营决策、个人在劳动力市场上的就业选择等提供多角度的信息和资料，具有较强的理论和现实意义。

本书的组织编写工作由国家发展改革委与北京师范大学共同完成，参加的部门包括民政部、财政部、人力资源社会保障部、农业农村部、国家卫生健康委、国家税务总局、国家统计局、中国证监会等。全书共 17 章，其中，第 1 章到第 5 章是居民收入分配的年度统计资料和分析报告，包括分城乡、分地区、分行业收入分配情况等；第 6 章到第 11 章是与居民收入密切相关的个人所得税、社会保险、财政再分配、特殊群体保障、慈善事业、农民增收等收入分配领域重点工作进展情况；第 12 章到第 17 章，是保障农民工工资支付、技能人才培养、深化资本市场改革、深入推进公立医院薪酬制度改革、扎实推动共同富裕、全球财富不平等变化趋势等收入分配重点、热点问题研究。全书内容紧扣当前收入分配领域实际情况和政策导向，同时也反映了部分新的学术动态和专家观点，提供了收入分配研究的新视角，供读者参考。本书附录是 2021 年国家出台的有关收入分配的政策性文件及主要收入分配统计资料。由于本书为每年连续编写，因此各年数据可连续观察，便于比较研究、判断发展趋势。

本书的具体编写工作由国家发展改革委就业收入分配和消费司、北京师范大学中国收入分配研究院牵头组织，在民政部规划财务司、慈善事业促进和社会工作司，财政部综合司，人力资源社会保障部职业能力建设司、劳动保障监察局、社会保险事业管理中心，农业农村部政策与改革司，国家卫生健康委人事司，国家税务总局所得税司，国家统计局国民经济核算司、住户调查司、人口和就业统计司，中国证监会中证金融研究院等共同努力下完成，对以上领导和专家同仁以及这些部门机构的合作与支持，我们在此一并表示衷心的感谢！

限于我们的水平，本书在编写中会有不少不足，恳请广大读者给予指正，以便我们在今后不断改进，全面、准确、及时做好《中国居民收入分配年度报告》的编写工作。

国家发展改革委就业收入分配和消费司

北京师范大学中国收入分配研究院

2023 年 4 月

目　录

第一章
从资金流量表看我国居民收入分配状况

2020 年，面对严峻复杂的国际形势、艰巨繁重的改革发展稳定任务，特别是新冠肺炎疫情的严重冲击，以习近平同志为核心的党中央统揽全局，坚持稳中求进工作总基调，全面贯彻新发展理念，加快构建新发展格局，全国居民收入继续保持稳定增长，居民收入在宏观收入中的占比进一步提高，宏观收入分配状况持续改善。

一 我国居民收入分配结构状况

宏观收入分配状况通常指国民总收入及国民可支配总收入在住户部门①、企业部门②和广义政府部门三者之间的分配关系。住户部门通常可以称作居民或居民部门。在国民经济核算中，住户部门收入分为三个层次，分别是初次分配总收入、可支配总收入、调整后可支配总收入。

初次分配总收入是指生产活动所创造的价值在参与生产活动的生产要素所有者及政府之间分配后形成的收入。生产要素主要包括劳动力、资本、自然资源等。住户部门、企业部门和广义政府部门初次分配总收入之和等于国民总收入（GNI）。2020 年，我国住户部门初次分配总收入为 62.4 万亿元③，占国民总收入比重达到 62.0%，与上年相比提高了 0.6 个百分点。

---

① 根据国民经济核算体系对机构部门的定义，住户部门由共享同一生活设施，共同使用部分或全部收入和财产，共同消费住房、食品和其他消费品与服务的常住个人或个人群体组成。由此可见，居民在国民经济核算中即指住户部门。
② 企业部门包括非金融企业部门和金融机构部门。
③ 本章部分数据因四舍五入原因存在计算误差，未做机械调整。

可支配总收入是在初次分配总收入基础上，经过机构部门间的经常转移后形成的收入。经常转移的主要形式有所得税、财产税等经常税，社会保险缴款，社会保险福利，社会补助以及其他经常转移。经过经常转移形式进行再分配之后，各机构部门的收入分配结构基本没有发生大的变化。2020年，我国住户部门可支配总收入为62.6万亿元，占国民可支配总收入比重为62.2%，比初次分配总收入占比提高0.2个百分点，与上年相比提高了1.9个百分点。

调整后可支配总收入在机构部门可支配总收入的基础上，加上该部门获得的实物社会转移，减去该部门提供的实物社会转移后得到，反映各部门获得的可用于实际最终消费的收入总和。实物社会转移只涉及广义政府部门和住户部门，指广义政府部门免费或以没有显著经济意义的价格向居民提供消费性货物和服务的支出，包括政府为居民提供的教育、医疗、文化体育、社会保障服务等。经过实物社会转移后，住户部门收入占比进一步提高。2020年，我国住户部门调整后可支配总收入为69.4万亿元，占调整后国民可支配总收入比重为69.0%，比可支配总收入占比提高6.8个百分点，与上年相比提高了2.3个百分点。

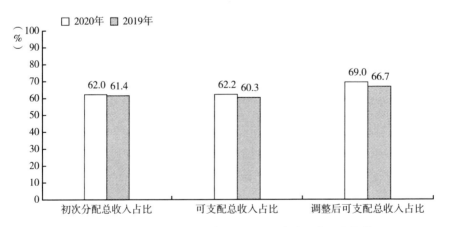

图1-1 2019~2020年我国住户部门不同层次收入占比变化情况

二　影响居民收入分配状况变化的主要因素

根据收入分配的流程，住户部门初次分配总收入主要由劳动者报酬、总营业盈余①、财产净收入三个交易项目构成。住户部门在初次分配基础上，经过经常转移交易项目，形成住户部门可支配总收入。之后再经过实物社会转移交易项目，形成住户部门调整后可支配总收入。以上五个交易项目是影响住户部门收入变化的主要因素。2020年我国住户部门调整后可支配总收入中，劳动者报酬占比为76.3%，总营业盈余占比为8.6%，财产净收入占比为5.0%，经常转移净额占比为0.3%，实物社会转移占比为9.8%。

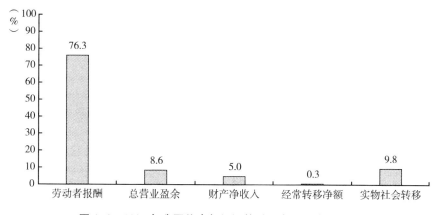

图1-2　2020年我国住户部门调整后可支配总收入构成

（一）劳动者报酬占国民总收入的比重有所提高

劳动者报酬指在核算期内劳动者从事生产活动应获得的全部报酬，具体包括两大类：一是劳动者在单位就业获得的劳动报酬，包括工资、奖金、津贴和补贴，单位为员工缴纳的社会保险费和住房公积金，以及其他各种形式的福利和报酬等；二是个体经济活动中自雇者的劳动报酬，需要

———————

①　住户部门总营业盈余指住户部门增加值减去支付的劳动者报酬与生产税净额后的余额。

将个体经营收入按一定比例在劳动者报酬和营业盈余之间进行区分。2020年我国住户部门劳动者报酬达到53.0万亿元，占国民总收入比重为52.7%，比2019年提高0.5个百分点。劳动者报酬占住户部门初次分配总收入的比重为84.9%，占住户部门可支配总收入的比重为84.6%，均超过80%。劳动者报酬是住户部门收入的主要来源，提高劳动者报酬在初次分配中的比重是增加居民收入的重要手段，有利于改善宏观收入分配格局。

（二）总营业盈余占居民可支配收入的比重略有回落

居民收入中的总营业盈余主要包括农户和城镇个体经营户的营业利润和固定资产折旧，以及居民自有住房折旧。总营业盈余是住户部门可支配总收入的第二大来源，占住户部门可支配总收入比重近年来在10%左右，整体较稳定。2020年住户部门总营业盈余达到6.0万亿元，占住户部门可支配总收入比重为9.5%，比2019年回落0.5个百分点。

（三）财产净收入占居民可支配收入的比重有所提高

居民财产收入作为居民收入的重要来源，主要包括居民获得的利息收入、红利收入和归属于居民的保险准备金投资收益；财产支出主要包括利息支出。收支相抵之后的余额就是住户部门财产净收入。我国住户部门财产收入主要是储蓄存款的利息收入，来源渠道比较单一，财产净收入在可支配总收入中的占比较低。2020年住户部门财产净收入为3.5万亿元，占住户部门可支配总收入比重为5.5%，比2019年提高0.2个百分点。

（四）经常转移净额占居民可支配收入的比重有所提高

居民经常转移收入包括居民获得的社会保险福利、财产险赔付收入、社会补助、从国外获得的经常转移收入等；经常转移支出包括居民缴纳的个人所得税、社会保险缴款、财产险保费支出以及对国外的经常转移支付等。收支相抵之后的余额即为经常转移净额。2020年住户部门经常转移净额为0.2

万亿元，占住户部门可支配总收入比重为 0.3%，比 2019 年上升 2.1 个百分点。虽然住户部门经常转移净额总量并不大，对住户部门可支配总收入的影响有限，但它对于发挥财政的再分配功能，调节居民收入差距具有十分重要的意义。

（五）实物社会转移总量稳步提升

实物社会转移是指广义政府部门免费或以没有显著经济意义的价格向居民提供消费性货物和服务的支出。我国政府向居民提供了大量的教育、医疗、文化体育、社会保障等服务，这些服务费用虽然由政府支出，但真正享受者是居民个人，属于政府对居民的实物社会转移，即政府为居民提供的社会福利。2020 年住户部门实物社会转移收入为 6.8 万亿元，比 2019 年增加了 0.6 万亿元，同比增长 8.9%。

三　居民收入分配中存在的主要问题

2020 年，初次分配与再分配环节中居民收入均稳步提高，宏观收入分配格局逐步优化。从住户部门、企业部门和广义政府部门三者分配关系看，我国宏观收入分配结构仍需改善，居民收入占比仍有提升空间、居民财产收入占比偏低、实物社会转移占比相对较低等，都是当前居民收入分配存在的主要问题，收入分配领域长期形成的一些结构性问题还需要在改革与发展中不断加以解决。

（一）居民收入在宏观收入分配中所占比重仍有提升空间

从我国与其他部分国家住户部门收入分配格局的对比情况看，2020 年我国住户部门初次分配总收入、可支配总收入占国民总收入和国民可支配总收入的比重分别为 62.0% 和 62.2%，分别比美国低 19.5 个和 20.5 个百分点，比英国低 13.8 个和 6.4 个百分点，也低于巴西、南非等金砖国家。住户部门调整后可支配总收入占调整后国民可支配总收入比重为 69.0%，分别比美国和英国低 22.3 个和 17.6 个百分点，也低于德国、日本等国家。与其他部分国家相比，我国居民收入在国民收入中所占比重仍有进一步提升的空间。努力增加居民收入，继续提高居民收入在初次分配和再分配中的比重，依然是今后相当长时期内应该坚持的政策目标。

表 1-1　2020 年部分国家住户部门收入占比情况

单位：%

国　家	初次分配总收入占国民总收入比重	可支配总收入占国民可支配总收入比重	调整后可支配总收入占调整后国民可支配总收入比重
中　国	62.0	62.2	69.0
美　国	81.5	82.7	91.3
英　国	75.8	68.6	86.6
德　国	74.0	61.6	77.0
日　本	65.0	61.8	75.8
巴　西	70.5	72.8	83.3
南　非	68.5	62.7	72.6
俄罗斯	59.5	57.2	65.8

注：①因数据无法分离，南非为住户服务的非营利机构数据包含在住户部门数据中；②由于部分国家 2020 年数据尚未发布，因此表中南非、巴西、俄罗斯数据为 2019 年数据。③数据因四舍五入原因存在计算误差，未做机械调整。以下图、表同。

资料来源：OECD 数据库。

（二）居民财产收入占比较低

财产收入是住户部门收入的重要来源，但长期以来，我国住户部门财产收入占国民总收入及住户部门初次分配总收入的比重较低。2020 年，我国住户部门财产净收入占国民总收入比重为 3.4%，比美国低 6.2 个百分点，比英国低 4.1 个百分点，比德国低 5.4 个百分点。我国住户部门财产收入占该部门初次分配总收入比重为 7.9%，比美国低 9.5 个百分点，比英国低 3.2 个百分点，比德国低 4.7 个百分点。

表 1-2　2020 年部分国家住户部门财产收入占比情况

单位：%

国　　家	财产净收入占 国民总收入比重	财产收入占 该部门初次分配总收入比重
中　国	3.4	7.9
美　国	9.6	17.4
英　国	7.5	11.1
德　国	8.8	12.6
日　本	4.4	7.3
巴　西	9.3	18.4
南　非	6.1	16.2

（三）实物社会转移占国民可支配总收入的比重相对较低

实物社会转移指广义政府部门向居民提供教育、医疗、文化体育、社会保障等消费性货物和服务的支出，反映了政府在改善民生方面发挥的重要作用。2020 年，我国实物社会转移为 6.8 万亿元，占国民可支配总收入的比重为 6.8%，比美国低 1.8 个百分点，比日本低 7.2 个百分点，比英国低 11.1 个百分点，也低于德国、南非、巴西。

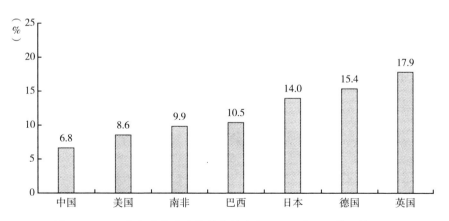

图 1-3　2020 年部分国家实物社会转移占国民可支配总收入的比重

四 改善居民收入分配的政策建议

当前，我国正面临百年未有之大变局，经济发展面临需求收缩、供给冲击、预期转弱三重压力。在这种情况下，我们要保持战略定力，集中力量办好自己的事，牢牢把握高质量发展这个主题，坚持把实现好、维护好、发展好最广大人民根本利益作为发展的出发点和落脚点，提高劳动者报酬在初次分配收入中的比重，多渠道增加居民财产收入，加大再分配调节力度。

（一）提高劳动者报酬在初次分配收入中的比重

劳动者报酬是居民收入的主要来源，必须坚持按劳分配为主体、多种分配方式并存，提高劳动报酬在初次分配中的比重。一是强化就业优先政策。要把稳就业工作摆在更加突出的位置，千方百计稳定和扩大就业，坚持经济发展就业导向，扩大就业容量，提升就业质量，促进充分就业。健全就业公共服务体系，加大职业技能培训支持力度，完善促进创业带动就业、多渠道灵活就业的保障制度，提升劳动者就业创业能力。完善高校毕业生、退役军人、农民工等重点群体就业支持体系，帮扶残疾人、零就业家庭成员就业。二是切实加强劳动者权益保障，健全劳动法律法规体系，完善政府、工会、企业共同参与的协商协调机制，构建和谐劳动关系。三是完善工资制度，健全工资合理增长机制和支付保障机制，完善最低工资标准和工资指导线制度。

（二）多渠道增加居民财产收入

长期以来，我国居民财产收入占可支配收入的比重较低，且收入来源单一，最主要的来源为利息收入。因此，提高居民收入要加大改革力度，多渠道增加居民财产收入。一是不断丰富适应家庭财富管理需求的投资理财产品，适度扩大国债、地方政府债券面向个人投资者的发行额度，增加居民在储蓄、银行理财、债券、保险、信托等方面的收益。二是促进资本市场平稳健康发展，完善上市公司分红制度，引导上市公司结合自身发展阶段和资金状况，通过现金分红、股份回购等方式回报投资者，强化市场长期投资理念，稳定资本市场财产性收入预期。三是增加农民财产性收入，依法保护农民对承包土地所享有的占有、使用、收益等法定权利，完善土地承包经营权流转市场，健全土地流转规范管理制度，探索更多放活土地经营权的有效途径，增加土地流转收益；改革征地制度，提高农民土地增值收益分享比例。

（三）加大再分配调节力度

在收入再分配环节，政府要综合运用税收、社会保障及转移支付等政策措施，加大对收入分配的调节力度，提高居民可支配收入水平。一是健全以所得税和财产税为主体的直接税体系，进一步完善综合与分类相结合的个人所得税制度，稳妥推进房地产税立法，有效发挥直接税调节收入分配的作用。二是进一步优化财政支出结构，继续加大财政资金对于就业、教育、医疗卫生、社会保障、保障性住房等民生领域的投入力度。三是加快健全覆盖全民的多层次社会保障体系，稳步提高社会保障水平。健全养老保险制度体系，促进基本养老保险基金长期平衡，推动基本医疗保险、失业保险、工伤保险省级统筹，健全灵活就业人员、新业态就业人员参加社会保险制度。四是加强社会救助和社会福利体系建设。以基本生活救助、专项社会救助、急难社会救助为主体，以城乡低保对象、特殊困难人员、低收入家庭为重点，健全分层分类的社会救助体系，推进社会救助制度城乡统筹。

（国家统计局国民经济核算司）

第二章

2021年就业人员工资情况分析

2021年，面对依然严峻的新冠肺炎疫情防控形势，党中央国务院始终坚持人民至上、生命至上，坚持外防输入、内防反弹，最大限度地保护了人民生命安全和身体健康，统筹疫情防控和经济社会发展取得重大积极成果，全国城镇单位就业人员平均工资稳步增长。本章对2021年我国城镇单位就业人员工资基本情况及变化特点进行深入分析，并提出政策建议。

一　就业人员工资水平基本情况

2021年，全国城镇非私营单位就业人员平均工资为106837元，首次超过10万元，与2020年的97379元相比，增加9458元，同比名义增长9.7%，增速比上年提高2.1个百分点。扣除价格因素影响，城镇非私营单位就业人员平均工资实际增长8.6%，与2020年的5.2%相比，上升了3.4个百分点。

2021年，全国城镇私营单位就业人员平均工资为62884元，与2020年的57727元相比，增加5157元，同比名义增长8.9%，增速比上年提高1.2个百分点。扣除价格因素影响，城镇私营单位就业人员平均工资实际增长7.8%，与2020年的5.3%相比，上升了2.5个百分点。

图2-1显示了城镇非私营单位就业人员平均工资水平变化与经济增长的关系。可以看出，过去十年间，城镇非私营单位就业人员实际工资水平增长趋势和GDP增长趋势较为吻合，平均工资增长呈现与国民经济同步增长的特征，表明经济增长是平均工资增长的重要基础。2013年和2014年城镇

非私营单位就业人员实际工资增长率低于 GDP 增长率, 2015 年受政策调资的影响, 实际工资增长率高于 GDP 增长率, 2016 年政策性增资力度减弱, 实际工资增长率与 GDP 增长率基本持平。2017 年以来, 激发重点活力和支持人才创新等收入分配政策落地见效, 拉动就业人员平均工资增长, 实际工资增长率超过 GDP 增长率, 直至 2019 年二者差距有所缩小。2020 年, 面对新冠肺炎疫情的严重冲击, GDP 增速放缓, 但由于工资具有刚性增长的特征, 实际工资增长率仅略有下降, 导致二者差距达到近 10 年来最大值。2021 年 GDP 增长率大幅提高, 与实际工资增速趋同。

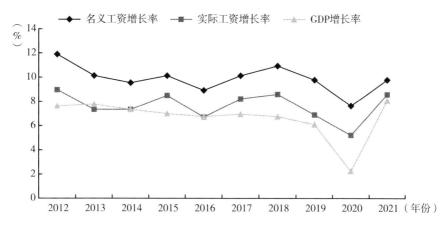

图 2-1　2012~2021 年城镇非私营单位就业人员平均工资与经济增长变化情况

二　分行业、分地区、分登记注册类型、分岗位等工资状况

（一）多数行业工资增速高于上年

从行业门类看, 2021 年城镇非私营单位年平均工资排名前三位的分别是信息传输、软件和信息技术服务业 201506 元, 科学研究和技术服务业 151776 元, 金融业 150843 元, 与全行业平均工资的比率分别为 1.89、1.42

和 1.41；排名后三位的是住宿和餐饮业 53631 元，农、林、牧、渔业 53819 元，居民服务、修理和其他服务业 65193 元，与全行业平均工资的比率分别为 0.50、0.50 和 0.61。与 2020 年相比，2021 年行业门类排名情况变动不大，仅有 6 个行业门类排名略有变化。信息传输、软件和信息技术服务业仍排名第一，住宿和餐饮业取代农、林、牧、渔业，排名最末，卫生和社会工作、制造业，农、林、牧、渔业这 3 个行业排名分别上升 1 位，电力、热力、燃气及水生产和供应业，房地产业，住宿和餐饮业这 3 个行业排名分别下降 1 位。

2021 年，19 个行业门类就业人员平均工资相比 2020 年，均有不同程度的增长，多数行业增速高于上年。其中，增速排名前三的行业分别是信息传输、软件和信息技术服务业，金融业和采矿业，平均工资增速分别为 13.5%、13.1% 和 12.2%。信息化数字化的快速发展，加之疫情推动线上需求呈爆发式增长，使得近几年信息传输、软件和信息技术服务业工资一直保持较快增长。2021 年信息传输、软件和信息技术服务业平均工资增长 13.5%，比上年加快 3.5 个百分点。金融业 2021 年行情逐步回暖，部分金融公司业绩提高，员工薪酬增加明显，部分大型保险公司减员增效，保险代办员大量减少，行业平均工资水平提高，加之 2020 年平均工资基数较低，仅增长 1.5%，2021 年，金融业就业人员平均工资增长 13.1%，比上年加快 11.6 个百分点。随着煤炭等能源价格的持续走高，2021 年采矿业企业效益提高，采矿业平均工资增速达 12.2%，高于均值 2.5 个百分点。

受多重因素影响，部分行业受疫情影响较大，平均工资增速回落幅度较大。2021 年，文化、体育和娱乐业平均工资增长 4.7%，增幅比上年提高 0.6 个百分点；教育行业平均工资增长 4.6%，增幅比上年回落 4.4 个百分点；水利、环境和公共设施管理业平均工资增长 3.0%，增幅比上年回落 1.5 个百分点。

表2-1 分行业门类城镇非私营单位平均工资

行业门类	2021年				2020年			
	平均工资（元）	与全行业平均工资的比率	排名	增速（%）	平均工资（元）	与全行业平均工资的比率	排名	增速（%）
全行业平均工资	106837	—	—	9.7	97379	—	—	7.6
信息传输、软件和信息技术服务业	201506	1.89	1	13.5	177544	1.82	1	10.0
科学研究和技术服务业	151776	1.42	2	8.5	139851	1.44	2	4.8
金融业	150843	1.41	3	13.1	133390	1.37	3	1.5
卫生和社会工作	126828	1.19	4	9.9	115449	1.19	5	6.0
电力、热力、燃气及水生产和供应业	125332	1.17	5	7.4	116728	1.20	4	8.3
文化、体育和娱乐业	117329	1.10	6	4.7	112081	1.15	6	4.1
教育	111392	1.04	7	4.6	106474	1.09	7	9.0
公共管理、社会保障和社会组织	111361	1.04	8	6.6	104487	1.07	8	10.7
交通运输、仓储和邮政业	109851	1.03	9	9.2	100642	1.03	9	3.7
采矿业	108467	1.02	10	12.2	96674	0.99	10	6.2
批发和零售业	107735	1.01	11	11.6	96521	0.99	11	8.4
租赁和商务服务业	102537	0.96	12	10.3	92924	0.95	12	5.4
制造业	92459	0.87	13	11.7	82783	0.85	14	5.9
房地产业	91143	0.85	14	8.8	83807	0.86	13	4.6
建筑业	75762	0.71	15	8.3	69986	0.72	15	6.7
水利、环境和公共设施管理业	65802	0.62	16	3.0	63914	0.66	16	4.5
居民服务、修理和其他服务业	65193	0.61	17	7.4	60722	0.62	17	0.8
农、林、牧、渔业	53819	0.50	18	10.9	48540	0.50	19	23.4
住宿和餐饮业	53631	0.50	19	9.8	48833	0.50	18	-3.0

　　从行业大类看，2021年城镇非私营单位年平均工资排名前十的行业类别与2020年相比，除新闻和出版业取代体育行业成为排名第十的行业外，其他类别没有变化，仅具体位次顺序略有改变。其中，资本市场服务超过其

他金融业跃居榜首，软件和信息技术服务业超过货币金融服务，位居第五。平均工资排名前三的分别是资本市场服务 441005 元、其他金融业 396464 元、互联网和相关服务 269906 元，与全行业平均工资的比率分别为 4.13、3.71 和 2.53。对 2021 年城镇非私营单位年平均工资最高的十个行业进行整体观察，其他金融业、资本市场服务业、烟草制品业、货币金融服务、航空运输业、管道运输业属于竞争不充分行业，其余行业即互联网和相关服务、软件和信息技术服务业、研究和试验发展、新闻和出版业，都对就业人员的受教育水平和专业水平有较高要求。数据结果继续呈现出竞争越不充分、就业人员受教育水平和专业水平越高的行业，其就业人员平均工资水平越高的特点。

表 2-2　城镇非私营单位平均工资最高的十个行业大类

排名	2021 年			2020 年		
	行业大类	平均工资（元）	与全行业平均工资比率	行业大类	平均工资（元）	与全行业平均工资比率
1	资本市场服务	441005	4.13	其他金融业	375935	3.86
2	其他金融业	396464	3.71	资本市场服务	363884	3.74
3	互联网和相关服务	269906	2.53	互联网和相关服务	245589	2.52
4	烟草制品业	236088	2.21	烟草制品业	209059	2.15
5	软件和信息技术服务业	214252	2.01	货币金融服务	193624	1.99
6	货币金融服务	203571	1.91	软件和信息技术服务业	191679	1.97
7	研究和试验发展	191949	1.80	研究和试验发展	174127	1.79
8	管道运输业	176868	1.66	管道运输业	164566	1.69
9	航空运输业	168024	1.57	航空运输业	156748	1.61
10	新闻和出版业	154062	1.44	体育	142152	1.46

　　2021 年城镇非私营单位年平均工资排名后十位的行业类别与 2020 年相比，位次有所变化，纺织服装、服饰业进入后十位，排名第十，文教、工

美、体育和娱乐用品制造业退出后十位。农业仍为工资最低的行业，木材加工和木、竹、藤、棕、草制品业排位与上年相同，居第九位，公共设施管理业，农、林、牧、渔专业及辅助性活动排名有所下降，皮革、毛皮、羽毛及其制品和制鞋业，住宿业排名有所上升。平均工资排名后三位的行业与上年相同，分别是农业40137元、餐饮业49130元、其他服务业52892元，与全行业平均工资的比率分别为0.38、0.46和0.50。整体上看，排名后十位行业的共同特征是都属于劳动密集型行业，市场竞争非常充分，对就业人员专业水平要求也比较低，进一步说明了竞争越充分、就业人员受教育水平和专业水平越低，该行业就业人员平均工资水平越低。

表2-3　城镇非私营单位平均工资最低的十个行业大类

排名	2021年			2020年		
	行业大类	平均工资（元）	与全行业平均工资比率	行业大类	平均工资（元）	与全行业平均工资比率
1	农业	40137	0.38	农业	34595	0.36
2	餐饮业	49130	0.46	餐饮业	44578	0.46
3	其他服务业	52892	0.50	其他服务业	49696	0.51
4	林业	56520	0.53	林业	52710	0.54
5	公共设施管理业	56865	0.53	皮革、毛皮、羽毛及其制品和制鞋业	53793	0.55
6	农、林、牧、渔专业及辅助性活动	59142	0.55	住宿业	54448	0.56
7	皮革、毛皮、羽毛及其制品和制鞋业	59766	0.56	农、林、牧、渔专业及辅助性活动	54964	0.56
8	住宿业	60347	0.56	公共设施管理业	55206	0.57
9	木材加工和木、竹、藤、棕、草制品业	63135	0.59	木材加工和木、竹、藤、棕、草制品业	56665	0.58
10	纺织服装、服饰业	64398	0.60	文教、工美、体育和娱乐用品制造业	57077	0.59

（二）东部地区平均工资最高且增速最快

分四大区域看，东部地区平均工资明显高于其他地区。2021年城镇非私营单位就业人员年平均工资由高到低依次是东部、西部、中部和东北地区，与2020年位次相同，平均工资分别为124019元、94964元、85533元和83575元，比2020年分别增加11647元、6964元、7340元和5944元。平均工资增速由高到低依次为东部10.4%、中部9.4%、西部7.9%、东北7.7%，其中，东部地区平均工资增速高于全国平均水平0.7个百分点，中部地区、西部地区和东北地区增速分别低于全国平均水平0.3个、1.8个和2.0个百分点。

表2-4 分区域城镇非私营单位就业人员平均工资

地区	排名	2021年			2020年		
		平均工资（元）	与全国平均工资的比率	增速（%）	平均工资（元）	与全国平均工资的比率	增速（%）
总计	—	106837	—	9.7	97379	—	7.6
东部地区	1	124019	1.16	10.4	112372	1.15	8.0
中部地区	3	85533	0.80	9.4	78193	0.80	6.4
西部地区	2	94964	0.89	7.9	88000	0.90	7.4
东北地区	4	83575	0.78	7.7	77631	0.80	8.2

（三）外商投资企业平均工资最高

分登记注册类型看，城镇非私营单位年平均工资最高的三种单位类型分别是外商投资企业126019元、股份有限公司121594元、国有单位115583元，分别为全国平均水平的1.18倍、1.14倍和1.08倍。年平均工资最低的是集体单位74491元，为全国平均水平的70%。

各登记注册类型单位平均工资较2020年都有所增长，但增长速度各异。有限责任公司、股份有限公司、港澳台商投资企业和外商投资企业的平均工资增速高于全国平均水平，国有单位和集体单位平均工资增速低于全国平均水平。其中，港澳台商投资企业增速仍最高，同比增长 13.9%；国有单位增速最低，同比增长 6.9%。

表 2-5 分登记注册类型城镇非私营单位平均工资

登记注册类型	2021 年			2020 年		
	平均工资（元）	与城镇非私营单位平均工资的比率	增速（%）	平均工资（元）	与城镇非私营单位平均工资的比率	增速（%）
总计	106837	—	9.7	97379	—	7.6
国有单位	115583	1.08	6.9	108132	1.11	9.3
集体单位	74491	0.70	8.6	68590	0.70	9.5
有限责任公司	93209	0.87	10.4	84439	0.87	6.2
股份有限公司	121594	1.14	12.0	108583	1.12	5.3
港澳台商投资企业	114034	1.07	13.9	100155	1.03	9.7
外商投资企业	126019	1.18	12.4	112089	1.15	5.1

（四）中层及以上管理人员工资水平最高

不同岗位就业人员的工资水平分析范围仅限于目前统计中的"四上单位"，即规模以上工业、有资质的建筑业、限额以上批发和零售业、限额以上住宿和餐饮业、有开发经营活动的全部房地产开发经营业、规模以上服务业法人单位。

2021 年全国规模以上企业就业人员年平均工资为 88115 元，比上年增长 10.3%。其中，中层及以上管理人员 180630 元，增长 9.5%；专业技术人员 125035 元，增长 11.1%；办事人员和有关人员 82512 元，增长 9.8%；社会生产服务和生活服务人员 68022 元，增长 9.8%；生产制造及有关人员 68506 元，增长 9.4%。中层及以上管理人员平均工资最高，是全部就业人员平均水平的 2.05 倍；社会生产服务和生活服务人员平均工资最低，是全部就业人员平均工资水平的 77%。岗位平均工资最高与最低之比为 2.66，与上年持平。

表 2-6 分岗位全国规模以上企业就业人员平均工资

岗位	2021 年			2020 年		
	平均工资（元）	与规模以上企业就业人员平均工资的比率	增速（%）	平均工资（元）	与规模以上企业就业人员平均工资的比率	增速（%）
规模以上企业就业人员	88115	—	10.3	79854	—	6.1
中层及以上管理人员	180630	2.05	9.5	164979	2.07	5.2
专业技术人员	125035	1.42	11.1	112576	1.41	6.4
办事人员和有关人员	82512	0.94	9.8	75167	0.94	6.0
社会生产服务和生活服务人员	68022	0.77	9.8	61938	0.78	3.2
生产制造及有关人员	68506	0.78	9.4	62610	0.78	5.1

三　政策建议

（一）实施就业优先战略，推动实现高质量充分就业

就业是最基本的民生。要深入贯彻以人民为中心的发展思想，强化就业优先政策，健全就业促进机制，健全就业公共服务体系；完善重点群体就业支持体系，加强困难群体就业兜底帮扶，切实增强人民群众获得感、幸福感、安全感；健全终身职业技能培训制度，推动解决结构性就业矛盾；完善促进创业带动就业的保障制度，支持和规范发展新就业形态；健全劳动法律法规，完善劳动关系协商协调机制，完善劳动者权益保障制度，加强灵活就业和新就业形态劳动者权益保障。

（二）深化工资收入分配制度改革，扎实推进共同富裕取得新成效

分配制度是促进共同富裕的基础性制度，要继续完善收入分配制度，坚持按劳分配为主体、多种分配方式并存，构建初次分配、再分配、第三次分配协调配套的制度体系，努力提高居民收入在国民收入分配中的比重，提高劳动报酬在初次分配中的比重；完善最低工资保障制度，鼓励勤劳致富，促进机会公平，增加低收入者收入；聚焦重点人群精准施策，探索通过多种渠道促进扩大中等收入群体；规范收入分配秩序，规范财富积累机制，保护合法收入，调节过高收入，取缔非法收入，让改革发展成果更多惠及全体人民，扎实推进共同富裕。

（三）调整优化产业布局和区域经济结构，贯彻新发展理念构建新发展格局

近年来我国经济发展取得了举世瞩目的成绩，但结构性体制性矛盾和发展不平衡不充分问题仍然突出。要进一步建设现代化产业体系，实施创新驱动发展战略，增强自主创新能力，加快实现高水平科技自立自强；区域收入分配差距仍然较大，尤其东部地区与其他地区平均工资差距明显，要着力推进区域协调发展，进一步形成优势互补、高质量发展的区域经济布局，推动构建西部大开发新格局，推动东北全面振兴取得新突破，促进中部地区加快崛起，鼓励东部地区加快推进现代化，推动经济实现质的有效提升和量的合理增长；继续支持中小微企业发展，优化民营企业发展环境，完善中国特色现代企业制度，激发企业和人才创新活力，提高科技成果转化和产业化水平。

（国家统计局人口和就业统计司）

第三章
2021年全国居民收入分配状况

2021年，面对复杂的国内国际形势和各种风险挑战，在以习近平同志为核心的党中央坚强领导下，各地区各部门认真贯彻落实党中央、国务院决策部署，扎实做好"六稳""六保"工作，国民经济持续保持稳定发展，城乡居民收入实现恢复性增长。2021年全国居民人均可支配收入实际增长8.1%，与经济增长基本同步，城乡间和地区间居民收入差距进一步缩小，收入分配状况持续改善。

一 全国居民收入状况

国家统计局对全国31个省（自治区、直辖市）16万户居民家庭开展的住户收支与生活状况调查显示，2021年全国居民人均可支配收入35128元，比上年名义增长9.1%，扣除价格因素影响，实际增长8.1%。全国居民人均可支配收入在上年基数较低的情况下保持稳步增长，与2019年相比，两年平均名义增长6.9%，实际增长5.1%。2021年国内生产总值增速为8.1%，考虑人口增长因素，人均国内生产总值增速为8.0%。全国居民人均可支配收入实际增速与国内生产总值（GDP）增速基本一致，略高于人均国内生产总值（人均GDP）增速，居民收入增长与经济增长基本同步。

党的十八大以来，全国居民人均可支配收入持续增长。2021年全国居民人均可支配收入比2012年的16510元增加18618元，累计名义增长

112.8%，年均名义增长 8.8%；扣除价格因素影响，累计实际增长 78.0%，年均实际增长 6.6%。2013~2021 年居民人均可支配收入年均实际增速略快于人均国内生产总值增速 0.5 个百分点。

图 3-1　**2012~2021 年全国居民人均可支配收入与人均 GDP 实际增速情况**

二　居民收入增长特点

（一）人均工资性收入增长① 9.6%

2021 年，全国居民人均工资性收入 19629 元，比上年增长 9.6%，两年平均增长 6.9%，对全国居民人均可支配收入增长的贡献率为 58.2%，拉动全国居民人均可支配收入增长 5.3 个百分点，是全国居民人均可支配收入增长最主要的拉动力量。工资性收入占可支配收入比重为 55.9%，比上年提高 0.2 个百分点。工资性收入稳定增长主要是由于各地加大稳岗扩岗激励力度，促进城镇新增就业不断增加，城镇调查失业率稳中有降，有力推动了城

---

① 以下如无特殊说明，增长率均为名义增长率。

镇居民工资收入继续增长。同时，县域经济持续发展促进本地务工机会增多，带动农村居民工资性收入稳定增长，2021 年本地农民工人数达到 12079 万人，比 2020 年同比增长 4.1%。2021 年本地农民工月均收入达到 3878 元，比 2020 年同比增长 7.5%。

（二）人均经营净收入增长11.0%

2021 年，全国居民人均经营净收入 5893 元，比上年增长 11.0%，两年平均增长 6.0%，对全国居民人均可支配收入增长的贡献率为 19.9%，拉动全国居民人均可支配收入增长 1.8 个百分点。经营净收入占可支配收入比重为 16.8%，比上年提高 0.3 个百分点。随着疫情防控常态化，城镇居民经营活动逐渐恢复，2021 年城镇居民人均经营净收入增长 14.2%。全国粮食产量再创新高、生猪价格企稳、部分农牧产品价格较好，共同拉动农村居民人均经营净收入增长 8.0%。

（三）人均财产净收入增长10.2%

2021 年，全国居民人均财产净收入 3076 元，比上年增长 10.2%，两年平均增长 8.4%，对全国居民人均可支配收入增长的贡献率为 9.7%，拉动全国居民人均可支配收入增长 0.9 个百分点。财产净收入占可支配收入比重为 8.8%，比上年提高 0.1 个百分点。财产净收入增长主要是由于受人员流动逐步恢复影响，房屋出租市场活跃度上升，全国居民人均出租房屋净收入增长 16.2%；全国居民人均转让承包土地经营权租金净收入增长 10.9%。

（四）人均转移净收入增长5.8%

2021 年，全国居民人均转移净收入 6531 元，比上年增长 5.8%，两年平均增长 7.2%，对全国居民人均可支配收入增长的贡献率为 12.2%，拉动全国居民人均可支配收入增长 1.1 个百分点。转移净收入占可支配收入比重为 18.6%，比上年下降 0.6 个百分点。转移净收入增长主要是由于城乡居民基础养老金标准继续提高，全国居民人均养老金或离退休金增长 4.1%，对稳住居民转移性收入增长底盘发挥了重要作用。医疗报销制度进一步优化，全国居民人均报销医疗费增长 21.1%。各地民生支出保障有力，临时救助力度不断加大，继续上调最低生活保障标准，全国居民人均政策性生活补贴收入增长 14.6%。

（五）人均可支配收入中位数增长8.8%

2021 年，全国居民人均可支配收入中位数为 29975 元，比上年增长 8.8%，低于平均数增速 0.3 个百分点。2021 年全国居民人均可支配收入中位数水平为平均数水平的 85.3%，比上年下降 0.3 个百分点。分城乡看，城镇居民人均可支配收入中位数为 43504 元，比上年增长 7.7%，增速低于平均数增速 0.5 个百分点，城镇居民人均可支配收入中位数相当于平均数的 91.8%，比上年下降 0.3 个百分点；农村居民人均可支配收入中位数为 16902 元，比上年增长 11.2%，增速高于平均数增速 0.7 个百分点，农村居民人均可支配收入中位数相当于平均数的 89.3%，比上年上升 0.6 个百分点。

三　居民收入差距状况

（一）城乡居民收入相对差距继续缩小

2021 年，全国城镇居民人均可支配收入 47412 元，名义增长 8.2%，实际增长 7.1%；全国农村居民人均可支配收入 18931 元，名义增长 10.5%，实际增长 9.7%。全国农村居民人均可支配收入名义增速和实际增速分别快于全国城镇居民 2.3 个和 2.6 个百分点。城乡居民人均可支配收入比为 2.50，比上年下降 0.06，比 2012 年下降 0.38，城乡居民收入相对差距进一步缩小。

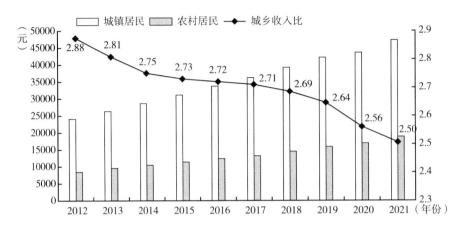

图 3-2　2012~2021 年城乡居民人均可支配收入及收入比

2021 年，各地区各部门认真总结脱贫攻坚成效和经验，接续推进脱贫地区发展，巩固拓展脱贫攻坚成果同乡村振兴有效衔接各项工作成效初显。据脱贫县农村住户监测调查数据①，2021 年，脱贫县农村居民人均可支配收入 14051 元，比上年名义增长 11.6%，扣除价格因素影响，实际增长 10.8%，名义增速和实际增速均比全国农村快 1.1 个百分点。脱贫县农村居民人均可支配收入相当于全国农村平均水平的 74.2%，比上年提高 0.7 个百分点。

（二）中间收入群体增长较快，高低收入组增长相对缓慢

2021 年按人均可支配收入从低到高进行五等份分组，全国居民中间偏下、中间和中间偏上收入组人均可支配收入分别为 18445 元、29053 元和 44949 元，分别比上年增长 12.2%、10.7% 和 9.2%，增速分别快于全国居民人均可支配收入增速 3.1 个、1.6 个和 0.1 个百分点，在五等份分组中增

---

①　为全面、准确、及时反映脱贫县农村居民收支状况与变化趋势，在原国家农村贫困监测调查基础上开展脱贫县农村住户监测调查。脱贫县包括原 832 个国家扶贫开发工作重点县和集中连片特困地区县，以及新疆阿克苏地区 7 个市县。

长相对较快。低收入组居民人均可支配收入8333元，比上年增长5.9%，增速比上年回落0.7个百分点，低于全国居民人均可支配收入增速3.2个百分点。高收入组人均可支配收入85836元，比上年增长6.9%，增速低于全国居民人均可支配收入增速2.2个百分点。

（三）地区间居民收入相对差距缩小

分区域看，东部地区①居民人均可支配收入44980元，比上年增长9.1%；中部地区居民人均可支配收入29650元，比上年增长9.2%；西部地区居民人均可支配收入27798元，比上年增长9.4%；东北地区居民人均可支配收入30518元，比上年增长8.0%。西部地区增速分别快于东部地区、中部地区和东北地区0.3个、0.2个和1.4个百分点，西部地区与其他地区居民收入相对差距进一步缩小。

从地区内各省份间差距来看，东部地区人均可支配收入最高和最低的省份分别为上海市和河北省，收入比为2.66，比值与上年基本持平；中部地区人均可支配收入最高和最低的省份分别为湖南省和河南省，收入比为1.19，比值比上年扩大0.01；东北地区人均可支配收入最高和最低的省份分别为辽宁省和黑龙江省，收入比为1.29，比值比上年缩小0.02。西部地区人均可支配收入最高和最低的省份分别为内蒙古自治区和甘肃省，收入比为1.55，比值与上年基本持平。

从省份间差距看，2021年，居民人均可支配收入水平最高的三个省份是上海、北京和浙江，人均可支配收入分别为78027元、75002元和57541元；居民人均可支配收入水平最低的三个省份是西藏、贵州和甘肃，人均可支配收入分别为24950元、23996元和22066元。居民人均可支配收入水平最高省份与最低省份分别为上海和甘肃，收入比为3.54，比值比上年缩小0.01。

---

① 东部地区：北京、天津、河北、上海、江苏、浙江、福建、山东、广东、海南；中部地区：山西、安徽、江西、河南、湖北、湖南；西部地区：内蒙古、广西、重庆、四川、贵州、云南、西藏、陕西、甘肃、青海、宁夏、新疆；东北地区：辽宁、吉林、黑龙江。

四　政策建议

（一）继续落实就业优先政策，坚决稳住就业底盘

就业是最大的民生，坚持就业优先政策。一是继续落实稳企稳岗政策，增加就业机会。更好落实阶段性减免、缓缴、返还税费和社保费用、提供稳岗补贴、减少融资困难、缓解成本压力等一揽子政策，稳住市场主体，创造更多就业岗位。二是持续做好重点群体就业工作。坚持分类施策，多措并举，不断拓宽就业渠道，强化精准帮扶，切实做好高校毕业生、农民工、退役军人等重点群体就业帮扶工作，加强职业技能培训，缓解结构性就业矛盾。

（二）增加社会保障政策托底作用，提高中低收入群体收入水平

中低收入群体是社会保障和政府转移支付的主要受惠者，也是各项惠民政策的重点保障对象。一是各级政府要继续坚持以民生优先为导向，加大政府转移支付力度，集中力量加强普惠性、基础性、兜底性民生建设，进一步织密织牢民生保障网。二是要积极落实好各项离退休金和养老金标准调整、加强社会救助等方面的政策，统筹针对低收入群体的教育、就业、医疗、住房等专项救助和临时救助，充分发挥社会保障对中低收入群体的扶持和保障作用，让低收入群体更多更好分享发展成果。

（三）推进收入分配制度改革，全力促进共同富裕

完善的收入分配制度是保证收入分配公平的必要条件。要继续推进收入分配制度改革，构建初次分配、再分配和第三次分配协调配套的基础性制度安排。一方面，要继续做大"蛋糕"，构建更加完善的要素市场化机制体制，分类施策，完善激励机制，进一步激发市场活力，加大对人力资本的投

入力度，降低就业和创业障碍；另一方面要发挥好政府的再分配职能，增加税收调节收入分配的作用，不断完善公共转移支付的再分配功能。

（国家统计局住户调查司）

第四章
2021年城镇居民收入分配状况

据国家统计局对全国 31 个省（区、市）16 万户居民家庭开展的全国住户收支与生活状况调查，2021 年，全国城镇居民人均可支配收入实现恢复性增长；经营净收入和财产净收入占比有所提高；工资性收入和经营净收入对收入增长的贡献率有所上升。城镇居民地区间收入差距基本稳定，高低收入组间收入差距缩小。

一 城镇居民收入状况

2021 年，全国城镇居民人均可支配收入 47412 元，比上年名义增长 8.2%，扣除价格因素影响，实际增长 7.1%，名义增速和实际增速比上年分别提高 4.7 个和 5.9 个百分点。从两年平均增速①看，两年平均名义增长 5.8%，比 2019 年名义增速低 2.1 个百分点。城镇居民人均可支配收入中位数为 43504 元，比上年增长② 7.7%，增速慢于平均数增速 0.5 个百分点。城镇居民人均可支配收入中位数相当于平均数的 91.8%，比上年回落 0.3 个百分点。

从 31 个省（区、市）城镇居民人均可支配收入增长情况看，2021 年城镇居民人均可支配收入增速排名前 8 位的省（区、市），按增速由高到低分别是西藏、湖北、浙江、广东、云南、安徽、江苏、重庆；增速排名后 8 位

---

① 两年平均增速是指以 2019 年相应同期数为基数，采用几何平均的方法计算的增速。

② 如无特别说明，以下分析中的增长速度均为未扣除价格因素影响的名义增长率。

的省（区、市），按增速由高到低分别是内蒙古、宁夏、甘肃、河南、吉林、河北、辽宁、青海（见表4-1）。

表4-1 2021年各省（区、市）城镇居民人均可支配收入和增速

地 区	人均可支配收入(元)	增速(%)	地 区	人均可支配收入(元)	增速(%)
全 国	47412	8.2	河 南	37095	6.7
北 京	81518	7.8	湖 北	40278	9.7
天 津	51486	8.0	湖 南	44866	7.6
河 北	39791	6.7	广 东	54854	9.1
山 西	37433	7.6	广 西	38530	7.4
内蒙古	44377	7.3	海 南	40213	8.4
辽 宁	43051	6.6	重 庆	43502	8.7
吉 林	35646	6.7	四 川	41444	8.3
黑龙江	33646	8.1	贵 州	39211	8.6
上 海	82429	7.8	云 南	40905	9.1
江 苏	57743	8.7	西 藏	46503	13.0
浙 江	68487	9.2	陕 西	40713	7.5
安 徽	43009	9.0	甘 肃	36187	7.0
福 建	51140	8.4	青 海	37745	6.3
江 西	41684	8.1	宁 夏	38291	7.2
山 东	47066	7.6	新 疆	37642	8.0

资料来源：根据2021年全国住户收支与生活状况调查资料整理，本章余同。

二 城镇居民收入增长特点

（一）工资性收入增长8.0%

2021年，城镇居民人均工资性收入28481元，增长8.0%，增速比上年加快4.8个百分点；两年平均增长5.5%，慢于2019年增速2.0个百分点。2021年城镇居民人均工资性收入占人均可支配收入的比重为60.1%，比上

年下降 0.1 个百分点。各地加大稳岗扩岗激励力度，促进城镇新增就业不断增加，城镇调查失业率稳中有降，有力推动城镇居民工资收入平稳增长。

（二）经营净收入增长14.2%

2021 年，城镇居民人均经营净收入 5382 元，增长 14.2%，增速比上年加快 16.9 个百分点；两年平均增长 5.4%，慢于 2019 年增速 3.6 个百分点。2021 年城镇居民人均经营净收入占人均可支配收入比重为 11.4%，比上年提高 0.7 个百分点。随着统筹疫情防控和经济社会发展取得重大成果，减税降费等各项稳市场主体政策持续落地见效，"放管服"改革全方位深化，营商环境持续优化，城镇居民经营活动恢复增长态势。

（三）财产净收入增长9.2%

2021 年，全国城镇居民人均财产净收入 5052 元，增长 9.2%，增速比上年加快 3.8 个百分点；两年平均增长 7.3%，慢于 2019 年增速 1.7 个百分点。2021 年全国城镇居民人均财产净收入占人均可支配收入的比重为 10.7%，比上年提高 0.1 个百分点。受企业经营利润回升等影响，城镇居民人均红利收入增长 16.2%。受人员流动逐步恢复等影响，房屋出租市场回暖，城镇居民人均出租房屋净收入增长 15.3%。

（四）转移净收入增长4.7%

2021 年，城镇居民人均转移净收入 8497 元，增长 4.7%，增速比上年回落 2.6 个百分点；两年平均增长 6.0%，慢于 2019 年增速 2.2 个百分点。2021 年城镇居民人均转移净收入占人均可支配收入的比重为 17.9%，比上年下降 0.6 个百分点。基本养老金上调、人均报销医疗费和人均外出从业人员寄回带回收入增长等因素带动了城镇居民转移性收入增长。

（五）经营净收入和财产净收入占比有所提高

2021 年，城镇居民人均可支配收入中，经营净收入和财产净收入比重有所提高，工资性收入和转移净收入占比略有下降。调查数据显示，2021年城镇居民人均可支配收入中，财产净收入占10.7%，比上年提高0.1个百分点；经营净收入占11.4%，比上年提高0.7个百分点；工资性收入占60.1%，比上年下降0.1个百分点；转移净收入占17.9%，比上年下降0.6个百分点（见表4-2）。

表4-2　2020～2021年城镇居民人均可支配收入来源构成

单位：元，%

指标名称	2020年		2021年	
	金额	比重	金额	比重
可支配收入	43834	100.0	47412	100.0
1. 工资性收入	26381	60.2	28481	60.1
2. 经营净收入	4711	10.7	5382	11.4
3. 财产净收入	4627	10.6	5052	10.7
4. 转移净收入	8116	18.5	8497	17.9

注：部分数据因四舍五入原因，分项合计与合计项可能存在计算误差，均未做机械调整，本章余同。

三　各项收入来源对城镇居民增收的贡献情况

（一）工资性收入增长贡献占58.7%

2021年城镇居民人均工资性收入比上年同期增加2100元，拉动城镇居民人均可支配收入增长4.8%。工资性收入仍是城镇居民收入增长的主要拉动力量，增收贡献率为58.7%，与2020年相比上升3.4个百分点。

（二）经营净收入增长贡献占18.8%

2021年城镇居民人均经营净收入比上年同期增加671元，拉动城镇居民人均可支配收入增长 1.5%，对全年城镇居民增收的贡献率为 18.8%，与 2020 年相比上升 27.5 个百分点。

（三）财产净收入增长贡献占11.9%

2021 年城镇居民人均财产净收入比上年同期增加 425 元，拉动城镇居民人均可支配收入增长 1.0%，对全年城镇居民增收的贡献率为 11.9%，与 2020 年相比下降 4.1 个百分点。

（四）转移净收入增长贡献占10.6%

2021 年城镇居民人均转移净收入比上年同期增加 381 元，拉动城镇居民人均可支配收入增长 0.9%，对全年城镇居民增收的贡献率为 10.6%，与 2020 年相比下降 26.9 个百分点（见表 4-3）。

表 4-3　2020~2021 年城镇居民人均可支配收入分项贡献率

单位：元，%

指标名称	2020 年		2021 年	
	金额	对收入增长的贡献率	金额	对收入增长的贡献率
可支配收入	43834	100.0	47412	100.0
1. 工资性收入	26381	55.3	28481	58.7
2. 经营净收入	4711	-8.7	5382	18.8
3. 财产净收入	4627	16.0	5052	11.9
4. 转移净收入	8116	37.5	8497	10.6

四　城镇居民收入差距状况

（一）地区间收入差距基本稳定

东部与西部地区收入相对差距与上年持平，东部与东北地区收入相对差距略有扩大。2021 年东部、中部、西部和东北地区城镇居民人均可支配收入分别为 56378 元、40707 元、40583 元和 38225 元，同比分别增长 8.4%、8.1%、8.1% 和 7.1%。东部与西部地区城镇居民人均可支配收入之比为 1.39，比值与上年持平。东北地区城镇居民人均可支配收入增速较低，东部与东北地区城镇居民人均可支配收入之比为 1.47，比值比上年扩大 0.01（见表 4-4）。

表 4-4　2020~2021 年地区间城镇居民人均可支配收入差距

单位：元，%

项目	东部地区	中部地区	西部地区	东北地区	东部与西部地区收入之比（以西部地区收入为1）	东部与东北地区收入之比（以东北地区收入为1）
2020 年	52027	37658	37548	35700	1.39	1.46
2021 年	56378	40707	40583	38225	1.39	1.47
增长率	8.4	8.1	8.1	7.1	—	—

2021 年东部地区收入最高的上海市与最低的河北省收入比为 2.07，比值比上年扩大 0.01；中部地区收入最高的湖南省与最低的河南省收入比为 1.21，比值比上年扩大 0.01；西部地区收入最高的西藏自治区与最低的甘肃省收入比为 1.29，比值比上年扩大 0.07；东北地区收入最高的辽宁省与最低的黑龙江省收入比为 1.28，比值比上年缩小 0.02。

（二）省份间收入差距略有缩小

2021 年，上海市城镇居民人均可支配收入为 82429 元，黑龙江省城镇居民人均可支配收入为 33646 元，分别为收入最高和最低的省份，城镇居民收入最高与最低省份人均可支配收入之比为 2.45，比值较上年缩小 0.01（见表 4-5）。

表4-5　2020~2021年省份间城镇居民人均可支配收入差距

年份	收入最高省份	收入最低省份	收入最高与最低省份的收入之比（以最低省为1）
2020	上海（76437元）	黑龙江（31115元）	2.46
2021	上海（82429元）	黑龙江（33646元）	2.45

（三）高低收入组间收入差距有所缩小

从城镇居民收入五等份分组数据看，2021年城镇居民中间偏下收入组和中间收入组收入增长较快，增速分别为9.6%和8.2%；中间偏上收入组和低收入组收入增速居中，分别为7.5%和7.4%。高收入组增长6.8%，增速低于平均水平1.4个百分点。全国城镇高、低收入组居民人均可支配收入之比为6.13，比值比上年缩小0.03，相对差距有所缩小（见表4-6）。

表4-6　2020~2021年不同收入组城镇居民人均可支配收入差距

单位：元，%

项目	全国	低收入组	中间偏下收入组	中间收入组	中间偏上收入组	高收入组	高低收入组收入比（低收入组为1）
2020年	43834	15598	27501	39278	54910	96062	6.16
2021年	47412	16746	30133	42498	59005	102596	6.13
增长率	8.2	7.4	9.6	8.2	7.5	6.8	—

五　政策建议

（一）加快落实稳经济政策措施，促进国民经济持续恢复

坚持以习近平新时代中国特色社会主义思想为指导，加快落实稳经济一

揽子政策和接续政策措施，有效应对复杂严峻的国内外形势和多重超预期因素冲击，促进国民经济持续恢复，确保经济运行在合理区间，为推动城镇居民收入持续稳定增长打下坚实基础。

（二）持续做好保居民就业工作，促进城镇居民工资性收入较快增长

坚持就业优先政策，充分做好保居民就业工作，保持就业大局稳定，促进城镇调查失业率稳定下降，推动城镇居民工资性收入较快增长。一是加快落实稳市场主体各项政策措施，加大对企业稳岗扩岗的支持力度。对吸纳就业较多的广大中小微企业和个体工商户出台更多针对性支持措施。二是继续做好高校毕业生、农民工、就业困难人员等重点群体就业工作。加强就业创业指导，开展针对性技能培训，强化灵活就业人员权益保障。三是持续开展创业带动就业示范行动，营造良好创业氛围，持续释放创业带动就业潜力。

（三）持续健全社会保障和救助，兜住兜牢民生底线

社会保障和救助是保障和改善民生、维护社会公平、兜牢民生底线的重要制度保障。一是持续强化制度建设。进一步完善养老、教育、医疗、住房、生育、优抚等保障制度建设，增强制度的统一性和规范性。二是适度提高保障和救助水平。持续加大财政投入力度，积极拓宽资金来源渠道，适当提高社会保障和救助水平。三是充分发挥社会救助兜住民生底线的重要作用。进一步提升社会救助的精准性和时效性，努力做到困难群众应助尽助，确保困难群众能够快速获取有效救助，兜住兜牢基本民生底线。

（国家统计局住户调查司）

第五章
2021年农村居民收入分配状况

据国家统计局对全国 31 个省（区、市）16 万户居民家庭开展的全国住户收支与生活状况调查和脱贫县农村住户监测调查，2021 年全国农村居民人均可支配收入实现恢复性增长，增速继续快于城镇居民，城乡居民收入差距持续缩小。脱贫县农村居民收入增速快于全国农村居民平均水平。

一 农村居民收入状况

（一）全国农村居民人均可支配收入较快增长

2021 年农村居民人均可支配收入 18931 元，比上年名义增长 10.5%，扣除价格因素影响，实际增长 9.7%，受上年疫情冲击低基数影响，名义增速比上年加快 3.6 个百分点，实际增速比上年加快 5.9 个百分点。从两年平均增速①看，两年平均名义增速为 8.7%，比 2019 年名义增速低 0.9 个百分点。农村居民人均可支配收入中位数为 16902 元，比上年增长② 11.2%，增速快于平均数增速 0.7 个百分点。农村居民人均可支配收入中位数相当于平均数的 89.3%，比上年提高 0.6 个百分点。

从各省（区、市）农村居民收入增长情况看，增速较快的省（区、市）中，位于东部和西部地区的较多。增速排名前 10 位的省（区、市）按增速由高到低分别是西藏、湖北、福建、海南、山东、新疆、广东、陕西、江苏

---

① 两年平均增速是指以 2019 年相应同期数为基数，采用几何平均的方法计算的增速。
② 如无特别说明，以下分析中的增长速度均为未扣除价格因素影响的名义增长率。

和内蒙古。增速排名后 10 位的省（区、市）按增速由高到低分别是上海、四川、湖南、山西、青海、辽宁、江西、吉林、河南和天津（见表5-1）。

表5-1 2021年全国及各省（区、市）农村居民人均可支配收入和名义增长率

地区	人均可支配收入（元）	名义增长率(%)	地区	人均可支配收入（元）	名义增长率(%)
全国	18931	10.5	河南	17533	8.8
北京	33303	10.5	湖北	18259	12.0
天津	27955	8.8	湖南	18295	10.3
河北	18179	10.4	广东	22306	10.7
山西	15308	10.3	广西	16363	10.4
内蒙古	18337	10.7	海南	18076	11.0
辽宁	19217	10.1	重庆	18100	10.6
吉林	17642	9.8	四川	17575	10.3
黑龙江	17889	10.6	贵州	12856	10.4
上海	38521	10.3	云南	14197	10.6
江苏	26791	10.7	西藏	16932	16.0
浙江	35247	10.4	陕西	14745	10.7
安徽	18372	10.5	甘肃	11433	10.5
福建	23229	11.2	青海	13604	10.2
江西	18684	10.0	宁夏	15337	10.4
山东	20794	10.9	新疆	15575	10.8

资料来源：根据2021年全国住户收支与生活状况调查资料整理，本章余同。

（二）脱贫县农村居民收入增速快于全国农村居民平均水平

根据脱贫县农村住户监测调查①，2021年脱贫县农村居民人均可支配收入14051元，比上年名义增长11.6%，扣除价格因素影响，实际增长10.8%，名义增速和实际增速均比全国农村平均水平快1.1个百分点。脱贫县农村居民人均可支配收入相当于全国农村平均水平的74.2%，比上年提升0.7个百分点。

① 为全面、准确、及时反映脱贫县农村居民收支状况与变化趋势，在原国家农村贫困监测调查基础上开展脱贫县农村住户监测调查。脱贫县包括原832个国家扶贫开发工作重点县和集中连片特困地区县，以及新疆阿克苏地区7个市县。

二 农村居民收入增长特点

（一）工资性收入实现较快增长

2021年农村居民人均工资性收入7958元，增长14.1%，增速快于上年8.2个百分点，两年平均增长9.9%，快于2019年增速0.1个百分点。主要是由于各地推进乡村振兴与脱贫攻坚有效衔接，继续因地制宜发展各类乡村特色产业，土地流转和集中经营规模扩大，农村居民务工机会增多。全国农民工监测调查结果显示，2021年末农民工数量增长2.4%，人口规模超过2019年同期水平，农民工月均收入比上年增长8.8%。

（二）经营净收入两年平均增速慢于其他收入

2021年农村居民人均经营净收入6566元，增长8.0%，增速快于上年2.5个百分点，两年平均增长6.7%，慢于2019年增速0.8个百分点，也慢于其他收入来源。农村居民人均第一产业经营净收入4292元，增长7.9%，其中，在粮食丰收、粮棉油价格较好等因素带动下，人均农业经营净收入增长11.2%；生猪价格大幅下跌导致农村居民人均牧业经营净收入下降9.4%。农村居民人均第二产业和第三产业经营净收入分别增长9.6%和8.0%。

（三）财产净收入保持两位数增速

2021年农村居民人均财产净收入469元，增长12.1%，增速快于上年1.1个百分点，两年平均增长11.5%，快于2019年增速1.2个百分点。主要是由于随着农村地区各类生产生活服务趋于完善，农村居民出租房屋、场地、机械等逐步增多，农村居民人均出租房屋净收入增长16.3%，人均出租机械专利版权等资产净收入增长35.4%。

（四）转移净收入两年平均增长较快

2021年农村居民人均转移净收入3937元，增长7.5%，增速慢于上年

3.5个百分点，两年平均增长9.3%，仍快于农村居民人均可支配收入两年平均增速0.6个百分点。主要是由于各地积极强化基本民生保障，农村居民人均最低生活保障费增长8.9%；多地调高养老金和离退休金发放标准并及时发放，农村居民人均养老金和离退休金增长14.2%；门诊住院跨省直接结算举措落地见效，异地就医更加方便，人均报销医疗费增长17.8%。

三　各项收入来源对农村居民收入增长的贡献情况

（一）工资性收入增长贡献率为54.7%

2021年农村居民人均工资性收入比上年同期增加984元，对全年农民增收的贡献率为54.7%，拉动收入增长5.7%。工资性收入占农村居民收入的比重为42.0%，比上年提高1.3个百分点。

（二）经营净收入增长贡献率为27.2%

2021年农村居民人均经营净收入比上年同期增加489元，对全年农民增收的贡献率为27.2%，拉动收入增长2.9%。经营净收入占农村居民收入的比重为34.7%，比上年下降0.8个百分点。

（三）财产净收入增长贡献率为2.8%

2021年农村居民人均财产净收入比上年同期增加50元，对全年农民增收的贡献率为2.8%，拉动收入增长0.3%。财产净收入占农村居民收入的比重为2.5%，比上年提高0.1个百分点。

（四）转移净收入增长贡献率为15.3%

2021年农村居民人均转移净收入比上年同期增加276元，对全年农民增收的贡献率为15.3%，拉动收入增长1.6%。转移净收入占农村居民收入的比重为20.8%，比上年下降0.6个百分点。

表5-2　2021年农村居民人均可支配收入来源及增长贡献率情况

指标	金额（元）	名义增长率（%）	增长贡献率（%）	收入构成（%）
人均可支配收入	18931	10.5	100.0	100.0
其中:工资性收入	7958	14.1	54.7	42.0
经营净收入	6566	8.0	27.2	34.7
财产净收入	469	12.1	2.8	2.5
转移净收入	3937	7.5	15.3	20.8

注：部分数据因四舍五入原因，分项合计与合计项可能存在计算误差，均未做机械调整，本章余同。

四　农村居民收入差距状况

（一）城乡居民相对收入差距进一步缩小

2021年城镇居民人均可支配收入47412元，增长8.2%；农村居民人均可支配收入18931元，增长10.5%。农村居民人均可支配收入增速比城镇居民人均可支配收入增速快2.3个百分点。城乡居民人均可支配收入之比为2.50，比上年下降0.06。

（二）地区间农村居民相对收入差距继续缩小

分区域看，2021年东部、中部、西部、东北地区[①]农村居民人均可支配收入分别为23556元、17858元、15608元、18280元，分别增长10.7%、10.1%、10.6%、10.2%。东部和西部地区农村居民人均可支配收入增速分别比全国高0.2个和0.1个百分点，中部和东北地区农村居民人均可支配收入增速分别比全国低0.4个和0.3个百分点。

以西部地区为1，东部地区与西部地区农村居民人均可支配收入之比为

---

① 这里的东部、中部、西部、东北地区是按照《中国统计年鉴》发布的四个地区的划分标准划分的。其中，东部地区包括北京、天津、河北、上海、江苏、浙江、福建、山东、广东、海南10省（市）；中部地区包括山西、安徽、江西、河南、湖北、湖南6省；西部地区包括内蒙古、广西、重庆、四川、贵州、云南、西藏、陕西、甘肃、青海、宁夏、新疆12省（区、市）；东北地区包括辽宁、吉林、黑龙江3省。

1.51，与上年持平；中部和东北地区与西部地区农村居民人均可支配收入之比分别为 1.14 和 1.17，比值均比上年下降 0.01。

表 5-3 按东部、中部、西部和东北地区分组的农村居民人均可支配收入

单位：元，%

项目	东部地区	中部地区	西部地区	东北地区	东部与西部地区收入之比（西部=1）	中部与西部地区收入之比（西部=1）	东北和西部地区收入之比（西部=1）
2020 年	21286	16213	14111	16582	1.51	1.15	1.18
2021 年	23556	17858	15608	18280	1.51	1.14	1.17
增长率	10.7	10.1	10.6	10.2	—	—	—

（三）农村居民高、低收入组相对收入差距有所扩大

按人均可支配收入从低到高进行五等份分组，2021 年受生猪养殖亏损户影响，低收入组农村居民人均可支配收入增长缓慢，增速显著低于其他收入组，其他收入组农村居民人均可支配收入增速均快于全部农村居民人均可支配收入增速。2021 年，低收入组农村居民人均可支配收入为 4856 元，增长 3.7%；中间偏下收入组人均可支配收入为 11586 元，增长 11.5%；中间收入组人均可支配收入为 16546 元，增长 12.5%；中间偏上收入组人均可支配收入为 23167 元，增长 10.9%；高收入组人均可支配收入为 43082 元，增长 11.8%。高、低收入组人均可支配收入之比由上年的 8.23 扩大为 8.87，相对差距扩大；收入绝对差额为 38226 元，比上年扩大 4387 元，绝对差距仍在继续扩大。

表 5-4 2020~2021 年农村居民不同收入组人均可支配收入差距

单位：元，%

年份	人均可支配收入	低收入组	中间偏下收入组	中间收入组	中间偏上收入组	高收入组	高、低收入组人均可支配收入之比（低收入组=1）
2020 年	17131	4681	10392	14712	20884	38520	8.23
2021 年	18931	4856	11586	16546	23167	43082	8.87
增长率	10.5	3.7	11.5	12.5	10.9	11.8	—

（四）农村居民收入最高与最低省份之间的绝对收入差距有所扩大

2021 年农村居民人均可支配收入最高与最低省份分别为上海和甘肃，收入比为 3.369，与上年相比变化不大；收入绝对差额为 27088 元，比上年扩大 2521 元。农村居民收入高的省份主要集中在东部地区，收入低的省份主要集中在西部地区。农村居民收入最高的 7 个省份全部在东部地区，按收入由高到低依次是上海、浙江、北京、天津、江苏、福建、广东。收入最低的 7 个省份中，6 个在西部地区，1 个在中部地区，按收入由低到高依次是甘肃、贵州、青海、云南、陕西、山西、宁夏。

表 5-5　2020~2021 年农村居民人均可支配收入最高省份与最低省份间的收入差距

单位：元

年份	收入最高省份	收入最低省份	收入最高与最低省份间的收入差额	收入最高与最低省份的收入之比
2020 年	上海（34911）	甘肃（10344）	24567	3.375
2021 年	上海（38521）	甘肃（11433）	27088	3.369
扩大	—	—	2521	—

五　政策建议

（一）全面推进乡村振兴战略，实现农业农村现代化

民族要复兴，乡村必振兴。全面推进乡村振兴，是脱贫攻坚战取得胜利后党中央对加快农业农村现代化的重要战略部署。要坚持新发展理念，推动农业全面升级、农村全面进步、农民全面发展，推进乡村治理体系和治理能

力现代化。在坚持农业农村优先发展的背景下，实现城乡融合发展，畅通城乡要素流动，促进城乡功能互补。加快建设农业强国，全面提升农村经济、政治、文化、社会、生态文明和党的建设水平，实现乡村产业、人才、文化、生态、组织振兴，推进全方位、全领域、全系统的振兴。

（二）拓宽农村居民增收渠道，促进农村居民收入稳定增长

要进一步拓宽农村居民增收渠道，为农村居民增收添加新动力，促进农村居民收入稳定增长，缩小农村内部收入差距。一是继续健全农业劳动力转移就业服务体系，鼓励多渠道就业，切实保障农民工合法权益。强化外出务工农村劳动力就业工作，推动在重大工程建设、以工代赈项目中优先吸纳农村劳动力。二是发展乡村特色产业，持续推进农村一二三产业融合发展，鼓励发展农产品加工业、乡村休闲旅游、农村电商等农村创新创业项目。三是深化农村土地制度改革，建立完善相关制度规定，鼓励进城落户农民依法自愿有偿转让土地权益，盘活农村资源要素，增加农民财产性收入。

（三）持续巩固拓展脱贫攻坚成果，防止发生规模性返贫

脱贫攻坚战取得胜利后，落实"四个不摘"要求，健全防止返贫监测帮扶机制，对易返贫致贫人口、农村低收入人口实施常态化监测，对因病、因灾等突发严重困难户进行监测，并及时落实帮扶举措，有力防范化解返贫风险，兜住兜牢基本民生底线。通过对脱贫地区产业的长期培育和支持，促进内生可持续发展，立足特色资源，推动乡村产业发展壮大。织密脱贫群众就业保障网，通过稳定就业促进脱贫人口持续增收。

（国家统计局住户调查司）

第六章
2021年个人所得税的征收与管理

2021年是中国共产党成立100周年，也是中华大地全面建成小康社会之年。在党中央、国务院坚强领导下，我国经济发展和疫情防控取得显著成效，国家战略科技力量加快壮大，产业链韧性不断提升，改革开放向纵深推进，民生保障有力有效，生态文明建设持续推进。个人所得税收入维持稳定增长势头，占税收总收入比重进一步提升。2021年，综合与分类相结合的个人所得税制改革后的第二次汇算清缴顺利实施，税务部门进一步完善"非接触式"办税，持续优化纳税人办税体验，提升纳税人申报规范性，进一步推进税收共治，提升税收遵从度。按照"提示提醒、督促整改、约谈警示、立案稽查、公开曝光"五步工作法扎实推进文娱领域、直播行业从业人员税收管理，取得较好社会成效。

一　个人所得税收入总体情况

2021年，全国共征收个人所得税14145亿元，比2020年增收2413亿元，同比增长20.6%；个人所得税收入占税收总收入的比重上升至7.49%，比2020年高0.42个百分点（见表6-1）。

表6-1　2011~2021年我国个人所得税收入情况

单位：亿元，%

年份	收入额	增加额	增幅	税收总收入	占税收总收入比重
2011	6054	1216	25.0	95729	6.32
2012	5820	-234	-3.9	110740	5.26
2013	6532	712	12.2	119960	5.44

年份	收入额	增加额	增幅	税收总收入	占税收总收入比重
2014	7377	845	12.9	129541	5.69
2015	8617	1240	16.8	136022	6.34
2016	10094	1477	17.1	140499	7.18
2017	11961	1867	18.5	155739	7.68
2018	13872	1911	16.0	169957	8.16
2019	10389	-3483	-25.1	172114	6.04
2020	11733	1344	12.9	166000	7.07
2021	14145	2413	20.6	188738	7.49

资料来源：历年《中国税务年鉴》。

二　个人所得税收入主要特点

（一）累计收入超过个税改革前

2018年起，我国启动新一轮个人所得税改革，旨在建立综合与分类相结合的个人所得税制。上亿自然人纳税人税收负担明显减轻，综合所得年收入在10万元以下的自然人纳税人，大部分不用再缴纳个人所得税，2019年个人所得税收入较2018年明显下降。新冠肺炎疫情发生以来，我国科学统筹疫情防控和经济社会发展，扎实推进"六稳""六保"，经济持续稳定恢复，带动个人所得税收入稳定增长，2021年个人所得税收入14145亿元，已超过2018年收入水平。

（二）主要所得项目收入全部实现增长

分所得项目来看，2021年工资薪金所得、劳务报酬所得、经营所得、利息股息红利所得和财产转让所得个人所得税收入分别为8663.12亿元、448.29亿元、1001.19亿元、1724.6亿元和2023.13亿元，占个人所得税总收入的98%，是个人所得税主要的收入来源（见表6-2）。

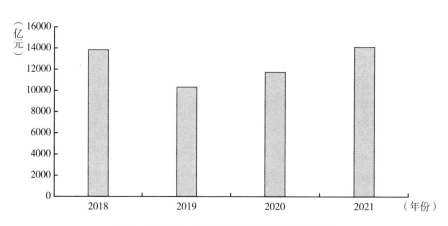

图 6-1　2018~2021 年个人所得税收入对比

表 6-2　2021 年个人所得税主要所得项目收入情况

单位：亿元

项目	收入额
工资薪金所得	8663.12
劳务报酬所得	448.29
经营所得	1001.19
利息股息红利所得	1724.6
财产转让所得	2023.13

资料来源：《中国税务年鉴 2022》。

（三）大部分行业个人所得税收入延续良好恢复势头

从各行业情况看，除建筑业、房地产业外，其他行业均实现个人所得税收入正增长，延续良好恢复势头。建筑业、房地产业全年个人所得税收入同比降幅分别为 3.02% 和 0.98%；前期受疫情影响最为严重的交通运输、仓储和邮政业，住宿和餐饮业全年个人所得税收入同比增幅分别为 15.65% 和 24.83%；卫生和社会工作，信息传输、软件和信息技术服务业个人所得税收入同比增幅最大，分别达到 40.29% 和 39.48%（见表 6-3）。

表6-3　2021年分行业个人所得税收入情况

单位：亿元

项目	2021年收入额	2020年收入额
合计	14145.32	11732.50
一、第一产业	36.78	27.07
二、第二产业	2884.12	2418.12
（一）采矿业	193.61	144.67
（二）制造业	2063.76	1655.54
（三）电力、热力、燃气及水的生产和供应业	151.97	128.33
（四）建筑业	474.78	489.58
三、第三产业	11224.41	9287.32
（五）批发和零售业	1023.40	878.33
（六）交通运输、仓储和邮政业	264.00	228.28
（七）住宿和餐饮业	45.45	36.41
（八）信息传输、软件和信息技术服务业	1599.72	1146.88
（九）金融业	2560.89	2200.10
（十）房地产业	1021.55	1031.62
（十一）租赁和商务服务业	2050.36	1645.57
（十二）科学研究和技术服务业	992.23	795.59
（十三）水利、环境和公共设施管理业	27.26	23.66
（十四）居民服务、修理和其他服务业	210.26	208.06
（十五）教育	376.21	288.98
（十六）卫生和社会工作	418.79	298.51
（十七）文化、体育和娱乐业	221.49	170.91
（十八）公共管理、社会保障和社会组织	412.37	334.02
（十九）其他行业	0.43	0.38

注：数据因四舍五入原因，分项合计与合计项存在计算误差，未做机械调整，余表同。

资料来源：《中国税务年鉴2022》《中国税务年鉴2021》。

三　个人所得税收入增长影响因素分析

2021年个人所得税收入实现稳定增长，表明我国统筹经济社会发展和疫情防控的政策措施发挥明显成效，经济社会活力进一步增强。

（一）工资薪金所得项目收入情况

工资薪金所得是纳税人的主要收入来源。我国实施就业优先战略和积极就业政策，促进个人劳动性收入持续稳定增长，带动个人所得税工资薪金所得纳税人数和入库税款相应增长，工资薪金所得项目收入占个人所得税总收入比重提升。2021年，实现工资薪金所得项目收入8663.12亿元，拉动个人所得税收入同比增长14.7%。

（二）财产转让所得项目收入情况

财产转让所得是个人所得税的第二大收入来源，贡献收入占总收入比重为14.3%，主要包括限售股转让、股权转让和房屋转让所得等项目。2021年财产转让所得项目收入同比增长225.53亿元，增幅为12.55%。2021年，我国房地产市场经过政策调整，二手房交易活跃度有所下降；证券市场交易活跃，但限售股解禁数量不及2020年。总体上看，财产转让所得项目收入增速较2020年有所下降。

（三）利息股息红利所得项目收入情况

利息股息红利所得是个人所得税的第三大收入来源，贡献收入占总收入比重为12.2%。2021年利息股息红利所得项目收入同比增加243.28亿元，增速为16.42%，拉动个人所得税收入增长2.07%。近年来证监会加强分红管理，上市公司分红金额逐年增长。2021年两市上市公司现金分红维持较高增长态势，带动了利息股息红利所得项目收入增长。

（四）经营所得项目收入情况

经营所得是个人所得税的第四大收入来源，贡献收入占总收入比重为7.1%，从经营主体划分来看主要包括个体工商户业主、个人独资企业投资者、个人合伙人和其他个人所得。2021年，经营所得累计实现收入1001.19亿元，同比增加148.07亿元，增速为17.36%，快于上年增速0.55个百分点，拉动个人所得税收入增长1.26%。2021年，我国经济发展新动能实现稳步成长，经济活力不断提升，全国新登记注册市场主体数量较2020年大幅增长，带动经营所得项目收入实现较快增长。

四　各地区个人所得税收入情况

（一）各地区个人所得税收入规模

2021年，各省、自治区、直辖市和计划单列市中，个人所得税收入超过百亿元的有30个，其中超过千亿元的有6个，分别为上海（2180.28亿元）、北京（1885.69亿元）、深圳（1162.43亿元）、广东（1157.90亿元）、江苏（1154.77亿元）、浙江（1042.41亿元）。有3个地区个人所得税收入不足50亿元，分别为宁夏（48.93亿元）、西藏（36.05亿元）、青海（23.10亿元）（见表6-4）。

表6-4　2020年、2021年全国个人所得税分地区收入情况

单位：亿元，%

地区	2021年	2020年	收入增加额	增长速度
全国	14145.32	11732.5	2412.82	20.57
北京	1885.69	1553.13	332.56	21.41
天津	326.70	261.98	64.72	24.70
河北	200.72	171.4	29.32	17.10
山西	118.18	96.51	21.67	22.45
内蒙古	149.68	147.23	2.45	1.66
辽宁	114.50	103.89	10.61	10.21
大连	68.49	59.37	9.12	15.36
吉林	103.21	83.9	19.31	23.02
黑龙江	83.35	77.5	5.85	7.55
上海	2180.28	1699.79	480.49	28.27
江苏	1154.77	995.14	159.63	16.04
浙江	1042.41	945	97.41	10.31

续表

地区	2021 年	2020 年	收入增加额	增长速度
宁波	303.83	240.44	63.39	26.36
安徽	236.65	193.86	42.79	22.07
福建	315.77	269.67	46.10	17.09
厦门	214.02	235.54	−21.52	−9.14
江西	194.63	158.47	36.16	22.82
山东	444.50	345.75	98.75	28.56
青岛	170.92	114.63	56.29	49.11
河南	241.30	207.97	33.33	16.03
湖北	282.00	229.36	52.64	22.95
湖南	232.53	222.03	10.50	4.73
广东	1157.90	998.09	159.81	16.01
深圳	1162.43	928.21	234.22	25.23
广西	125.48	117.75	7.73	6.56
海南	175.01	64.43	110.58	171.63
重庆	198.91	165.51	33.40	20.18
四川	412.34	344.21	68.13	19.79
贵州	114.03	106.77	7.26	6.80
云南	144.90	126.52	18.38	14.53
西藏	36.05	44.22	−8.17	−18.48
陕西	266.10	213.04	53.06	24.91
甘肃	60.59	52.02	8.57	16.47
青海	23.10	19.42	3.68	18.95
宁夏	48.93	26.93	22.00	81.69
新疆	155.44	112.85	42.59	37.74

资料来源：《中国税务年鉴 2022》《中国税务年鉴 2021》。

（二）各地区个人所得税收入增速

2021 年，除厦门、西藏外，其他省、自治区、直辖市和计划单列市个人所得税全年收入均实现正增长。其中，个人所得税收入增幅超过 20% 的有 17个，增速排名前五位的分别是海南（171.63%）、宁夏（81.69%）、青岛（49.11%）、新疆（37.74%）和山东（28.56%）；累计收入增加额超过 100 亿元的有 6 个，分别是上海（480.49 亿元）、北京（332.56 亿元）、深圳（234.22 亿元）、广东（159.81 亿元）、江苏（159.63 亿元）和海南（110.58 亿元）；16 个地区收入同比增速高于全国平均水平。海南自贸港高端紧缺人才个人所得税优惠政策促进人才集聚，海南省个人所得税收入实现大幅增长。

（三）东部、中部、西部及东北四大区域个人所得税收入情况

2021 年，东部、中部、西部、东北地区个人所得税收入分别为 10734.94 亿元、1305.29 亿元、1735.55 亿元和 369.54 亿元。四大区域个人所得税收入同比均实现增长，增速分别为 21.67%、17.78%、17.55% 和 13.82%，东部地区增长速度最快，中西部地区次之，东北地区增长速度相对较低。仅东部地区个人所得税收入上涨速度高于全国平均水平（见表 6-5）。

表 6-5 2021 年、2020 年各地区个人所得税收入情况

单位：亿元，%

地区	2021 年收入额	2020 年收入额	收入增加额	增长速度
全国	14145.32	11732.50	2412.82	20.57
东部	10734.94	8823.18	1911.76	21.67
中部	1305.29	1108.20	197.09	17.78
西部	1735.55	1476.46	259.09	17.55
东北	369.54	324.68	44.86	13.82

资料来源：《中国税务年鉴2022》《中国税务年鉴2021》。

五　第二次个人所得税综合所得汇算清缴情况

综合所得汇算清缴，是指居民个人依据税法规定，纳税年度终了后汇总全年的工资薪金、劳务报酬、稿酬、特许权使用费等四项所得的收入额，减除费用 6 万元以及专项扣除、专项附加扣除、依法确定的其他扣除和符合条件的公益慈善事业捐赠后，适用综合所得个人所得税税率并减去速算扣除

数，计算本年度最终应纳税额，再减去年度已预缴税额，得出本年度应退或应补税额，向税务部门申报并办理退税或补税的过程。2020 年 3 月 1 日至 6 月 30 日，中国内地首次个人所得税综合所得汇算清缴圆满完成，综合与分类相结合的个人所得税制成功建立。2021 年 3 月至 6 月，第二次个人所得税综合所得汇算清缴顺利实施。第二次汇算清缴，税务部门进一步推动"非接触式"办税，从健全制度和优化功能两个方面着手，维护纳税人合法权益，帮助纳税人依法履行纳税义务。同时，中国国际税收研究会课题组发布了《中国个人所得税年度汇算的国际比较研究》（以下简称《报告》），以近两年中国（内地）汇算清缴数据为样本，选取美国、加拿大等六个国家（地区）的个人所得税申报数据进行国际比较研究，宏观评估了中国个人所得税年度汇算的实际效果。

（一）健全汇算清缴制度

首先，建立"首违不罚"制度。为贯彻落实国务院关于在税务执法领域推广"首违不罚"清单制度的要求，我国规定纳税人在办理年度汇算时，如果因为非主观故意的原因，申报信息填写错误造成年度汇算多退或少缴税款，纳税人主动或经税务机关提醒后及时改正的，税务机关可以按照"首违不罚"原则免予处罚。

其次，对纳税人 2019 年度汇算补税和 2020 年度汇算退税进行关联。申请 2020 年度汇算退税的纳税人，如存在应当办理 2019 年度汇算补税但未办理，或者经税务机关通知 2019 年度汇算申报存在疑点但拒不更正或说明情况的，需在办理 2019 年度汇算申报补税、更正申报或者说明有关情况后，再依法申请办理 2020 年度汇算退税。关联纳税人 2019 年度的申报记录，提醒纳税人依法诚信申报办税、依法履行公民义务，可以更好地保障纳税人合法权益，维护纳税人的涉税信用记录。

（二）优化办税系统功能

在全面梳理纳税人申报易错易漏点的基础上，税务部门有针对性地增加和优化了申报过程中的提示提醒，引导纳税人准确填报。比如，在经营所得和综合所得中重复扣除 6 万元减除费用的纳税人，将被提醒更正经营所得申报，并在综合所得中依法准确享受扣除。再如，为防止纳税人误操作删除已有的年度扣缴记录造成申报错误，手机个人所得税 App 关闭了"删除"功能，如果纳税人对已申报记录存在疑问，可以通过异议申诉的方式解决。

（三）个人所得税汇算清缴的地区比较

两次年度汇算清缴的成功实施，是中国个人所得税制改革，特别是自然人税收征管改革进程中的重要里程碑。总体来看，中国（内地）税务机关依托良好的税制设计和快速便捷的信息化支撑，在五个方面展现出一定的地区比较优势。

1. 中国（内地）个人所得税综合所得预缴制度的精准性较高

《报告》根据各国（地区）披露的申报数据，计算了近年来各国（地区）年度汇算的不补不退率。中国（内地）2019 年、2020 年不补不退人数占参与汇算总人数的比例分别为 42.96%、35.20%，平均为 39.08%，高于澳大利亚近三年平均不补不退率 7.26% 和加拿大 2019 年不补不退率 9.55%，这反映了中国（内地）预扣预缴制度的精准性，大量纳税人在办理年度汇算过程中发现自己预扣预缴税额与年度汇算应纳税额完全一致，只需简单确认便完成了申报，税收负担大为减轻。此外，退税率数据也佐证了这一观点。中国（内地）2019~2020 年度平均汇算退税率为 48.65%，低于美、日两国 10 个百分点，高于中国台湾地区 6 个百分点，高于中国香港特别行政区 15 个百分点。《报告》认为，在中国（内地）当前的个人所得税制度下，个人所得税年度汇算退税率在国际上属于合理水平，反映出中国（内地）个人所得税预缴制度较为精准、高效，在保障税收收入均衡入库的同时，将通过年度汇算办理退税的人数控制在合理区间内。

2. 中国（内地）的退税机制设计彰显"以纳税人为中心"理念

现行的预扣预缴和汇算清缴制度有效避免了"先多预缴、再多退税"的麻烦，尽可能使大多数纳税人在预扣预缴环节精准预缴税款、提前享受改革红利。2019 年和 2020 年两个年度人均退税额 581.61 元，远低于美国、加拿大、澳大利亚、日本、中国香港特别行政区和中国台湾地区的人均退税额。

从税制设计角度看，一些国家为了提高税法遵从度，将退税作为年度汇算的主流结算方式，这样固然是一种有效的措施，但如果制度设计不合理、不精准，可能造成退税额过高的情况，大量占用纳税人资金，给纳税人带来"税负过重"的不良体验感。中国（内地）坚持"以纳税人为中心"的发展思想，在设计制度时充分推演、分析，构建精准的预扣预缴制度体系，使大部分纳税人预扣预缴税额与年度汇算应纳税额一致、不需要办理补退税，这有助于降低纳税人税收负担，增强纳税人获得感。

3. 中国（内地）电子申报率处于较高水平

中国（内地）电子申报率处于较高水平，个人所得税 App 在年度汇算中的应用是"互联网+"与税收管理深度融合的一项里程碑式进展。根据美国公布的各年度"已完成电子申报数量"，可发现美国近六年的个人所得税电子申报率呈逐渐递增态势，由 2015 年的 68.09% 逐渐提升至 87.50%，并且 2020 年较 2019 年提高了近 15 个百分点（新冠肺炎疫情是一个重要影响因素），六年平均电子申报率为 73.51%。

两次年度汇算数据显示，中国（内地）的电子申报率均在 95% 以上，高出美国 20 个以上百分点。从实践效果看，税务机关对手机个人所得税 App 的宣传工作取得了良好成效，大部分纳税人采用手机 App 申报完成退、补税，税务信息化在个人所得税征收管理中发挥了巨大作用。

4. 中国（内地）申报表项目预填服务处于较高水平

《报告》从所得项目是否预填、预填率以及预填使用率等三个子维度来考察各国（地区）的预填服务水平。数据显示，美国、加拿大、日本、澳大利亚等国都采用预填服务。美国在 8 大项所得项目中，预填了 6 项，预填率 75%；加拿大将所得分成了 5 大类 25 项，其中有 18 项实现了预填，预填率 72%；日本申报表上一共列示 10 大类 19 项收入，其中，综合所得 8 大类，有 2 大类无预填，预填率 75%；澳大利亚将所得分为 10 项，其中有 2

项无预填，预填率80%。

中国（内地）2019年度汇算对综合所得下的工资薪金、特许权使用费以及连续性劳务报酬进行了预填，预填率达到了62.5%，2020年度四项综合所得全部实现预填，预填率100%。从预填使用率看，中国（内地）2019、2020年度汇算分别达到94.35%、97.95%，说明预填项目比较精准，纳税人普遍采用了税务机关提供的预填服务。

5. 中国（内地）退税时间相对较短

美国电子申报退税时间是24小时至21天，有些情况下还会超过21天，纸质申报退税时间为6周至8周；加拿大电子申报退税时间平均为2周，提交纸质申报单退税时间为8周，居住在加拿大境外并提交非居民个人所得税申报表，则最多需要16周的时间才能退税；澳大利亚退税时长为电子申报2周、纸质申报10周。中国（内地）电子申报率已经超过95%，相应的退税时间一般在3~14天，平均为11.84天，快于上述国家平均水平。

六　高收入人员税收管理情况

为依法依规深化文娱领域税收秩序规范工作，促进行业长期健康发展，税务部门进一步加强文娱领域、网络直播行业从业人员税收管理，对明星艺人、网络主播成立的个人工作室和企业，辅导其依法依规建账建制，采取查账征收方式申报纳税。同时，定期开展税收风险分析，充分运用"五步工作法"推进治理工作，即在税收大数据分析的基础上，对于可能存在涉税风险的明星艺人、网络主播，先提示提醒、再督促整改、后约谈警示，对仍不配合的纳税人立案稽查，对立案案件中部分情节严重、影响恶劣的查处后公开曝光。

2021年，税务部门陆续向社会公布了明星郑爽、头部网络主播黄薇（网名"薇娅"）、朱宸慧、林珊珊偷逃税等案件处理结果，社会舆论反应正面积极，公众普遍表示支持，起到了"查处一案、警示一片、治理一域"的作用。

七　进一步完善个人所得税政策措施

（一）助力市场主体发展

为进一步支持小微企业和个体工商户发展，财政部、国家税务总局于2021年4月2日联合制发了《关于实施小微企业和个体工商户所得税优惠政策的公告》，明确对个体工商户年应纳税所得额不超过100万元的部分，在现行优惠政策基础上，减半征收个人所得税。公告执行期限为2021年1月1日至2022年12月31日。国家税务总局配套制发《关于落实支持小型微利企业和个体工商户发展所得税优惠政策有关事项的公告》，明确政策执行口径，确保减税政策落实到位，市场主体应享尽享。

为贯彻落实党中央、国务院决策部署，支持制造业中小微企业发展，促进工业经济平稳运行，国家税务总局、财政部于2021年10月29日联合制发了《关于制造业中小微企业延缓缴纳2021年第四季度部分税费有关事项的公告》，规定了制造业中小微企业（含个人独资企业、合伙企业、个体工商户）延缓缴纳2021年第四季度部分税费有关事项。

（二）做好资本性所得管理

为贯彻落实中共中央办公厅、国务院办公厅《关于进一步深化税收征管改革的意见》有关要求，深化"放管服"改革，财政部、国家税务总局于2021年12月30日联合制发了《关于权益性投资经营所得个人所得税征收管理的公告》，明确了权益性投资经营所得个人所得税征收管理有关问题。

（三）延续实施税收优惠政策

为扎实做好"六保"工作，进一步减轻纳税人负担，财政部、国家税务总局于2021年12月31日联合制发了《关于延续实施全年一次性奖金等个人所得税优惠政策的公告》，延续实施有关个人所得税优惠政策。

为进一步减轻纳税人负担，财政部、国家税务总局于 2021 年 12 月 31 日联合制发了《关于延续实施外籍个人津补贴等有关个人所得税优惠政策的公告》，延续实施有关个人所得税优惠政策。

（国家税务总局所得税司）

参考文献

［1］ Research Group of China International Taxation Research Institute，"A Comparative Study on the Annual Reconciliation of IIT Between China and Some Other Jurisdictions"，*Belt and Road Initiative Tax Journal*，Vol. 2，2021.

第七章
2021年社会保险基金收入与支出状况

2021年，是党和国家历史上具有里程碑意义的一年，中国共产党迎来了百年华诞，如期打赢脱贫攻坚战，全面建成小康社会，成功实现了第一个百年奋斗目标，并开启实施"十四五"规划，踏上了全面建设社会主义现代化国家新征程。一年来，紧紧围绕党中央、国务院各项决策部署，统筹做好疫情防控和社保经办工作，社会保险覆盖范围持续扩大，基金①运行总体平稳，养老保险全国统筹实施工作加快推进，职业伤害保障试点准备工作有序开展，社会保险事业持续发展，为改革发展稳定大局作出了积极贡献。

一　社会保险基金运行的总体情况

2021年，基本养老、失业、工伤保险基金总收入68205亿元，比上年增加17538亿元，增长34.6%，主要原因是社保费"减免缓"政策平稳退出，征缴收入同比实现恢复性增长；基金总支出62687亿元，比上年增加5107亿元，增长8.9%；截至2021年底，基金累计结余68694亿元（见图7-1、图7-2）。

---

① 本章社会保险基金包含基本养老保险基金、失业保险基金、工伤保险基金（不含医疗保险基金），数据摘自《2021年度人力资源和社会保障事业发展统计公报》《中国统计年鉴2022》。

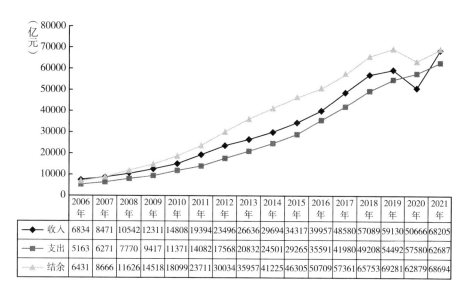

	2006年	2007年	2008年	2009年	2010年	2011年	2012年	2013年	2014年	2015年	2016年	2017年	2018年	2019年	2020年	2021年
收入	6834	8471	10542	12311	14808	19394	23496	26636	29694	34317	39957	48580	57089	59130	50666	68205
支出	5163	6271	7770	9417	11371	14082	17568	20832	24501	29265	35591	41980	49208	54492	57580	62687
结余	6431	8666	11626	14518	18099	23711	30034	35957	41225	46305	50709	57361	65753	69281	62879	68694

图 7-1   2006~2021 年社会保险基金收入、支出和结余情况

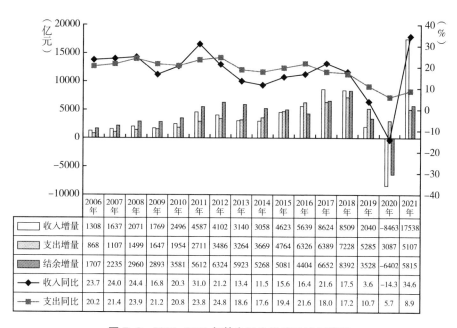

	2006年	2007年	2008年	2009年	2010年	2011年	2012年	2013年	2014年	2015年	2016年	2017年	2018年	2019年	2020年	2021年
收入增量	1308	1637	2071	1769	2496	4587	4102	3140	3058	4623	5639	8624	8509	2040	-8463	17538
支出增量	868	1107	1499	1647	1954	2711	3486	3264	3669	4764	6326	6389	7228	5285	3087	5107
结余增量	1707	2235	2960	2893	3581	5612	6324	5923	5268	5081	4404	6652	8392	3528	-6402	5815
收入同比	23.7	24.0	24.4	16.8	20.3	31.0	21.2	13.4	11.5	15.6	16.4	21.6	17.5	3.6	-14.3	34.6
支出同比	20.2	21.4	23.9	21.2	20.8	23.8	24.8	18.6	17.6	19.4	21.6	18.0	17.2	10.7	5.7	8.9

图 7-2   2006~2021 年基金同比增速及增量情况

注：数据因四舍五入原因存在计算误差，未做机械调整，下同。

二 社会保险基金收入情况

（一）社保费"减免缓"政策平稳退出，征缴收入实现同比恢复性增长

2021年，基金总收入同比增加17538亿元，增长34.6%，主要原因是社保费"减免缓"政策平稳退出，征缴收入实现同比恢复性增长。2016年至2019年基金总收入同比分别增加5639亿元、8624亿元、8509亿元和2040亿元，2020年实施社保费"减免缓"政策，基金总收入同比减少8463亿元（见表7-1）。

表 7-1　2006~2021 年社会保险基金收入情况

单位：亿元，%

时期	年份	合计	同比	增量	职工基本养老保险	居民基本养老保险	失业保险	工伤保险
"十一五"	2006	6834	23.7	1308	6310		402	122
	2007	8471	24.0	1637	7834		472	166
	2008	10542	24.4	2071	9740		585	217
	2009	12311	16.8	1769	11491		580	240
	2010	14808	20.3	2496	13420	453	650	285
	5 年平均增速	21.8	—	22.1	21.4	—	13.8	25.2
"十二五"	2011	19394	31.0	4587	16895	1110	923	466
	2012	23496	21.2	4102	20001	1829	1139	527
	2013	26636	13.4	3140	22680	2052	1289	615
	2014	29694	11.5	3058	25310	2310	1380	695
	2015	34317	15.6	4623	29341	2855	1368	754
	5 年平均增速	18.3	—	13.1	16.9	44.5	16.1	21.5
"十三五"	2016	39957	16.4	5639	35058	2933	1229	737
	2017	48580	21.6	8624	43310	3304	1113	854
	2018	57089	17.5	8509	51168	3838	1171	913
	2019	59130	3.6	2040	52919	4107	1284	819
	2020	50666	-14.3	-8463	44376	4853	952	486
	5 年平均增速	—	—	—	—	11.2	—	—
"十四五"	2021	68205	34.6	17538	60455	5339	1460	952

从各险种发展趋势看，征缴收入实现同比恢复性增长，职工基本养老、失业、工伤保险基金总收入同比增长率均较高。职工基本养老保险基金总收入同比增长36.2%，居民基本养老保险基金总收入同比增长10.0%，失业保险基金总收入同比增长53.4%，工伤保险基金总收入同比增长95.9%（见图7-3）。

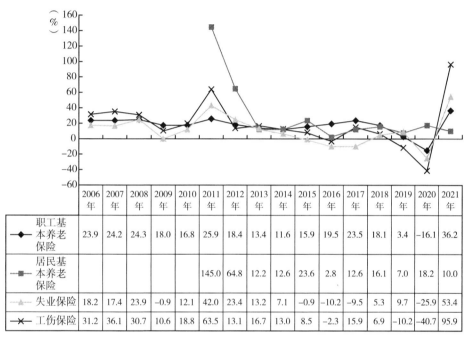

	2006年	2007年	2008年	2009年	2010年	2011年	2012年	2013年	2014年	2015年	2016年	2017年	2018年	2019年	2020年	2021年
职工基本养老保险	23.9	24.2	24.3	18.0	16.8	25.9	18.4	13.4	11.6	15.9	19.5	23.5	18.1	3.4	-16.1	36.2
居民基本养老保险						145.0	64.8	12.2	12.6	23.6	2.8	12.6	16.1	7.0	18.2	10.0
失业保险	18.2	17.4	23.9	-0.9	12.1	42.0	23.4	13.2	7.1	-0.9	-10.2	-9.5	5.3	9.7	-25.9	53.4
工伤保险	31.2	36.1	30.7	10.6	18.8	63.5	13.1	16.7	13.0	8.5	-2.3	15.9	6.9	-10.2	-40.7	95.9

图7-3　2006～2021年各险种基金总收入同比变化趋势情况

从各月环比情况看，出现较大降幅的月份是7月，主要原因是受财政补贴到账月度间存在差异等因素影响，6月基金总收入较高，7月环比基数高；增长幅度较大的月份是12月，主要原因是受缴费基数调整等因素影响（见图7-4）。

（二）宏观经济环境和政策因素对基金收入的影响

近年来，从跟踪宏观经济形势与基金运行的情况看，宏观经济主要指标的发展情况与基金总收入多呈正相关，基金总收入受社保费政策影响较大。2021年，经济保持恢复发展，社保费"减免缓"政策平稳退出，基金总收入实现同比恢复性增长（见图7-5）。

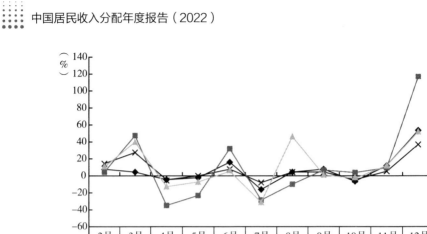

	2月	3月	4月	5月	6月	7月	8月	9月	10月	11月	12月
城镇职工养老保险	7.8	5.1	−4.9	−2.5	15.1	−15.9	4.4	8.5	−5.5	12.7	53.9
城乡居民养老保险	6.7	49.0	−35.0	−21.5	32.3	−28.4	−9.0	7.4	3.5	9.1	117.9
失业保险	12.3	41.1	−12.8	−6.7	5.7	−31.4	47.3	1.3	−1.8	10.4	51.2
工伤保险	14.6	27.8	−4.2	0.4	7.4	−7.9	5.0	4.4	−4.2	6.0	36.9

图 7-4　2021 年各险种基金总收入各月份环比变化情况

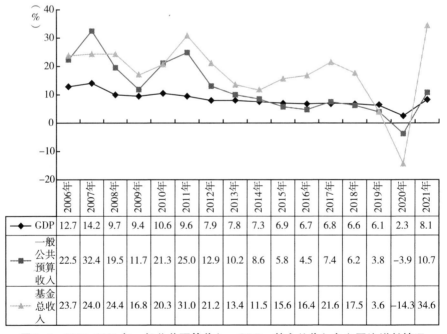

	2006年	2007年	2008年	2009年	2010年	2011年	2012年	2013年	2014年	2015年	2016年	2017年	2018年	2019年	2020年	2021年
GDP	12.7	14.2	9.7	9.4	10.6	9.6	7.9	7.8	7.3	6.9	6.7	6.8	6.6	6.1	2.3	8.1
一般公共预算收入	22.5	32.4	19.5	11.7	21.3	25.0	12.9	10.2	8.6	5.8	4.5	7.4	6.2	3.8	−3.9	10.7
基金总收入	23.7	24.0	24.4	16.8	20.3	31.0	21.2	13.4	11.5	15.6	16.4	21.6	17.5	3.6	−14.3	34.6

图 7-5　2006~2021 年一般公共预算收入、GDP、基金总收入名义同比增长情况

三 社会保险基金支出情况

（一）基金支出持续增长

2021年，基金总支出62687亿元，比上年增加5107亿元，增长8.9%，近五年平均增长12.0%（见表7-2）。2017年、2018年基金总支出增幅分别低于总收入增幅3.6个和0.3个百分点，2019年、2020年基金总支出增幅分别高于总收入增幅7.1个和20.0个百分点，2021年基金总支出增幅低于总收入增幅25.7个百分点。

表7-2 2006~2021年社会保险基金支出情况

单位：亿元，%

时期	年份	合计	同比	增量	职工基本养老保险	居民基本养老保险	失业保险	工伤保险
"十一五"	2006	5163	20.2	868	4897		198	68
	2007	6271	21.4	1107	5965		218	88
	2008	7770	23.9	1499	7390		254	127
	2009	9417	21.2	1647	8894		367	156
	2010	11371	20.8	1954	10555	200	423	192
	5年平均增速	21.5	—	29.0	21.2	—	15.4	32.3
"十二五"	2011	14082	23.8	2711	12765	598	433	286
	2012	17568	24.8	3486	15562	1150	451	406
	2013	20832	18.6	3264	18470	1348	532	482
	2014	24501	17.6	3669	21755	1571	615	560
	2015	29265	19.4	4764	25813	2117	736	599
	5年平均增速	20.8	—	19.5	19.6	60.2	11.7	25.5
"十三五"	2016	35591	21.6	6326	31854	2150	976	610
	2017	41980	18.0	6389	38052	2372	894	662
	2018	49208	17.2	7228	44645	2906	915	742
	2019	54492	10.7	5285	49228	3114	1333	817
	2020	57580	5.7	3087	51301	3355	2103	820
	5年平均增速	14.5	—	—	14.7	9.6	23.4	6.5
"十四五"	2021	62687	8.9	5107	56481	3715	1500	990

　　基金支出持续增长，2021 年职工基本养老保险、居民基本养老保险和工伤保险基金支出同比分别增长 10.1%、10.7% 和 20.7%，失业保险基金支出同比减少 28.7%，主要原因是虽然调整了稳岗返还等政策，但支出规模仍处于较高水平（见图 7-6）。

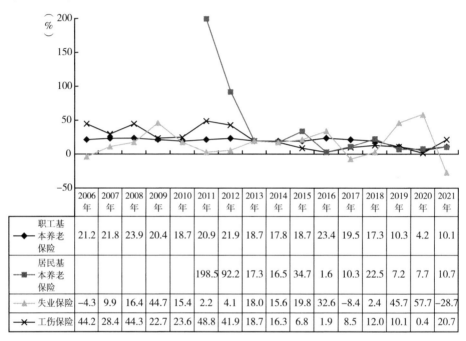

	2006年	2007年	2008年	2009年	2010年	2011年	2012年	2013年	2014年	2015年	2016年	2017年	2018年	2019年	2020年	2021年
◆ 职工基本养老保险	21.2	21.8	23.9	20.4	18.7	20.9	21.9	18.7	17.8	18.7	23.4	19.5	17.3	10.3	4.2	10.1
■ 居民基本养老保险						198.5	92.2	17.3	16.5	34.7	1.6	10.3	22.5	7.2	7.7	10.7
▲ 失业保险	-4.3	9.9	16.4	44.7	15.4	2.2	4.1	18.0	15.6	19.8	32.6	-8.4	2.4	45.7	57.7	-28.7
✕ 工伤保险	44.2	28.4	44.3	22.7	23.6	48.8	41.9	18.7	16.3	6.8	1.9	8.5	12.0	10.1	0.4	20.7

图 7-6　2006～2021 年各险种基金支出同比变化情况

　　从各月环比增长情况看，6 月和 12 月基金支出环比较高，与往年相比，由于调整了稳岗返还等政策，失业保险基金支出各月环比变化较大（见图 7-7）。

（二）社保待遇水平稳步提高

　　2021 年，社保待遇水平提高，各项待遇按时足额发放。以企业职工养老保险为例，各年度企业职工养老金（退休）增长率与城镇居民人均可支配收入①增长率近年来有趋于一致的变化特征（见图 7-8）。

———————

　　①　数据来源于国家统计局统计公报。

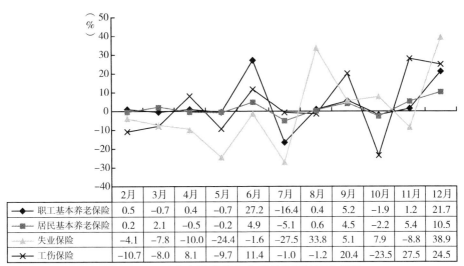

	2月	3月	4月	5月	6月	7月	8月	9月	10月	11月	12月
职工基本养老保险	0.5	-0.7	0.4	-0.7	27.2	-16.4	0.4	5.2	-1.9	1.2	21.7
居民基本养老保险	0.2	2.1	-0.5	-0.2	4.9	-5.1	0.6	4.5	-2.2	5.4	10.5
失业保险	-4.1	-7.8	-10.0	-24.4	-1.6	-27.5	33.8	5.1	7.9	-8.8	38.9
工伤保险	-10.7	-8.0	8.1	-9.7	11.4	-1.0	-1.2	20.4	-23.5	27.5	24.5

图 7-7　2021 年各险种基金支出月份环比变化情况

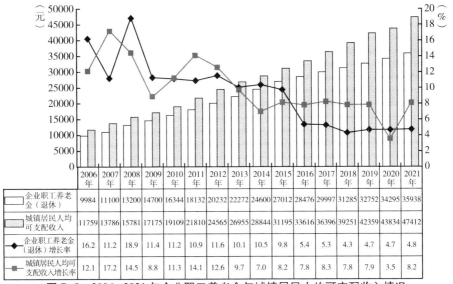

	2006年	2007年	2008年	2009年	2010年	2011年	2012年	2013年	2014年	2015年	2016年	2017年	2018年	2019年	2020年	2021年
企业职工养老金（退休）	9984	11100	13200	14700	16344	18132	20232	22272	24600	27012	28476	29997	31285	32752	34295	35938
城镇居民人均可支配收入	11759	13786	15781	17175	19109	21810	24565	26955	28844	31195	33616	36396	39251	42359	43834	47412
企业职工养老金（退休）增长率	16.2	11.2	18.9	11.4	11.2	10.9	11.6	10.1	10.5	9.8	5.4	5.3	4.3	4.7	4.7	4.8
城镇居民人均可支配收入增长率	12.1	17.2	14.5	8.8	11.3	14.1	12.6	9.7	7.0	8.2	7.8	8.3	7.8	7.9	3.5	8.2

图 7-8　2006~2021 年企业职工养老金与城镇居民人均可支配收入情况

四　社会保险基金结余情况

　　截至 2021 年底，基本养老保险、工伤保险、失业保险基金累计结余 68694 亿元，其中职工基本养老保险、居民基本养老保险、失业保险和工伤保险基金累计结余分别为 52574 亿元、11396 亿元、3313 亿元和 1411 亿元。其中基本养老保险基金累计结余占全部基金结余的 93.1%（见图 7-9）。

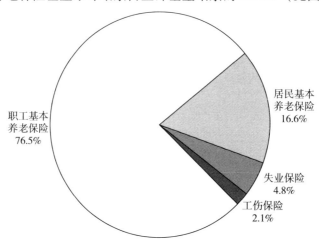

图 7-9　2021 年末各项社会保险基金累计结余占比

2021 年底，职工基本养老保险、居民基本养老保险基金累计结余较上年底分别增长 8.8%、16.8%，受减收增支因素影响，失业保险和工伤保险基金累计结余较上年底分别减少 1.2% 和 2.6%（见图 7-10）。

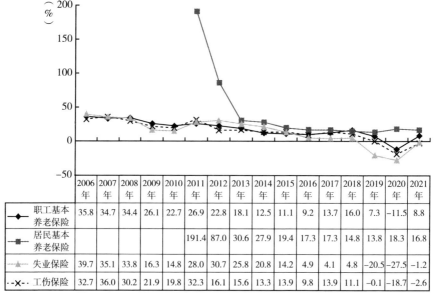

	2006年	2007年	2008年	2009年	2010年	2011年	2012年	2013年	2014年	2015年	2016年	2017年	2018年	2019年	2020年	2021年
职工基本养老保险	35.8	34.7	34.4	26.1	22.7	26.9	22.8	18.1	12.5	11.1	9.2	13.7	16.0	7.3	-11.5	8.8
居民基本养老保险						191.4	87.0	30.6	27.9	19.4	17.3	17.3	14.8	13.8	18.3	16.8
失业保险	39.7	35.1	33.8	16.3	14.8	28.0	30.7	25.8	20.8	14.2	4.9	4.1	4.8	-20.5	-27.5	-1.2
工伤保险	32.7	36.0	30.2	21.9	19.8	32.3	16.1	15.6	13.3	13.9	9.8	13.9	11.1	-0.1	-18.7	-2.6

图 7-10　2006~2021 年不同险种基金结余同比增长情况

五　2021年社会保险基金分省份情况

（一）城镇职工基本养老保险

如表7-3所示，2021年末全国参加城镇职工基本养老保险人数为47981万人，比上年末增加2360万人。其中，参保职工34917万人，参保离退休人员13157万人，分别比上年末增加2058万人和395万人。2021年末职工基本养老保险执行企业制度参保人数为42228万人，比上年末增加2320万人。

表7-3　2021年城镇职工基本养老保险参保人数和基金收支情况

单位：万人，亿元

序号	地区	参保人数	基金收入	基金支出	累计结余	序号	地区	参保人数	基金收入	基金支出	累计结余
1	北京	1827	3266	2075	6517	18	湖南	1850	1860	1874	1864
2	天津	765	1160	1196	327	19	广东	5079	6113	3484	14110
3	河北	1805	2076	2142	624	20	广西	985	1278	1195	718
4	山西	1002	1429	1400	1596	21	海南	329	388	318	319
5	内蒙古	823	1195	1380	336	22	重庆	1354	1738	1440	1335
6	辽宁	2085	2594	3329	143	23	四川	3179	3597	3346	3717
7	吉林	922	1317	1510	370	24	贵州	756	864	712	1031
8	黑龙江	1447	1824	2457	-372	25	云南	739	1077	892	1556
9	上海	1654	3379	3222	1225	26	西藏	60	160	128	217
10	江苏	3609	4391	4007	4414	27	陕西	1229	1605	1509	851
11	浙江	3367	3489	3737	2128	28	甘肃	503	694	733	378
12	安徽	1384	1732	1470	2129	29	青海	169	272	291	26
13	福建	1330	1065	927	707	30	宁夏	252	302	314	231
14	江西	1247	1334	1276	843	31	新疆	603	990	835	1412
15	山东	3227	3454	3483	1386	32	新疆生产建设兵团	188	346	351	81
16	河南	2377	2137	2115	1131	33	全国	47981	59568	55590	52454
17	湖北	1835	2442	2442	1104						

全年城镇职工基本养老保险基金总收入 59568 亿元，比上年增长 36.2%。基金总支出 55590 亿元，比上年增长 10.1%。年末职工基本养老保险基金累计结余 52454 亿元。

（二）城乡居民基本养老保险

如表 7-4 所示，2021 年末城乡居民基本养老保险参保人数 54797 万人，比上年末增加 553 万人。其中，实际领取待遇人数 16213 万人。全年城乡居民基本养老保险基金收入 5342 亿元，比上年增长 10.0%。基金支出 3716 亿元，比上年增长 10.7%。基金累计结余 11397 亿元。

表 7-4　2021 年城乡居民养老保险参保人数和基金收支情况

单位：万人，亿元

序号	地区	参保人数	基金收入	基金支出	累计结余	序号	地区	参保人数	基金收入	基金支出	累计结余
1	北京	192	114	104	180	18	湖南	3435	235	153	493
2	天津	172	77	50	323	19	广东	2681	305	274	506
3	河北	3553	264	173	576	20	广西	2672	146	104	277
4	山西	1638	122	73	319	21	海南	329	39	22	131
5	内蒙古	792	89	64	149	22	重庆	1140	90	69	192
6	辽宁	1041	83	78	93	23	四川	3181	384	231	786
7	吉林	934	58	44	99	24	贵州	1929	98	64	187
8	黑龙江	890	69	48	137	25	云南	2460	156	100	554
9	上海	74	92	90	92	26	西藏	175	13	8	39
10	江苏	2356	504	398	893	27	陕西	1799	144	103	341
11	浙江	1055	343	243	354	28	甘肃	1388	104	55	298
12	安徽	3458	295	157	726	29	青海	263	19	13	66
13	福建	1597	133	102	262	30	宁夏	231	20	12	51
14	江西	2074	146	101	351	31	新疆	734	49	28	141
15	山东	4614	598	383	1506	32	新疆生产建设兵团	21	2	1	9
16	河南	5306	321	222	740	33	全国	54797	5342	3716	11397
17	湖北	2613	230	149	526						

（三）失业保险

如表7-5所示，2021年末全国参加失业保险人数为22958万人，比上年末增加1268万人。全年共为608万名失业人员发放了不同期限的失业保险金，比上年增加93万人。全年失业保险基金收入1460亿元，比上年增长53.4%，支出1500亿元，比上年减少28.7%。2021年末基金累计结余3311亿元。

表7-5　2021年失业保险参保人数和基金收支情况

单位：万人，亿元

序号	地区	参保人数	基金收入	基金支出	累计结余	序号	地区	参保人数	基金收入	基金支出	累计结余
1	北京	1359	123	151	114	18	湖南	687	34	28	113
2	天津	372	29	34	44	19	广东	3725	116	150	439
3	河北	747	44	35	141	20	广西	475	32	28	93
4	山西	504	36	26	162	21	海南	206	10	12	21
5	内蒙古	291	24	20	118	22	重庆	598	28	19	42
6	辽宁	691	42	84	118	23	四川	1129	77	72	179
7	吉林	278	24	30	78	24	贵州	321	22	25	62
8	黑龙江	329	24	23	109	25	云南	330	25	28	94
9	上海	1021	144	121	51	26	西藏	30	4	1	25
10	江苏	1967	136	137	248	27	陕西	469	31	30	52
11	浙江	1794	109	76	200	28	甘肃	196	15	11	73
12	安徽	617	40	27	88	29	青海	55	10	2	25
13	福建	717	31	45	85	30	宁夏	109	7	11	23
14	江西	308	18	20	66	31	新疆	314	23	15	69
15	山东	1543	104	102	178	32	新疆生产建设兵团	73	4	2	13
16	河南	1005	47	65	81	33	全国	22958	1460	1500	3311
17	湖北	699	46	70	107						

（四）工伤保险

如表7-6所示，2021年末全国参加工伤保险人数为28287万人，比上年末增加 1523 万人，全年有 206 万人享受工伤保险待遇。全年工伤保险基金收入 951 亿元，同比增长 95.8%。基金支出 987 亿元，同比增长 16.9%。2021 年末工伤保险基金累计结余 1413 亿元。

表 7-6　2021 年工伤保险参保人数和基金收支情况

单位：万人，亿元

序号	地区	参保人数	基金收入	基金支出	累计结余	序号	地区	参保人数	基金收入	基金支出	累计结余
1	北京	1307	47	51	37	18	湖南	854	48	48	87
2	天津	408	15	14	13	19	广东	4069	51	92	191
3	河北	1085	62	51	47	20	广西	551	12	12	48
4	山西	640	45	50	36	21	海南	185	4	3	19
5	内蒙古	338	12	15	38	22	重庆	766	28	25	7
6	辽宁	808	44	34	53	23	四川	1472	45	45	73
7	吉林	392	13	12	36	24	贵州	530	22	20	14
8	黑龙江	444	32	29	32	25	云南	542	18	19	21
9	上海	1097	43	44	42	26	西藏	50	2	2	7
10	江苏	2341	88	88	121	27	陕西	630	22	19	39
11	浙江	2742	75	81	71	28	甘肃	279	12	10	18
12	安徽	718	25	29	33	29	青海	96	3	4	10
13	福建	984	28	29	48	30	宁夏	144	5	5	9
14	江西	564	19	19	53	31	新疆	369	15	15	17
15	山东	1922	61	65	90	32	新疆生产建设兵团	87	2	3	4
16	河南	1045	33	32	62	33	全国	28287	951	987	1413
17	湖北	828	20	22	37						

注：累计结余中包含工伤储备金。

六　下一步工作建议

一是持续巩固全民参保计划，合理提高社会保险待遇水平。充分利用参保登记成果，分类开展宣传和精准施策，重点做好灵活就业人员、新业态从业人员等群体参保扩面工作；落实好各项社会保险待遇调整政策，合理提高社会保险待遇水平。二是落实各项改革任务，推进社保制度改革和完善。做好企业职工基本养老保险全国统筹经办工作，规范全国统筹基金管理，保障全国统筹顺利实施；深入推进职业伤害保障制度试点工作；协同推进失业、工伤保险基金省级统收统支。三是加强规范管理和监测预警，保障基金平稳运行。进一步规范基金收支管理，加强对数据的收集挖掘和分析研判，支撑政策决策；持续开展社保待遇发放工作调度，提前防范处置潜在风险点；继续推进社保基金管理专项整治，健全社保经办风险防控长效机制。

（人力资源社会保障部社会保险事业管理中心）

第八章
2021年财政支持调节收入分配情况

2021年，财政部门在党中央的坚强领导下，坚持以习近平新时代中国特色社会主义思想为指导，立足"两个大局"，统筹疫情防控和经济社会发展，认真贯彻落实"积极的财政政策要提质增效、更可持续"的要求，充分发挥财政职能作用，不断加大税收、社会保障、转移支付等调节力度和精准性，合理调节城乡、区域、不同群体间分配关系，更好支撑和促进全体人民共同富裕取得新成效。

一 加大税收政策支持力度

坚持将制度性安排和阶段性政策相结合，切实把减税降费作为深化供给侧结构性改革的关键之举，精准实施、持续推进，进一步减轻市场主体和相关群体负担，稳企业保就业。

（一）支持做好"六保"工作，减轻企业和个人税收负担

延长部分税收优惠政策实施期限，明确对建档立卡贫困人口、登记失业人员、应届高校毕业生等符合条件的重点群体人员从事个体经营的，在3年内按每户每年12000元为限额依次扣减当年应实际缴纳的增值税、城市维护建设税、教育费附加、地方教育附加和个人所得税；企业招录重点群体就业的，在3年内按实际招工人数、每人每年6000元的定额标准依次扣减增值税、城市维护建设税、教育费附加、地方教育附加和企业所得税。延续实施全年一次性奖金等个人所得税优惠政策，将全年一次性奖金

单独计税优惠政策，执行期限延长至 2023 年 12 月 31 日；将上市公司股权激励单独计税优惠政策，执行期限延长至 2022 年 12 月 31 日。延续实施外籍个人津补贴等有关个人所得税优惠政策，将外籍个人有关津补贴优惠政策、中央企业负责人任期激励单独计税优惠政策，执行期限延长至 2023 年 12 月 31 日。

（二）完善落实税费优惠政策，支持疫情防控和企业纾困

继续免征相关防疫药品和医疗器械注册费，明确 2021 年度对进入医疗器械应急审批程序并与新型冠状病毒相关的防控产品，免征医疗器械产品注册费；对进入药品特别审批程序的治疗和预防新冠肺炎的药品，免征药品注册费。取消港口建设费和调整民航发展基金，明确自 2021 年 1 月 1 日起取消港口建设费，自 2021 年 4 月 1 日起，将航空公司应缴纳民航发展基金的征收标准，在降低 50% 的基础上，再降低 20%。延长部分税收优惠政策实施期限，将免征文化事业建设费等优惠政策延期至 2021 年底。

（三）延续实施相关税费优惠政策，全面支持推进乡村振兴

将 2020 年底到期的支持易地扶贫搬迁的税收优惠政策执行期限延长至 2025 年底。延长部分扶贫税收优惠政策执行期限，将支持和促进重点群体创业就业、企业扶贫捐赠所得税税前扣除、扶贫货物捐赠免征增值税等优惠政策的执行期限延长至 2025 年底。

（四）完善住房租赁相关税收政策，支持保障性安居工程

对住房租赁企业向个人出租住房取得的全部出租收入可选择适用简易计税方法，并按 5% 的征收率减按 1.5% 计算缴纳增值税；对企事业单位、社会团体和其他组织向个人、专业化规模化住房租赁企业出租住房的，减按 4% 的税率征收房产税；对利用非居住存量土地和非居住存量房屋建设保障性租赁住房的，按规定比照适用上述政策。将对经营公租房所取得的租金收入免征增值税的优惠政策执行期限延长至 2023 年 12 月 31 日。

二　支持社会保障和就业

牢固树立以人民为中心的发展思想，坚持尽力而为、量力而行，深入实施就业优先政策，健全完善社会保障体系，全面推进健康中国建设，推动社会保障管理服务水平持续提升。

（一）调整完善阶段性减免社保费政策

一是 2021 年 1 月 1 日起，不再实施阶段性减免和缓缴企业职工基本养老保险、失业保险、工伤保险费政策，各项社会保险费按相关规定正常征收。二是阶段性降低失业保险、工伤保险费率政策 2021 年 4 月 30 日到期后，延续实施 1 年至 2022 年 4 月 30 日。三是各省份 2021 年社会保险个人缴费基数上下限原则上根据 2020 年本省份全口径城镇单位就业人员平均工资确定，个人缴费基数下限增长过快、2021 年当年调整到位确有困难的省份，个人缴费基数下限可两年过渡到位。四是灵活就业人员可在本省份规定的个人缴费基数上下限范围内选择适当的缴费基数。经测算，2021 年继续实施阶段性降低失业保险、工伤保险费率政策，全年为企业减负 1500 亿元。

（二）巩固提升基本医疗保障水平

一是加大城乡居民医保投入力度。2021 年城乡居民医保财政补助标准增加 30 元，达到每人每年不低于 580 元，用于支持城乡居民按规定缴费参保，享受基本医保待遇。2021 年，各级财政拨付城乡居民医保补助资金 6268.4 亿元，其中中央财政下达 3593.9 亿元。各地普遍实施普通门诊统筹和门诊慢特病保障，政策范围内住院费用报销比例稳定在 70% 左右。二是夯实医疗救助托底保障。2021 年，中央财政下达医疗救助补助资金 304.3 亿元，其中下达西部 12 个省份和新疆生产建设兵团 174.9 亿元，用于资助符合条件的困难群众参保，对其难以负担的基本医保自付费用给予补助，开展疾病应急救助等。2021年，医疗救助基金共资助参保8816万人，实施门诊和住院救助10126万人次。

（三）有效确保养老待遇按时足额发放

一是2021年按照4.5%左右的增幅调整退休人员基本养老金水平，指导地方向退休早、养老金水平低的群体倾斜。加大对城乡居民基本养老保险缴费困难群体的支持力度，做好城乡居民基本养老保险制度与社会救助制度的衔接。二是2021年，中央财政下达基本养老金转移支付超过9000亿元，用于支持地方落实养老保险政策，确保养老待遇按时足额发放。

（四）进一步加大就业支持力度

一是加大就业资金保障力度。2021年中央财政下达资金565.9亿元，比2020年增加18.6亿元，支持各地落实各项就业创业扶持政策。从失业保险基金中筹集超过1000亿元，支持大力开展职业技能提升培训。二是做好重点群体就业创业工作。聚焦高校毕业生、农民工、失业人员、就业困难人员等重点群体，促进高校毕业生多渠道就业创业，多措并举加快推进农民工市民化进程和鼓励引导返乡创业就业，不断加强就业兜底保障，确保零就业家庭动态清零。2021~2025年实施第四轮高校毕业生"三支一扶"计划，每年选派3.2万名左右高校毕业生到基层从事支教、支农、支医、帮扶乡村振兴等工作，招募计划和专项培训计划均向国家乡村振兴重点帮扶县倾斜。2021年，中央财政共安排补助资金17.19亿元，支持各地做好高校毕业生"三支一扶"工作。三是加快推进职业技能提升行动。面向职工、就业重点群体等城乡各类劳动者大规模开展职业技能培训，加快建设知识型、技能型、创新型劳动者大军。指导地方加大职业技能提升行动资金统筹使用工作力度。配合印发职业技能培训第一个五年规划，进一步提高我国产业工人技能水平。四是优化失业保险普惠性稳岗返还政策。将受益主体由企业扩大到个体工商户、社会团体等，将返还比例由50%调整为大企业30%、中小微企业60%，重点支持中小微企业不裁员或少裁员。五是推动建立公务员工伤保险制度。配合制定公务员工伤保险管理办法，明确缴费基础、保障情形、待遇享受和新老政策衔接问题，覆盖全体公务员，实现公务员和企事业单位工伤保障制度"并轨"。六是提升新业态吸纳就业能力。配合有关部门健全新业态从业人员职业伤害保障制度，选择社会关注度较大、职业伤害风险较高的出行、外卖、即时配送和同城货运平台企业，在部分省市开展试点。将个体工商户用工、民办非企业单位用工和灵活就业人员纳入职业培训补贴范围，助力新业态就业"蓄水池"作用发挥。

（五）切实保障困难群众基本生活

2021年，中央财政下达资金1476.21亿元，支持各地统筹做好低保、特困人员救助供养、临时救助以及流浪乞讨人员救助、孤儿基本生活保障等工作。进一步健全社会救助和保障标准与物价上涨挂钩联动机制，将"孤儿、事实无人抚养儿童、艾滋病病毒感染儿童"等特殊儿童群体纳入保障范围，进一步明确联动机制启动条件、启动层级、联动方式、补贴标准、资金保障、工作要求等。

（六）着力保障优抚对象基本生活

一是提高抚恤待遇标准，促进优抚对象共享改革发展成果。从2021年8月1日起，连续第17年提高优抚对象等人员抚恤和生活补助标准，共惠及827万人。2021年，中央财政下达优抚对象补助资金594亿元。二是支持开展社保费补缴工作，维护退役士兵合法权益。为解决部分以政府安排工作方式退出现役的退役士兵未参加社会保险和断缴问题，中央财政对各地退役士兵补缴基本养老保险单位缴费部分所需政府补助资金给予补助。截至2021年底，中央财政累计拨付资金122亿元，支持197万余名退役士兵完成基本养老保险补缴。三是落实事权改革方案，明确义务兵家庭优待支出责任。将义务兵家庭优待由地方财政事权调整为中央和地方共同财政事权，由地方政府制定优待金标准，中央财政按人均1万元标准对地方给予定额补助。2021 年，中央财政完成义务兵家庭优待金地方基数上划工作，涉及金额 80 亿元，并首次下达义务兵家庭优待金 78 亿元，有效解决义务兵家庭优待金标准差异较大、地方政府财政负担不平衡等问题。

三 加大转移支付调节力度

中央财政不断加大对地方的转移支付力度，优化转移支付支出结构，着力提高区域间财力均衡水平，推动基本公共服务均等化，促进区域协调发展。

（一）保持中央对地方转移支付支出强度

2021 年，在实际新增财力有限的情况下，中央财政通过优化支出结构、压减本级支出，保持中央对地方转移支付规模总体稳定，安排资金 82152 亿元，占中央一般公共预算支出的 70.1%。其中，安排中西部地区转移支付资金 67756 亿元，占全部转移支付资金的 82.5%，有力提高了地方特别是中西部地区的财政保障能力，调整优化了地区间财力配置结构。

（二）进一步优化转移支付支出结构

2021 年，进一步加大一般性转移支付力度，安排资金 40540 亿元，增长 8.7%，增强基层财力保障，支持地方兜实兜牢"三保"底线；保持共同财政事权转移支付合理增长，安排资金 34259 亿元，增长 6.5%，切实履行中央承担的共同财政事权支出责任，促进基本公共服务均等化；根据政策需要安排专项转移支付资金 7353 亿元，加大对污染防治、生态保护修复治理等的支持力度。

（三）加大对财力薄弱地区的倾斜支持

2021 年，安排均衡性转移支付 18929 亿元，增长 10.1%，通过发挥其内在"自动调控"作用，缩小地区间财力差距；安排老少边穷地区转移支付资金 3027 亿元，增长 8.5%，支持革命老区、民族地区、边疆地区、欠发达地区加快发展；安排县级基本财力保障机制奖补资金 3373 亿元，增长 13.2%，增强基层"三保"保障能力。同时，在分配教育、社保、医疗卫生等重点领域资金时，对财力薄弱地区予以适当倾斜支持。

（四）常态化实施财政资金直达机制

2021 年，建立常态化财政资金直达机制并扩大范围，优化分配流程，强化资金监管，不断优化支出结构，推动资金投在紧要处、关键点、刀刃上，为地方落实惠企利民政策提供坚实基础。2021 年，中央财政下达直达资金 2.8 万亿元。其中，直接用于就业方面的资金支出超 510 亿元；用于养老、义务教育、基本医疗、基本住房等基本民生方面的资金支出达 1.92 万亿元；相关直接惠企支出累计超过 6000 亿元，惠及各类市场主体达 166 万余家；安排 1 亿元以上项目近 3000 个，规模超过 1.3 万亿元，保障农田水利、交通基础设施、保障性安居工程等重大项目有序开展。

四　大力支持乡村全面振兴

牢固树立新发展理念，坚决巩固拓展脱贫攻坚成果，支持全面实施乡村振兴战略，推动构建城乡协调发展新格局。

（一）聚焦"重中之重"，坚决保障国家粮食安全

一是继续实施财政补贴政策。2021 年，在稳定发放耕地地力保护补贴 1204.85 亿元的基础上，为缓解农资价格上涨对种粮农民带来的增支影响，安排实际种粮农民一次性补贴 200 亿元。二是强化现代农业基础支撑。安排资金 787.82 亿元，支持建设 8000 万亩高标准农田。加大东北黑土地保护力度，支持耕地质量保护与提升。三是支持农业防灾减灾救灾。及时下达资金 74 亿元，大力支持地方做好农作物重大病虫害防控、秋收和秋冬种、防汛抗旱等工作，为全年粮食丰收保驾护航。

（二）加大投入力度，支持巩固拓展脱贫攻坚成果同乡村振兴有效衔接

一是积极加大财政投入力度。将原财政专项扶贫资金调整优化为衔接推进乡村振兴补助资金，安排 1561 亿元，在脱贫攻坚期连续 5 年每年递增 200 亿元的基础上，再增加 100 亿元。推动资金分配重点向巩固脱贫攻坚成果任务重的地区倾斜。二是及时调整优化支持政策。出台中央财政衔接资金管理办法，明确资金支持内容、负面清单和使用管理要求。制定印发衔接资金绩效评价考核办法，分类开展绩效评价。延续实施脱贫县涉农资金统筹整合政策，2021 年 832 个脱贫县实际整合财政涉农资金 2500 多亿元，当年完成支出约 2300 亿元。

（三）支持绿色高质量发展，提高农业质量效益

一是推进农业产业高质量发展。安排 111.33 亿元，继续统筹推进产业融合发展项目建设，其中，支持新创建 50 个国家现代农业产业园、50 个优势特色产业集群、298 个农业产业强镇，"点线面"结合加快构建现代乡村产业体系。安排 80 亿元，全面推进农产品产地冷藏保鲜设施建设，解决鲜活农产品"出村进城"最先一公里问题。安排 75 亿元，支持实施新一轮渔业发展政策。二是推动农业绿色可持续发展。安排 168.05 亿元，启动实施第三轮草原生态保护补助奖励政策，在补助标准不降低的基础上扩大政策实施范围。支持农膜回收利用和农作物秸秆综合利用，开展有机肥替代化肥试点，启动绿色种养循环农业试点。

（四）支持乡村建设和改革发展，提升农村现代化水平

一是支持加强农村水利基础设施建设。安排 263 亿元支持流域 200～3000 平方公里中小河流治理、小型水库建设及除险加固、山洪灾害防治等，推进各地实施防汛抗旱水利提升工程建设。安排 65 亿元支持中型灌区续建配套及节水改造，提升农村灌溉供水保障能力。安排 51.1 亿元支持水系连

通及水美乡村建设试点。安排政府性基金 521 亿元，支持大中型水库移民后期扶持、南水北调工程安全运行和三峡后续工作，促进移民安置后的安稳致富。二是支持推进农村厕所革命。通过安排"土地指标跨省域调剂收入安排的支出"48.32 亿元，实施农村厕所革命整村推进财政奖补政策。三是深入推进农村综合改革。安排农村综合改革转移支付 291.2 亿元，支持实施农村公益事业财政奖补政策，建设宜居宜业美丽乡村，扶持壮大村级集体经济。四是支持农村公路建设。对车辆购置税收入补助地方资金，"十四五"期间中央财政采取"以奖代补"方式，支持普通省道和农村公路建设。2021 年，中央财政已安排"以奖代补"资金 560 亿元。五是支持农村公路养护。及时研究调整政府还贷二级公路取消收费后补助资金用于普通公路养护，由"项目补助"转变为"以奖代补"，引导地方加快转变"重建轻养"观念，补齐公路养护短板。2021 年，中央财政安排普通国道、省道和农村公路养护补助资金 195 亿元。

（五）积极发挥政府采购支持作用，带动脱贫地区农户稳定增收

将政府采购支持乡村产业振兴政策着力点从消费扶贫转向产业帮扶。要求各级预算单位按照不低于 10% 的比例预留食堂食材采购份额，在脱贫地区农副产品网络销售平台（"832 平台"）采购脱贫地区农副产品。通过设定预留采购比例下限、加强供应链管理、推广"农户+合作社+平台"产销对接模式等措施，支持培育一批能带动长期稳定增收的乡村特色产业和优势品牌。2021 年，新增 3320 家脱贫地区农副产品供应商入驻"832 平台"，累计入驻供应商超过 2.1 万家；新增近 10 万款脱贫地区农副产品上架"832 平台"，累计上架产品超过 20 万款。全国各级预算单位全年累计通过"832 平台"采购脱贫地区农副产品 115 亿元，带动近 300 万脱贫地区农户稳定增收，促进脱贫地区特色产业发展。

（六）加快推进农业保险高质量发展，保障种粮农户收益

2021 年，中央财政拨付农业保险保费补贴 333.45 亿元，较上年增长

16.8%，带动实现农业保险保费收入 965 亿元，为 1.88 亿户次农户提供风险保障 4.78 万亿元。一是推动主粮农险提标扩面。扩大三大粮食作物完全成本保险和种植收入保险实施范围，推动关系国计民生的稻谷、玉米、小麦农业保险政策提标扩面。二是支持地方特色农业发展。在全国 20 个省份实施中央财政对地方优势特色农产品保险的以奖代补政策，将广东荔枝、湖北小龙虾、湖南柑橘、陕西苹果、宁夏枸杞、内蒙古肉牛等数十个地方特色农产品纳入奖补政策支持范围。2021 年，安排地方优势特色农产品保险奖补资金 24.07 亿元，较上年增长 100.5%。三是完善保费补贴机制建设。优化保费补贴比例体系，突出绩效导向，将地方优势特色农产品保险奖补政策扩大至全国。四是夯实农业保险高质量发展基础。推动建设全国农业保险数据信息系统，第一次实现全行业农业保险数据实时传输，第一次探索全行业农业保险归集数据共享，推动农业保险工作提质增效。

五 支持教育事业发展

坚持把教育作为财政支出重点领域予以优先保障，保证财政教育投入持续稳定增长。2021 年，一般公共预算教育支出 37469 亿元，国家财政性教育经费支出 45841 亿元，占国内生产总值比例连续 10 年保持在 4%以上。同时，着力调整优化财政教育支出结构，坚持保基本、补短板、提质量、促公平，着力支持解决教育发展不平衡不充分等问题。

（一）推动义务教育优质均衡发展和城乡一体化

一是巩固完善城乡统一、重在农村的义务教育经费保障机制。安排资金 1415 亿元，支持地方继续实施好"两免一补"政策，落实相关经费随学生流动可携带要求。从 2021 年春季学期起，提高小学阶段国家规定课程免费教科书补助标准，将部分中小学教科书调整为非循环使用教科书，并相应调整循环比例。全国约 1.58 亿学生被免除杂费并获得免费教科书，约 2400 万家庭经济困难学生获得生活补助，约 1400 万进城务工人员随迁子女实现相关教育经费可携带。二是提高农村义务教育学生营养膳食补助标准，将国家基础标准由每生每天 4 元提高至 5 元，并安排 261 亿元，助力提升农村学生营养健康状况，惠及学生 3700 余万名。三是深入推进义务教育薄弱环节改善与能力提升工作。安排资金 300 亿元，持续改善农村学校基本办学条件，有序增加城镇学位供给，提升学校教学能力。四是着力提升乡村教师队伍素质。继续实施"特岗计划"、"国培计划"、"三区"人才支持计划教师专项计划、银龄讲学计划、乡村教师生活补助等政策，支持农村学校多渠道补充优秀师资，优化教师队伍结构，提升教师教学能力水平。

（二）支持学前教育深化改革规范发展

安排支持学前教育发展资金 200 亿元，支持地方持续增加普惠性学前教育资源供给，健全投入机制，巩固幼儿资助制度，提高保教质量。

（三）支持普通高中教育多样化发展

安排改善普通高中学校办学条件补助资金 65 亿元，支持地方改善学校基本办学条件，扩大资源供给，提升办学水平，加快消除"大班额"。

（四）支持特殊教育事业发展

安排特殊教育补助资金 5 亿元，支持地方改善特殊教育学校基本办学条件，促进融合教育，提升办学能力水平。

（五）支持高等教育内涵式发展

落实中央高校预算拨款制度，深入推进世界一流大学和一流学科建设，支持基础学科发展和急需高层次人才培养。安排支持地方高校改革发展资金支出 378.87 亿元，支持各地改革完善地方高校预算拨款制度，支持中西部地区高等教育发展，支持地方推进一流大学和一流学科建设。

（六）支持职业教育高质量发展

中央财政通过现代职业教育质量提升计划资金，支持各地巩固和完善职业学校生均拨款制度，逐步提高生均拨款水平，改善职业学校办学条件，深化产教融合、校企合作，实施高水平高职学校和专业建设计划，加强"双师型"专任教师培养培训。安排现代职业教育质量提升计划资金277.6亿元，比上年增长7.8%，各省份可按规定结合实际统筹支持本省份职业教育改革发展。

（七）完善学生资助政策体系

会同有关部门完善国家助学贷款政策，将国家助学贷款最高贷款额度提高4000元，并明确超出学费和住宿费部分可用于弥补日常生活费，助力500多万家庭经济困难大学生安心上学。调整完善自主就业退役士兵学生学费减免政策，提高全日制在校退役士兵学生本专科生国家助学金覆盖面。指导地方进一步加强管理，提高资助对象认定精准度，规范学生资助直达资金管理，增加资金发放渠道。安排转移支付资金653.7亿元，比上年增长14.6%。

六　支持文化体育事业

持续完善财政文化投入机制，调整优化支出结构，加强宣传文化领域重点支出保障，着力提升公共文化服务水平，推进社会主义文化强国建设。

（一）支持城乡公共文化服务体系一体化建设

中央财政安排资金230.3亿元，支持全国5万余个公共图书馆、美术馆、文化馆（站）、博物馆、纪念馆按规定免费开放和提供公益性讲座、展览等服务，支持实施公共数字文化建设、县级融媒体中心建设、戏曲公益性演出、广播电视节目无线覆盖等项目，为基层一线培养、选派文化工作者约

1.9 万名，推动开展广场舞展演、村晚等民俗节庆活动，促进基本公共文化服务均等化、标准化。

（二）支持新时代文艺精品创作和人才培养

中央财政安排国家艺术基金、国家出版基金、中央级国家电影事业发展专项资金、电视剧引导扶持专项资金、纪录片发展专项资金、中直院团改革发展经费等 27.16 亿元，支持舞台艺术、文学、出版、影视、纪录片等领域文艺创作和宣传推广，培育高水平创作人才，推出更多优秀作品，以高质量文化供给增强人民群众的文化获得感、幸福感。

（三）积极支持体育事业发展

通过中央集中彩票公益金支持体育事业专项资金安排中央对地方转移支付预算 17.42 亿元，支持各地开展全民健身活动和体育赛事、改善公共体育场地设施和国家队训练比赛场地设施条件、培养体育后备人才等。通过安排公共体育场馆向社会免费或低收费开放补助资金 9.3 亿元，支持各地体育部门所属大型公共体育场馆向社会免费或低收费开放，提升服务水平和设施利用率。通过安排全国综合性体育运动会办赛补助资金 0.9 亿元，支持陕西省承办第十四届全国运动会。落实简约、安全、精彩的办赛要求，大力支持筹办北京冬奥会，并做好国家队经费保障工作，支持中国体育代表团在东京奥运会上取得优异成绩。

七　支持保障性安居工程

2021 年，中央财政安排城镇保障性安居工程补助资金 707 亿元（其中：棚户区改造和公租房保障 200 亿元，老旧小区改造 307 亿元，租赁市场发展试点 200 亿元），着力解决城镇户籍住房和收入"双困"家庭、部分新市民、青年人群体的住房困难。安排农村危房改造补助资金 99.46 亿元，继续支持符合条件的对象实施农村危房改造和农房抗震改造。

（一）支持租赁住房发展

指导地方加快发展保障性租赁住房，"十四五"期间，40个重点城市将建设筹集约650万套（间）保障性租赁住房，可解决近2000万新市民、青年人住房困难问题，其中2021年约94.2万套（间）。同时，中央财政支持部分人口净流入、租赁需求缺口大的大中城市发展住房租赁市场，多渠道筹集租赁住房房源，促进专业化、机构化租赁企业发展。

（二）全面推进城镇老旧小区改造

从2019年起，中央财政将老旧小区改造纳入城镇保障性安居工程，2021年，中央财政支持各地开工改造城镇老旧小区5.56万个，惠及居民965万户。

（三）规范发展公租房和实施棚户区改造

通过实物保障和货币化补贴的方式，着力解决城镇户籍住房和收入"双困"家庭住房困难问题，到2021年底，3800多万困难群众住进公租房，保障了1176万低保低收入住房困难群众。继续支持各地实施城市棚户区改造，2021年开工改造约150万套。

（四）完善农村危房改造政策

将住房安全保障对象由"十三五"时期的建档立卡贫困户等4类重点对象，调整为农村低收入群体等6类重点对象。

八　加大财政支持普惠金融发展力度

2021年，中央财政拨付普惠金融发展专项资金92.15亿元，同比增长31.2%，加强财政支持普惠金融发展政策体系建设，助力创业就业，支持乡村振兴。一是推动创业担保贷款增量扩面，促进就业创业。近年来，财政部持续加大创业担保贷款贴息力度，阶段性扩大创业担保贷款贴息政策支持范围，放宽小微企业申请条件，推动创业担保贷款扩面增量。2021年，财政部落实落细稳就业举措，全年累计拨付创业担保贷款贴息和奖补资金63.36亿元，同比增长65.9%。二是升级优化奖补政策，引导金融资源服务实体经济。在连续三年开展财政支持深化民营和小微企业金融服务综合改革试点城市工作基础上，升级出台中央财政支持普惠金融发展示范区奖补政策，自2022年起每年安排奖补资金22.5亿元，支持各地打造各具特色的普惠金融示范区，持续引导金融资源服务实体经济发展。三是支持农村金融机构持续发展。2021年，财政部拨付农村金融机构定向费用补贴4.7亿元，引导金融机构在县域以下下沉网点和服务，服务农村金融组织体系建设，支持扩大农村金融服务覆盖面。

（财政部综合司）

第九章
2021年特殊群体保障状况

2021年，民政部门积极履行基本民生保障职能，扎实推进巩固拓展脱贫攻坚成果同乡村振兴有效衔接，保持兜底政策的连续性稳定性，生活困难群众得到更加精准的保障，老年人福利和养老服务取得新进展，儿童福利全面加强，残疾人福利稳步发展，特殊困难群体服务和保障水平持续提升。

一　特殊群体保障基本情况

（一）社会救助

1. 持续巩固拓展社会救助兜底保障成果

为保持兜底政策的连续性稳定性，民政部制定《关于巩固拓展民政领域脱贫攻坚成果同乡村振兴有效衔接的实施意见》（民发〔2021〕16号），就过渡期内巩固拓展民政领域脱贫攻坚成果、实现同乡村振兴有效衔接作出安排。民政部、财政部、国家乡村振兴局联合印发《关于巩固拓展脱贫攻坚兜底保障成果进一步做好困难群众基本生活保障工作的指导意见》（民发〔2021〕49号），明确将符合条件的重残人员、重病患者等低保边缘人口参照"单人户"纳入低保，继续实施"低保渐退"、就业成本扣减等政策，确保救助对象稳定脱贫。民政部开展低收入人口动态监测，制定《全国低收入人口动态监测信息平台总体建设方案》（民办发〔2021〕6号），编制《低收入人口动态监测和常态化救助帮扶工作指南》（第一版），指导各地民政部门加快推进低收入人口动态监测信息平台建设。截至2021年底，民政部已基本建成全国低收入人口数据库，归集 5800 多万低收入人口基本信息，约占全国总人口的 4.1%，初步实现与教育、住房城乡建设、退役军人、卫生健康、医保、乡村振兴、中国残联等部门和单位的数据交换共享。

2. 深入推进社会救助制度改革

民政部制定《最低生活保障审核确认办法》（民发〔2021〕57 号），进一步完善低保对象认定条件，优化审核确认程序。印发《关于进一步做好最低生活保障标准制定调整工作的通知》（民办发〔2021〕20 号），指导各地科学合理制定和调整低保标准。修订《特困人员认定办法》（民发〔2021〕43 号），适度放宽特困人员范围，规范特困人员认定。进一步健全临时救助制度，指导各地全面落实"先行救助""分级审批"等规定，推进由急难发生地实施临时救助，用足用好临时救助备用金，有效缓解群众突发性、紧迫性、临时性生活困难。落实《国务院办公厅关于进一步做好困难群众基本生活保障有关工作的通知》（国办发明电〔2021〕2 号）要求，部署各地开展低收入人口认定工作，截至 2021 年底，已认定低保边缘人口 374 万人、支出型困难人口 292 万人。

3. 稳步提升社会救助水平

截至 2021 年底，全国共有城乡低保对象 4212.3 万人，占全国总人口的 3.0%。其中，城市低保对象 737.8 万人，农村低保对象 3474.5 万人。城市最低生活保障平均标准为 711 元／（人·月），农村最低生活保障平均标准为 6362 元／（人·年）（按月计为 530 元），分别较上年同期增长 5.0%、6.7%。全年累计支出城乡低保资金 1833 亿元。

截至 2021 年底，全国共有特困人员 470.1 万人，其中生活不能自理特困人员 109.2 万人。全年累计支出特困人员救助供养资金 479 亿元，同比增长 2.2%。共有农村特困人员 437.3 万人，其中生活不能自理特困人员 95.8 万人，全年累计支出农村特困人员救助供养资金 429.4 亿元，同比增长 1.3%。共有城市特困人员 32.8 万人，其中生活不能自理特困人员 13.4 万人，全年累计支出城市特困人员救助供养资金 49.7 亿元，同比增长 11.3%。

2021 年，全国共实施临时救助 1198.6 万人次，其中，救助非本地户籍对象6.2万人次，累计支出临时救助资金138.4亿元，平均救助水平1155元/人次，同比均基本持平。

图 9-1 2012~2021 年城乡低保对象、农村特困人员人数

表 9-1 2021 年各省（区、市）城市最低生活保障平均标准和保障人数

单位：元/（人·月），人

地区	平均标准	保障人数	地区	平均标准	保障人数
全国	711	7377907	河南	605	357810
北京	1245	70828	湖北	674	282935
天津	1010	67004	湖南	591	390011
河北	711	156994	广东	915	150006
山西	615	238323	广西	773	343967
内蒙古	763	283412	海南	577	33989
辽宁	706	308746	重庆	636	239318
吉林	612	350338	四川	624	588657
黑龙江	650	489894	贵州	651	607678
上海	1330	136371	云南	668	392026
江苏	803	99912	西藏	971	23482
浙江	935	59622	陕西	651	185890
安徽	686	316695	甘肃	651	326397
福建	715	64992	青海	665	59068
江西	769	310511	宁夏	609	76416
山东	814	108845	新疆	586	257770

表9-2 2021年各省（区、市）农村最低生活保障平均标准和保障人数

单位：元/（人·年），人

地区	平均标准	保障人数	地区	平均标准	保障人数
全国	6362	34744701	河南	4782	2891336
北京	14940	38851	湖北	6058	1377014
天津	12120	60566	湖南	5256	1452590
河北	5561	1520913	广东	8806	1273281
山西	5682	965357	广西	5418	2429726
内蒙古	6661	1305594	海南	6014	147331
辽宁	6064	681389	重庆	6291	585746
吉林	5335	541796	四川	5322	3595635
黑龙江	5292	810534	贵州	4679	1883808
上海	15960	33884	云南	4936	2259980
江苏	9491	623897	西藏	5064	130628
浙江	11223	533022	陕西	5329	1159358
安徽	8219	1769270	甘肃	4909	1436802
福建	8535	483970	青海	4924	286960
江西	6519	1425795	宁夏	5173	373292
山东	7607	1349399	新疆	5477	1316977

4. 扎实开展因灾因疫遇困群众救助

为及时对因灾因疫导致基本生活出现困难群众给予临时救助，2021年，民政部印发《关于进一步做好受灾情疫情影响困难群众基本生活保障工作的通知》（民办发〔2021〕15号），指导各地灵活运用各项救助政策，保障好因灾因疫遇困群众的基本生活。印发《关于做好2022年元旦春节期间有关工作的通知》（民电〔2021〕145号），部署各地民政部门在疫情防控常态化条件下，及时、足额发放各类救助保障金，保障好节日期间社会救助对象的基本生活。

（二）老年人福利与养老服务

1. 困难老年人基本生活得到进一步保障

部署推进基本养老服务体系建设，指导各地持续开展特殊困难老年人家

庭适老化改造，加强农村留守老年人关爱服务工作。面向独居、空巢、失能、重残、计划生育特殊家庭等老年人提供探访关爱服务，基础性、普惠性、兜底性服务保障持续增强。截至 2021 年底，全国实现经济困难的高龄、失能等老年人补贴制度省级全覆盖，全国享受高龄补贴的老年人 3246.6 万人，享受护理补贴的老年人 90.3 万人，享受养老服务补贴的老年人 573.6 万人，享受综合补贴的老年人 84.2 万人。同时，全国有 1424.2 万老年人被纳入最低生活保障制度，374.8 万老年人被纳入特困人员救助供养体系，贫困老年人基本生活得到有效保障。全国共支出老年福利和养老服务资金 531.1 亿元，比上年增长 2.7%。

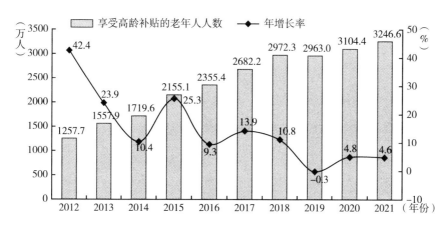

图 9-2　2012~2021 年全国享受高龄补贴的老年人人数变化趋势

2. 养老服务供给有效提升

2021 年，民政部会同财政部安排 11 亿元专项彩票公益金支持 42 个地区开展居家和社区基本养老服务提升行动项目，安排 12.7 亿元民政部补助地方彩票公益金支持地方用于老年人福利项目。民政部会同国家发展改革委实施"十四五"积极应对人口老龄化工程，下达资金 40 亿元，指导各地实施中央预算内投资支持基本养老建设项目。截至 2021 年底，全国养老服务机构和设施总数为 35.8 万个，床位 815.9 万张，其中，注册登记的养老机构 4.0 万个，床位 503.6 万张；社区养老服务机构和设施 31.8 万个，床位

312.3万张。通过完善法规政策、编制专项规划、纳入民生实事、改善服务设施、发展农村养老、建设家庭养老床位、创新服务模式等方式，促进养老服务事业和产业协同发展，更好满足广大老年人需求。

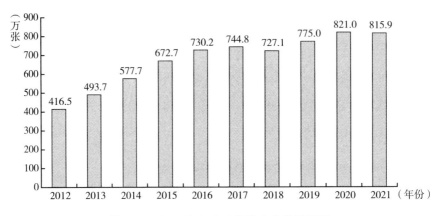

图 9-3　2012~2021 年中国养老床位数情况

3. 加强养老服务领域非法集资防范和化解工作

2021年，民政部指导各地民政部门按照职能分工做好养老服务领域防范和处置非法集资工作的风险排查、监测预警、善后处置、宣传教育和维护稳定等工作。对处置非法集资部际联席会议办公室转来的养老服务领域涉嫌非法集资的 28 条问题线索，督促相关省份做好核查，并纳入风险隐患台账，依法做好分类处置。民政部会同住房和城乡建设部、国家市场监管总局出台《关于推进养老机构"双随机、一公开"监管的指导意见》，将养老机构资金安全特别是预付费资金作为重点检查事项，加强对涉嫌非法集资行为的防范、监测和预警。民政部会同全国老龄办、公安部、银保监会联合发布《关于养老领域非法集资的风险提示》，明确养老领域非法集资表现形式，作出风险提示，增强广大老年人及其家属的风险防范意识和识别能力。将养老服务领域非法集资风险防范宣传纳入"我为群众办实事"专题活动，各地民政部门累计开展宣传活动 6.5 万次，覆盖 19 万个城乡社区、5.2 万个养老服务机构和数以亿计的老年人，增强了广大老年群体的防范意识。

（三）儿童福利

1. 不断提高孤儿基本生活保障标准

指导各地贯彻落实孤儿基本生活保障标准自然增长机制，持续提高孤儿保障水平。截至2021年底，全国共有孤儿17.3万人，全国社会散居孤儿基本生活保障平均标准为每人每月1257.2元，比上年增长6.2%，全国集中养育孤儿基本生活保障平均标准为每人每月1697.4元，比上年增长5.3%。

表9-3 2021年各省（区、市）孤儿基本生活保障人数和平均标准

单位：人，元/（人·月）

地区	孤儿数	集中养育孤儿基本生活保障平均标准	社会散居孤儿基本生活保障平均标准	地区	孤儿数	集中养育孤儿基本生活保障平均标准	社会散居孤儿基本生活保障平均标准
全国	172716	1697.4	1257.2	河南	17141	1370.7	974.4
北京	1331	2200.0	2200.0	湖北	5073	2189.6	1369.7
天津	570	2590.0	2590.0	湖南	12342	1441.6	1003.7
河北	5386	1481.6	1063.1	广东	13083	2074.1	1627.0
山西	4907	1494.0	1003.4	广西	9692	1347.6	962.5
内蒙古	2022	1893.0	1608.8	海南	725	1668.2	1266.0
辽宁	3990	2011.5	1592.7	重庆	2707	1476.5	1277.6
吉林	3506	1500.0	1100.0	四川	18060	1445.1	951.1
黑龙江	2899	1869.8	1418.0	贵州	9387	1576.1	1067.6
上海	1209	2100.0	1900.0	云南	8573	1991.5	1291.5
江苏	5604	2604.2	1959.0	西藏	4650	1153.9	983.2
浙江	2529	2168.8	1712.9	陕西	4715	1389.8	1009.7
安徽	5689	1591.7	1212.3	甘肃	6078	1355.7	1059.3
福建	2452	1814.9	1453.5	青海	1258	1391.2	1001.1
江西	4413	1599.8	1180.1	宁夏	722	1215.8	937.0
山东	7940	1991.2	1589.8	新疆	4063	1399.1	1004.3

2. 做好事实无人抚养儿童保障工作

加强事实无人抚养儿童保障，扩大保障对象范围，精准认定失联情形，确保符合条件的事实无人抚养儿童应保尽保。截至2021年底，全国已有

31.4 万名事实无人抚养儿童被纳入保障范围，标准参照孤儿基本生活保障标准，平均每人每月 1257.2 元。

3. 继续实施"孤儿医疗康复明天计划"与"福彩圆梦·孤儿助学工程"项目

2021 年，指导各地开展"孤儿医疗康复明天计划"项目，切实保障孤儿的生命权和健康权。截至 2021 年底，民政部累计投入福彩公益金 17 亿元，共有近 22.3 万名残疾孤儿得到了手术治疗和康复训练。民政部补助地方彩票公益金持续对全国所有 18 周岁以上考入普通全日制本科院校、高等专科学校、高等职业学校和中等职业学校的孤儿进行补助，与孤儿基本生活费制度形成有效衔接，保障了孤儿受教育的权利。2021 年，惠及近 2.7 万名在校孤儿。

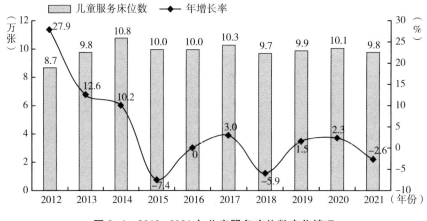

图 9-4　2012~2021 年儿童服务床位数变化情况

（四）残疾人福利

1. 完善残疾人基本生活兜底保障

进一步完善残疾人两项补贴制度，民政部会同财政部、中国残联印发《关于进一步完善困难残疾人生活补贴和重度残疾人护理补贴制度的意见》（民发〔2021〕70 号）。截至 2021 年底，困难残疾人生活补贴惠及 1194.1 万人，重度残疾人护理补贴惠及 1503.2 万人。推动建立残疾人两项补贴标准动态调整机制，截至 2021 年底，已有 29 个省份建立动态调整机制。

2. 做好困难重度残疾人集中或社会化照护工作

截至 2021 年底，有 18 个省份出台困难重度残疾人照护服务政策文件，有 16 个省份依托特困人员供养机构、社会福利设施、残疾人照护服务设施开展服务试点，累计为困难重度残疾人提供集中或社会化照护服务 500 多万人次。

3. 推动康复辅助器具产业创新发展

持续开展康复辅助器具产业综合创新试点和社区租赁服务试点。截至 2021 年底，民政部会同相关部门在 40 多个城市开展国家级康复辅助器具产业综合创新试点和社区租赁试点，建成康复辅助器具产业园区 49 个，15 个省份建立了基本型康复辅助器具租赁补贴制度，惠及 870 万残疾人。

4. 推进民政精神卫生福利事业发展

加快精神卫生福利服务机构建设，积极推进实现每个地级市建有 1 所精神卫生福利机构的任务目标，进一步提升精神障碍患者的救治救助水平。截至 2021 年底，全国共有 140 家精神卫生服务机构，床位数 7.1 万张，在院患者总数 5.8 万人。深入开展精神障碍社区康复服务工作，截至 2021 年底，有 29 个省份共设立精神障碍社区康复服务机构（项目）2325 个，其中综合服务机构 926 个、日间活动中心 535 个、工疗站 228 个、农疗站 10 个、集中托养机构 105 个、康复会所 32 个、其他 489 个。2021 年各级政府部门投入服务资金约 7.77 亿元，全国精神障碍社区康复服务机构（项目）累计收入 43683.43 万元，累计服务支出 63175.75 万元。印发《精神卫生福利机构疫情防控工作指南（第三版）》，部署开展全国精神卫生福利机构疫情防控情况大排查。

二　特殊群体保障领域存在的困难和问题

（一）社会救助方面

一是社会救助兜底保障压力增大。受疫情和灾害影响，一些困难群众刚性支出增加但收入减少，导致基本生活出现困难，低保等社会救助资金支出压力增大。二是救助政策和救助资源统筹不够。社会救助法尚未出台，部门间社会救助政策协调联动不足。困难群众基本生活保障工作协调机制作用发挥不充分，部门间数据共享尚未全面实现。三是基层经办服务能力不足。不少地区基层力量薄弱，没有专门机构，人员配备、经费投入不足，专业化程度低。

（二）养老服务方面

一是制度建设还存在短板。涉及养老服务发展的一些全局性、长远性、支撑性制度还未建立。目前国家层面尚无养老服务专门法律法规，只有《老年人权益保障法》做了一些原则性表述，行业监管和行业发展都缺乏法律法规的有力支撑。现行许多政策制度出台时间较短，尚未在实践中显现效果，也需要在实践中不断完善。二是尚未建立与人口老龄化相适应的养老服务资金资源保障机制。中央财政与地方财政的职责需进一步廓清，养老服务财政投入严重不足，中央财政性投入与亿万老年人养老服务需求相比差距较大。三是居家和社区养老服务发展尚不允分。绝大多数老年人依靠社区和居家养老，但社区和居家养老服务基础薄弱，服务设施、专业机构、护理人员严重不足，2019～2021年城市新建居住区配建养老服务设施达标率分别为39.2%、46.1%、62%，居家社区养老服务供给单一，广大老年人所需的专业优质、平价普惠的养老服务较缺乏。四是综合监管还有薄弱环节。养老服务业是伴随人口老龄化形成的新兴业态，呈现出"养老服务+"其他业态的融合发展趋势，一些新的服务形式谁来管、管什么、怎么管等问题还不明确。

（三）儿童福利方面

一是儿童福利机构养育孤儿、弃婴数量不断下降，病残儿童比例不断上升，依据《未成年人保护法》相关规定，民政部门收留、抚养的儿童类型和数量逐渐增多，专业服务需求日益增加且更为多样化。儿童福利机构发展不平衡不充分、质量不高等问题日益显现，需要进一步推进儿童福利机构优化提质和创新转型，实现高质量发展，以满足其所收留、抚养的各类儿童的不同需求。二是基层儿童福利工作力量薄弱，工作人手少，村（居）儿童主任大多为兼职，且无薪酬或补贴。儿童福利服务工作经费紧张。一些特殊、重大疾病患病儿童，面临康复周期长、家庭支持政策少等难题，家庭负担较重。

（四）残疾人福利方面

一是残疾人两项补贴标准偏低，精准管理水平有待提升，部分省份动态调整机制尚未建立，难以起到缓解残疾人生活和护理支出压力的作用。二是康复辅助器具产业事中事后监管体系尚未建立，在产业规模、政策扶持、人才培养等方面还存在着一些突出问题。三是全国精神卫生福利机构数量少，布局不平衡，专业人才短缺。四是精神障碍社区康复服务刚刚起步发展，政策措施不完善，服务网络不健全。

三　政策建议

（一）社会救助方面

一是进一步健全分层分类的救助体系。配合做好制定社会救助法相关工作。研究制定加强低收入人口动态监测、做好分层分类社会救助的政策文件，明确低保边缘人口、支出型困难人口的救助帮扶政策，指导各地根据低收入人口的困难程度和困难类型，及时给予基本生活救助、专项社会救助或急难社会救助。研究制定加快发展服务类社会救助的政策措施，推进形成"物质+服务"的救助方式。二是全面落实社会救助制度。认真落实《最低生活保障审核确认办法》（民发〔2021〕57号）、《特困人员认定办法》（民发〔2021〕43号），规范低保对象、特困人员认定，优化审核确认流程。鼓励有条件的地区积极推进居住地申办低保。指导地方科学合理制定低保标准和特困供养标准。完善临时救助政策措施，推动由急难发生地实施临时救助，充分发挥临时救助备用金制度作用。三是完善低收入人口动态监测和常态化救助帮扶机制。完善并应用低收入人口动态监测信息平台，扩大部门间信息共享和数据比对，实现相关部门间数据共享机制常态化运行。开发平台监测预警功能，不断拓展平台功能应用。指导各地健全低收入人口主动发现、动态监测、救助帮扶机制。四是实施社会救助基层能力提升工程。研究制定指导意见，指导各地通过强化乡镇（街道）社会救助责任和保障条件，设立村级社会救助协理员、社会救助服务站（点），加大基层社会救助工作人员培训力度等，提升基层社会救助经办服务能力。

（二）养老服务方面

一是加强养老服务顶层设计。加快推动养老服务立法，建立养老服务法律、行政法规、部门规章和地方性法规相互衔接、互为补充的养老服务法律法规体系，为养老服务健康发展提供法治保障。二是健全基本养老服务体系。指导各省份建立基本养老服务清单制度，让每位老年人在面临个人或者家庭无力应对的经济、身体等方面的困境时，能够从政府和社会得到基本保障和服务帮助，形成政府、市场、社会、家庭各尽其责的供给格局。制定完善全国统一的评估标准，研究发布《老年人能力评估规范》国家标准。三是优化养老服务供给结构。推动建立相关保险、福利和救助相衔接的长期照护保障制度，推进完善以养老服务体系为依托，居家、社区、机构相衔接的专业化长期照护服务体系，研究建立长期照护服务项目、标准、质量评价等行业规范。通过组织实施居家和社区基本养老服务质量提升行动项目，进一步增强家庭照护能力。推进示范性居家社区养老服务网络建设，加强社区养老服务设施配套建设，为老年人床边、身边、周边提供更多更好的养老服务。加强专业化长期照护服务机构建设，优化养老机构护理型床位供给结构，提升养老机构照护功能。四是强化养老服务综合监管。进一步完善养老服务综合监管制度，加强"双随机、一公开"监管机制探索，规范整治养老服务领域诈骗行为和欺老虐老现象。实施养老服务标准化专项行动，完善养老服务标准体系，加快框架性、支撑性、基础性标准制修订，推动《养老机构安全服务基本规范》等重要标准的贯彻实施，推进养老服务标准化、专业化、品牌化、信息化发展。

（三）儿童福利方面

一是深入推进儿童福利机构优化提质和创新转型高质量发展，实现儿童养育、医疗、康复、教育、社会工作一体化发展。二是进一步提高孤儿保障标准，使孤儿基本生活保障标准不低于当地城镇居民平均收入水平，孤儿在教育、医疗、成年后安置等方面的保障标准不低于特困人员保障水平，将重、大病儿童纳入相应保障范围。三是指导各地以留守儿童和困境儿童为重点，强化完善强制报告、应急处置、评估帮扶、监护干预的救助保护机制，加大对村（居）民委员会、儿童福利机构、未成年人救助保护机构、基层儿童工作队伍等涉民政类强制报告主体的指导和培训力度。四是加快构建基层未成年人保护工作网络，推进地市级和县级未成年人救助保护机构、乡镇（街道）未成年人保护工作站和村（居）民委员会四级阵地建设，持续加强儿童督导员、儿童主任队伍建设，进一步提高农村留守儿童和困境儿童关爱服务水平。

（四）残疾人福利方面

一是着力推动两项补贴政策落实，加强残疾人两项补贴精准管理，使有限的补贴资金更公平、更有效地惠及困难和重度残疾人群体。全面建立残疾人两项补贴标准动态调整机制，指导各地根据财力情况和实际需求提升保障水平，合理引导残疾人预期。二是加强康复辅助器具产业监管，研究制定《康复辅助器具促进（管理）办法》，建立康复辅助器具产品和配置服务监管制度，制定简明易行的监管规则和标准。研究制定假肢和矫形器生产装配（辅具）企业事中事后监管和康复辅助器具从业人员资格注册、信息变更、职业培训、诚信管理、资格注销等制度。三是大力加强精神卫生福利机构建设。"十四五"期间，配合国家发展改革委实施"十四五"社会服务设施兜底线工程，在精神卫生服务能力不足的地区建设100个左右精神卫生福利设施，指导并监督精神卫生社会福利机构建设。推动金民工程"残疾人福利机构管理信息系统"上线，督促精神卫生福利机构履行主体责任，维护服务对象的合法权益。四是积极推进精神障碍社区康复服务规范化建设。推动开展"精康融合行动"，利用三年左右的时间持续加大政府投入，积极引导社会力量参与，建立健全基层服务网络、培训服务机构、丰富服务形式，建立精神障碍社区康复的转介机制，更好地满足精神障碍患者的康复服务需求。不断提高精神障碍社区康复服务覆盖率、精神障碍患者接受服务率，提升精神障碍社区康复服务规范化水平。

（民政部规划财务司）

第十章
2021年慈善事业发展情况

2021 年是党和国家历史上具有里程碑意义的一年，在以习近平同志为核心的党中央坚强领导下，我国如期打赢脱贫攻坚战，如期全面建成小康社会、实现第一个百年奋斗目标，开启全面建设社会主义现代化国家、向第二个百年奋斗目标进军的新征程。慈善力量积极响应中央号召，主动参与脱贫攻坚和乡村振兴、抗击新冠肺炎疫情、应对重大自然灾害，为全面建成小康社会作出了积极贡献。站在新的历史起点上，中央对慈善事业提出新的更高要求，慈善事业迎来重大发展机遇。

一 中央作出新部署 规划明确新要求

2021 年，党中央、国务院对慈善事业作出一系列重大决策部署，全国人大启动《慈善法》修订工作，各地出台多部慈善领域地方性法规，国家"十四五"规划纲要和民政事业发展规划对慈善事业提出新要求，慈善事业顶层设计更加明确，迎来重大发展机遇。

（一）中央作出新部署

2021 年 4 月中共中央、国务院印发《关于加强基层治理体系和治理能力现代化建设的意见》，要求发展公益慈善事业，完善社会力量参与基层治理激励政策，创新"五社联动"机制，支持设立社区基金会等协作载体，吸纳社会力量参加基层应急救援，完善基层志愿服务制度，更好满足群众需求。2021 年 8 月召开的中央财经委员会第十次会议，要求坚持以人民为中心的发展思想，在高质量发展中促进共同富裕，构建初次分配、再分配、第三次分配协调配套的基础性制度安排。2021 年 12 月召开的中央经济工作会议，要求正确认识和把握实现共同富裕的战略目标和实践途径，支持有意愿有能力的企业和社会群体积极参与公益慈善事业。

（二）法治建设取得新进展

中央层面，《慈善法》修订工作正式启动。2021 年 3 月，全国人大社会建设委员会牵头启动《慈善法》修订工作。民政部全力配合、积极推动，协助筹备并参加系列会议，听取中央和国家有关部门、慈善组织、专家学者的意见和建议；开展实地和书面调研，梳理分析地方民政部门意见建议；向全国人大社会建设委员会报送《慈善法》修改部门建议稿。地方层面，出台多部地方性法规。2021 年，上海、湖北、山东、山西等 4 个省市出台地方慈善条例，福建颁布慈善事业促进办法；北京、河北、江苏、广东等 4 个省市根据《志愿服务条例》精神完成了地方志愿服务法规修订工作，江西、福建 2 个省和厦门市立足本地实际，发布志愿服务条例。截至 2021 年底，全国已有 17 个省份和 2 个计划单列市出台了具有制度创新性和地方特色的志愿服务法规。

（三）规划明确新要求

国家"十四五"规划纲要指明了未来五年的慈善工作发展方向。2021 年 3 月，《中华人民共和国国民经济和社会发展第十四个五年规划和 2035 年远景目标纲要》全文发布，提出要"鼓励民营企业积极履行社会责任、参与社会公益和慈善事业""发挥慈善等第三次分配作用，改善收入和财富分配格局""促进慈善事业发展，完善财税等激励政策""规范发展网络慈善平台，加强彩票和公益金管理""发挥群团组织和社会组织在社会治理中的作用，畅通和规范市场主体、新社会阶层、社会工作者和志愿者等参与社会治理的途径""培育规范化行业协会商会、公益慈善组织、城乡社区社会组织，加强财政补助、购买服务、税收优惠、人才保障等政策支持和事中事后监管"，确立了慈善事业在我国经济社会发展中的地位，为推动慈善事业的发展提供了思想引领。民政事业发展规划明确了未来五年慈善工作重点任务。2021 年 6 月，由民政部、国家发改委联合编制的《"十四五"民政事业发展规划》正式印发，明确了"十四五"时期民政事业发展主要目标、重点任务和重大举措，作出发挥慈善在第三次分配中的作用、鼓励慈善组织和慈善信托发展、规范发展互联网慈善等方面的工作部署，强调要充分发挥慈善事业在保障改善民生、推动基层社会治理中的积极作用。

二　优化发展环境　培育慈善力量

2021 年我国慈善组织数量保持增长，慈善信托规模不断扩大，互联网慈善稳步推进，志愿服务持续创新，年度慈善捐赠总额突破 2000 亿元[1]，慈善事业发展的"四梁八柱"更加稳固。

（一）慈善组织和慈善信托健康发展

1. 培育慈善组织

根据全国慈善信息公开平台统计数据，截至 2021 年 12 月 31 日，各级民政部门共登记认定慈善组织 9965 个，同比增长 14.84%，其中基金会 6305 家，占比为 63.3%；社会团体 2805 家，占比为 28.1%；社会服务机构 855 家，占比为 8.6%[2]。

各级民政部门切实履行职责，为慈善组织发展提供便利条件。按照《关于公益性捐赠税前扣除有关事项的公告》（财政部　税务总局　民政部公告 2020 年第 27 号），2021 年共有 190 家在民政部登记的社会组织获得公

---

① 基金会中心网：《全国慈善信息公开平台 12 月运行月报（2021）》。
② 基金会中心网：《全国慈善信息公开平台 12 月运行月报（2021）》。

益性捐赠税前扣除资格。辽宁开展慈善组织评估工作，细化 7 类 4 级评估指标，从基础条件、内部治理、工作绩效和社会评价等方面进行综合评价，并公开评估结果。安徽实施社会公益服务"十百千"工程，链接慈善组织"慈善资源"、社会工作者"专业资源"和志愿服务组织"人力资源"，筹集社会公益资金 200 余万元，受益群众近 10 万人。

2. 发展慈善信托

截至 2021 年 12 月 31 日，全国累计备案慈善信托 773 单，财产规模 39.35 亿元。其中 2021 年新备案慈善信托 227 单，较 2020 年的 266 单有所下降，但财产规模达到 5.71 亿元，比 2020 年的 4.31 亿元增加 32.48%[①]。其中十万元级的慈善信托 115 单，占全年新备案慈善信托的 50.7%；百万元级的慈善信托 56 单，占比 24.7%。十万元级和百万元级的慈善信托在我国慈善信托中仍是主流[②]。

从信托目的来看，2021 年备案的慈善信托涵盖了《慈善法》规定的慈善活动所有领域，同时，乡村振兴、体育、环保等领域的比重上升。乡村振兴慈善信托共 33 单，规模 8176.17 万元，中航信托、光大信托、中诚信托、长安信托、万向信托、五矿信托、金谷信托、华融信托、粤财信托等 23 家信托公司及浙江省杭州市桐庐县慈善总会、天津市福老基金会（共同受托人）受托成立了乡村振兴慈善信托。

从地区来看，2021 年全国共有 19 个省、自治区、直辖市备案慈善信托。其中，浙江 78 单、甘肃 22 单，居于全国前列。浙江温州、嘉兴、湖州、绍兴等地市实现了慈善信托业务零的突破，杭州、宁波等 6 个设区市都已开展慈善信托业务。天津积极动员社会力量通过慈善信托方式对 11125 名困难失能老年人和困境儿童投入 56.4 万余元，提供 7.2 亿元的意外医疗和意外伤害保障。

---

① 民政部：《〈2021 年中国慈善信托发展报告〉发布》，2022 年 1 月 24 日，https://www.mca.gov.cn/article/xw/mtbd/202201/20220100039415.shtml。

② 《2021 年慈善信托发展呈八项特征这些地区、慈善组织、信托公司、银行表现突出》，公益时报，https://baijiahao.baidu.com/s? id=1722458326908158284&wfr=spider&for=pc。

（二）互联网慈善稳步推进

1. 互联网募捐成绩显著

我国互联网募捐和捐赠取得显著成绩。自 2017 年至今，通过互联网募集的善款从 25 亿元增长到近 90 亿元[①]。"互联网+慈善"深度融合，深刻影响了公众的慈善理念、慈善参与意识、慈善捐赠方式以及慈善组织的慈善项目运作，带动互联网平台发展和慈善组织创新。2021 年 11 月，民政部指定的第三批 10 家互联网公开募捐信息平台上线，指定的募捐平台达 30 家。2021 年，30 家募捐平台共发布慈善项目 27853 个[②]，超过 100 亿人次点击、关注和参与互联网慈善，通过互联网募集善款近 90 亿元[③]，捐赠额比 2020 年增长了 18%。互联网慈善已经成为公益慈善事业新的增长点。

从发起互联网公开募捐的慈善组织构成来看：省级慈善组织数量最多，占比 48%；全国性慈善组织占比 24%，位列第二；地市级慈善组织占比 16%，区县级慈善组织占比 12%[④]。慈善组织参与互联网慈善的意识、经验、模式都有明显提高。

从互联网公开募捐信息平台上线的慈善项目数量来看：2021 年 30 家募捐平台上线的慈善项目总数为 27853 个，覆盖社会保障、社会服务、社会治理的多个领域。腾讯公益上线的慈善项目达到 14417 个，占项目总数的51.76%，位居第一梯队；水滴公益、轻松公益、支付宝公益、新浪微公益等 4 家平台上线的慈善项目位居第二梯队，开展募捐的慈善项目数量分别为4489 个、2701 个、1590 个和 1237 个，分别占比 16.12%、9.70%、5.71%和 4.44%。从互联网公开募捐信息平台募捐金额的分布来看：腾讯公益共筹款 54.53 亿元，位居第一梯队；公益宝、阿里巴巴公益、水滴公益等 3 家

---

① 《中国互联网公益峰会发布年度数据：2021 年全国网络捐赠近百亿》，2022 年 5 月 20 日，https：//m. gmw. cn/baijia/2022-05/20/35751458. html。

② 中国慈善联合会：《2021 年互联网募捐与捐赠情况报告》，2022 年 3 月。

③ 《中国互联网公益峰会发布年度数据：2021 年全国网络捐赠近百亿》，中国新闻网，2022 年5 月 20 日，https：//baijiahao. baidu. com/s？ id＝1733333434614940403&wfr＝spider&for＝pc。

④ 中国慈善联合会，《2021 年互联网募捐与捐赠情况报告》，2022 年 3 月。

平台分别筹款 6.78 亿元、5.08 亿元和 2.69 亿元，位居第二梯队。2021 全年，30 家互联网公开募捐平台共募集善款 89.18 亿元。

2. 平台活动形式多样

2021 年 5 月 20 日，中国互联网公益峰会在重庆开幕，与会嘉宾、学者、行业人士、媒体记者围绕"数字共建，公益流深"主题展开广泛讨论。腾讯公益慈善基金会和腾讯研究院在峰会上联合发布了《2021 公益数字化研究报告》，探索构建公益数字化蓝图，推动数字科技公益化应用。

2021 年 9 月 1 日，腾讯"99 公益日"启动，相比以往在时间和资金方面加大了投入。一是活动时间增加至十天，并细分为主题日、行动日和感恩日三个阶段，其中 9 月 5 日"中华慈善日"当天的主题为"共同富裕"，通过与腾讯新闻联动，引导广大用户关注该主题下特殊地区、特殊人群相关的公益项目。二是腾讯投入资金 10 亿元，其中六成用于支持"99 公益日"期间的项目募款，另外四成用于公益日之后对管理良好的项目进行资金和技术支持，增强项目长期运行能力。2021 年的"99 公益日"带动超过 6870 万人次捐赠 35.69 亿元，加上腾讯公益基金会 6 亿元的资金支持，活动总共募得善款 41.69 亿元[①]，掀起互联网募捐新浪潮。

（三）志愿服务持续创新

1. 政策机制完善

民政部指导各地学习宣传贯彻《志愿服务记录与证明出具办法（试行）》，研究探索抽查机制，印发《民政部办公厅关于开展志愿服务记录与抽查工作的通知》，通过先试点后铺开方式部署启动抽查工作。推动发布《志愿服务组织基本规范》国家标准并开展宣传推介，起草报送《志愿服务信息元数据（送审稿）》，指导开展《志愿服务项目基本规范》与《社区志愿服务规范》行业标准基础研究立项。各部门研究制定领域性志愿服务制度，如中央文明办、退役军人事务部印发《关于加强退役

---

① 中国慈善联合会：《2021 年互联网募捐与捐赠情况报告》，2022 年 3 月。

军人志愿服务工作的指导意见》，司法部、中央文明办联合印发《法律援助志愿者管理办法》等。各地结合实际制定志愿服务地方标准，如湖北发布《儿童福利机构志愿服务规范》，北京研究起草《冬奥会志愿者服务规范》等。

2. 参与范围扩大

2021 年我国注册志愿者 2.22 亿人[1]，同比增长 15.63%，五年间增加 2.6 倍。志愿服务组织 123 万家，同比增长 54.79%，五年间增加 2.8 倍。累计志愿项目 901 万个，同比增长 79.69%，五年间增加 7.7 倍。超过 1 亿名活跃志愿者贡献服务时间 42.07 亿小时，其中，女性志愿者占比 65.21%，已超过全球平均水平；大学以上学历志愿者数量超过七成[2]。各地依托城乡社会综合服务设施、乡镇（街道）社工站等广泛设立志愿服务站点，打造群众身边的志愿服务阵地，截至 2021 年底，各省份城乡社区综合服务设施中志愿服务站点覆盖率达 60%。各地更加注重志愿服务组织标识的精准性，截至 2021 年底，全国 29 个省份更新公告了本地志愿服务组织名单，全国已有标识志愿服务组织 2.3 万个；广东省民政系统投入志愿服务资金超过 1 亿元，成立民政领域志愿服务组织近 500 个，注册登记并标识的志愿服务组织 1318 家，每百万人口标识志愿服务组织达到 10 个以上。

3. 服务活动丰富

各地结合当地实际开展了形式多样、内容丰富的志愿服务活动，贵州围绕"3·5"学雷锋日举办抗击新冠肺炎疫情志愿服务事迹分享暨表彰大会，开展丰富多彩、形式多样的志愿服务活动。河北以冬奥会筹办为契机，培育发展一批志愿服务组织，加强对冬奥会志愿服务的指引。内蒙古开展乡村振兴和社区"我帮你"志愿服务，举办各类主题志愿服务活动 2100 余次，参与的志愿者达 4.3 万余人次，累计受益人数达 95 万余人次。陕西组织实施"助力全运会、暖心志愿行"志愿服务系列活动，共组建 21 支志愿服务队，

① 杨团、朱健刚：《中国慈善发展报告（2022）》，社会科学文献出版社，2022，第 49 页。
② 杨团、朱健刚：《中国慈善发展报告（2022）》，社会科学文献出版社，2022，第 57 页。

107

深入社区开展"四个文明"志愿服务。

4. 信息支撑加强

2021年全国志愿服务信息系统2.0版上线，民政部印发《关于组织开展全国志愿服务信息系统2.0版试运行工作的通知》，组织31个省（区、市）和新疆生产建设兵团分两批上线运行新系统。支持部门、地方依托全国志愿服务信息新系统建设运行子站，国家税务总局建设纳税志愿服务行业子站，江苏、福建等地建设个性化地方子站，满足多方使用需求。推进系统App和微信端小程序相继上线，通过移动端应用提升用户体验，系统全年累计访问量达6592万人次。上线"中国志愿服务网"微信公众号，全年发布稿件154篇，展示了志愿服务的工作成效与良好风采。

三　围绕国之大者　服务中心大局

我国慈善事业是党领导下以人民为中心、全面服务中国式现代化建设的社会公益事业，核心任务是贯彻中央决策部署、解决群众急难愁盼。2021年，慈善力量积极参与乡村振兴、主动投身疫情防控和应急救援，以"温柔之手"为人民群众构筑起一道安全屏障。

（一）在乡村振兴中积极作为

1. 慈善力量参与情况

2021年中央一号文件《中共中央　国务院关于全面推进乡村振兴加快农业农村现代化的意见》提出，"坚持和完善东西部协作和对口支援、社会力量参与帮扶等机制"，"发挥财政投入引领作用，支持以市场化方式设立乡村振兴基金，撬动金融资本、社会力量参与，重点支持乡村产业发展"。2021年通过的《乡村振兴促进法》强调"鼓励、支持人民团体、社会组织、企事业单位等社会各方面参与乡村振兴促进相关活动"。

慈善组织积极响应。中国乡村发展基金会（原"中国扶贫基金会"，2022年6月更名）围绕巩固拓展脱贫攻坚成果和全面推进乡村振兴实施项目，推进乡村可持续发展。截至 2021 年底，中国乡村发展基金会累计接受捐赠扶贫资金和物资 92 亿元，有 5714.83 万人次通过各类项目受益①。根据全国慈善信息公开平台统计数据，2021 年涉及乡村振兴主题的慈善项目共765 个，公开募捐备案共 340 个，从扶贫济困、公益助农、乡村治理、保健助医、一老一小、乡村教育等多个方面助力乡村振兴。

各级民政部门做好引导。福建深化开展"慈善手拉手""阳光 1+1 牵手计划"等行动，动员慈善力量积极参与巩固脱贫攻坚、乡村振兴，1232 个社会组织和 1263 个老区村牵手结对，逾 11.7 万人次群众受益。甘肃指导省慈善总会在省内 6 个市 12 个县 20 个村开展村社互助"幸福家园"工程，线上线下共筹集善款 240 万余元。贵州印发《关于引导慈善组织和志愿服务组织助力乡村振兴的通知》，建立慈善组织、志愿服务组织助推乡村振兴的机制，引导慈善力量参与易地扶贫搬迁安置区"五个体系"建设。

2. 慈展会举办情况

2021 年 11 月 23 日至 25 日，由民政部、国务院国资委、国家乡村振兴局、全国工商联、中国红十字会总会、中国宋庆龄基金会、广东省政府、深圳市政府和中国慈善联合会共同主办的第九届中国公益慈善项目交流展示会采取线上方式举行。大会以"汇聚慈善力量，助力乡村振兴"为主题，吸引了来自全国 31 个省、自治区、直辖市以及港澳台地区的 2255 家机构和项目以及 2237 种产品申报参展，共促成项目捐赠、消费帮扶产品采购及乡村振兴产业投资项目等意向对接合作近 230 项，意向对接金额逾 37.4 亿元，其中消费帮扶产品采购及产业投资等项目达 20 多亿元。

会议期间开展了中国公益慈善项目大赛、中国公益映像节等品牌化、专业化配套活动。一是以"支持社会力量兴办公益事业，推动乡村振兴和可持续发展"为主题，开展 2021 中国公益慈善项目大赛。大赛共收到 1207 个

① 《中国扶贫基金会更名为中国乡村发展基金会》，《农民日报》，2022 年 7 月 11 日，http://nyncj.huizhou.gov.cn/zwzc/xwzx/ttxw/content/post_4699449.html。

项目申报参赛，汇聚近 500 万元资助金。二是以"看见爱，看见未来"为主题举办 2021 中国公益映像节，征集公益影片 416 部。三是面向慈善行业从业者，特别是脱贫地区公益组织负责人开展"知行合'益'——乡村振兴研学计划"，先后走进深圳、杭州、成都、重庆、昆明等城市开展交流研习，共吸引 217 家机构报名参加。

（二）与社会救助有效衔接

1. 鼓励社会参与

《"十四五"民政事业发展规划》强调，加强社会救助、社会福利制度同慈善事业制度有机衔接，充分发挥慈善事业在保障改善民生中的积极作用。广大慈善组织广泛动员社会力量，开展了一系列"救急难"慈善项目，推动形成以政府为主、社会参与的多层次救助体系。

根据全国慈善信息公开平台统计数据，2021 年全国各级慈善组织共开展社会救助领域的慈善项目 123 个，公开募捐备案 84 个，聚焦扶贫济困、安老济孤、赈灾助医、行善助学等问题。民政部登记的基金会每年用于慈善事业的总支出中，有 60% 以上用于"救急难"等社会救助领域。例如，中华慈善总会的赠药项目、中国社会福利基金会的"919 大病救助工程"、中华少年儿童慈善救助基金会的"9958 儿童紧急救助项目"以及中华社会救助基金会的"关爱涉疆涉藏地区困境儿童"项目。

2. 建立衔接机制

全国慈善组织参与"救急难"信息对接服务平台建设工作于 2021 年 9 月正式启动。该平台在民政部的指导下，由中国慈善联合会负责运行维护，旨在建立慈善救助与政府救助衔接机制，全国性的慈善组织通过平台对接困难群众大病救助需求信息，对特定困难群众实施救助帮扶。江西省民政厅印发《促进慈善救助与社会救助有效衔接工作方案（试行）》，依托数字民政开发上线"慈善救助"平台，调动公益慈善资源精准对接慈善需求，推动公益慈善项目运作和品牌建设。

（三）助力疫情防控和灾害救援

1. 常态化疫情防控工作

慈善社工力量支持云南瑞丽疫情防控。2021 年 11 月 14 日，民政部动员中华慈善总会、中国乡村发展基金会、中国社会福利基金会、腾讯公益慈善基金会、阿里巴巴公益基金会支持瑞丽抗疫。五家慈善组织积极响应号召，及时拿出支持方案，捐赠救治资金和"暖心"棉衣。云南省民政厅联合云南省社会工作联合会，组建专业社工支持队伍，为瑞丽市养老服务机构提供心理支持、资源链接等服务。

河北省持续开展常态化疫情防控工作。省民政厅印发《关于进一步加强疫情防控期间慈善捐赠接收使用有关工作的通知》，指导省内慈善组织和红十字会接收捐赠物资 2.7 亿元，并及时发放到抗疫一线。

2. 河南"7·20"特大洪灾救援工作

在政策制定方面，民政部指导河南省民政厅起草了《河南省民政厅关于引导慈善、社会工作、志愿服务及其他社会组织等社会力量依法有序参与疫情防控和灾后重建工作的通知》，强调不允许长时间积压捐赠款物，原则上 3 天之内要拨付到位；至少每 3 天向社会公示一次使用情况等，受到社会广泛好评。

在信息公开方面，河南省民政厅指导省内慈善组织将捐赠人、捐赠内容、捐赠意愿、使用方向、接收单位等内容做好信息公开。截至 2021 年 8 月 13 日，河南省慈善总会、河南省红十字会等省级慈善组织均在各自网站显著位置，连续 12 次公示捐赠使用情况，基本做到一至两天一公开；郑州市慈善总会等采取分主题的方式，连续发布 20 多期善款使用公告。

在款物拨付方面，民政部门督促各慈善组织加快款物拨付。截至 2021 年 8 月 14 日晚，河南省各级慈善组织、红十字会共接收捐赠款物 89.04 亿元，其中捐款 77.62 亿元，物资 11.42 亿元，拨付率达到 81.25%，进度较为理想。

（四）助力援藏援疆工作

1. 开展援藏工作

2021 年，共有 41 家基金会开展 110 个援藏慈善项目，资金总额 33070.45 万元，涉及卫生健康、教育、乡村振兴等领域。此外，还有部分慈善组织围绕基础设施建设、生态保护等开展项目。2021 年 7 月中旬，民政部组织有代表性的 10 家基金会赴拉萨，参加了全国民政系统第三次援藏工作会议。

2. 开展援疆工作

2021 年，共有 49 家基金会开展 134 个援疆慈善项目，资金总额为 36021.68 万元。9 月中旬，民政部组织有代表性的 15 家基金会赴乌鲁木齐，参加了全国民政系统第三次援疆工作会议。

四　推进宣传表彰　弘扬慈善文化

（一）加强宣传教育

2021 年，民政部与媒体通力合作，在人民日报、新华网、人民网、中国民政、中国社会报、公益时报、慈善家等媒体刊发文章，传播慈善文化，内容涉及《慈善法》解读、"中华慈善奖"报道、"中华慈善日"宣传、慈善先进事迹介绍、慈善数据公布等。各地民政部门通过在省级日报刊发文章，在省内广播电视台推送公益宣传片等，引导社会公众关注慈善事业发展。山西印制《山西省慈善事业促进条例》单行本。海南在"海南民政"微信公众号上开展《慈善法》知识线上答题活动，共有超过 15 万人次参与；在海南广播电视总台官方抖音号推送海南公益慈善系列微视频，播放量超百万次。

2021 年 9 月 27 日，由国家互联网信息办公室、民政部主办，以"数字普惠、共享红利"为主题的 2021 年世界互联网大会乌镇峰会公益慈善与数字减贫论坛在乌镇举办。来自中外政府部门、国际组织、社会组织、企业、智库的百余位嘉宾线上线下同步参加，与会者分享了互联网公益慈善与数字减贫领域的经验与成果，探索数字技术对发挥慈善第三次分配作用的支持机制，推动互联网与公益慈善深度融合。

2021年11月19日，由中央网信办、民政部、中国残联指导，中国互联网发展基金会、中国慈善联合会主办，以"数字凝聚向善力量，网络公益文明发展"为主题的首届中国网络文明大会网络公益慈善发展与挑战应对论坛在北京召开。来自政府部门、高校、慈善组织、互联网企业、新闻媒体的代表线上线下同步参加了论坛。论坛发布了《互联网公益慈善文明建设倡议书》和《中国互联网公益标准研究报告及行动倡议》。

（二）举办"中华慈善日"系列活动

2021年9月5日是我国第六个"中华慈善日"，民政部印发《关于做好第六个"中华慈善日"有关工作的通知》，指导各地围绕"汇聚慈善力量，助力乡村振兴"主题，开展特色鲜明的"中华慈善日"活动，提升"中华慈善日"宣传效果。北京召开多场慈善工作座谈会，深入学习习近平总书记关于慈善事业的重要指示批示精神，倾听慈善组织声音，系统谋划"十四五"期间北京慈善事业发展思路。山西召开"中华慈善日""山西慈善宣传周"主题宣传活动启动暨《山西省慈善事业促进条例》宣传贯彻工作推进会，制作反映山西慈善事业发展的宣传片、专题片，在电视台和新媒体账号进行宣传播放。内蒙古举办"中华慈善日"示范活动启动仪式，累计筹集慈善捐赠款物达7600余万元，参与慈善爱心人士、志愿者达1.4万余人次，受益群众21万人。吉林举行2021年圆梦大学助学金发放仪式，为受助学生代表发放助学金及爱心礼包。辽宁通过辽宁日报、辽宁电视台集中开展"中华慈善日"宣传活动，弘扬"中华慈善奖"获得者先进事迹，在省民政厅网站开辟专栏宣传慈善法律法规政策。上海以"慈善小超市，温暖大申城"为主题，开展慈善讲坛、慈善募捐、爱心义卖、结对帮扶等多种形式的"中华慈善日"系列活动，将慈善文化理念渗透进校区、社区、园区和商区。江西在江西日报、学习强国、大江网等发文，宣传慈善人物、慈善项目和志愿服务，9月5日向全省1122.5万名手机用户发送公益慈善宣传短信。山东开展"泉城论善"主题研讨，共有3313人同步收看线上直播。湖北印发《关于认真学习宣传贯彻〈湖北省慈善条例〉的通知》，要求省内各级民政部门带头学习宣传贯彻条例。四川开展慈善活动2130场，参与活动的各界群众260.97万人次，使用慈善志愿服务5.2万人次，募集善款13279.21万元、物资4.27万件。青海举办"中华慈善日"《慈善法》宣传座谈暨社会服务公益项目对接会，动员慈善组织与社会工作服务机构就全面开展深层次合作、促进农村困难人群的心理疏导、关爱陪伴等方面达成合作意向，签订了《全省性慈善组织（基金会）支持社会公益项目意向协议书》。

（三）开展慈善表彰

1."中华慈善奖"表彰

2021年，民政部根据《"中华慈善奖"评选表彰办法》，成立了由全国人大代表、全国政协委员和相关部门、新闻媒体、行业组织代表组成的第十一届"中华慈善奖"评委会，经有关方面推荐、网络投票、评委会审议、征求相关部门意见、社会公示等程序，于9月5日正式发布《民政部关于表彰第十一届"中华慈善奖"获得者的决定》，授予182个爱心个人、爱心团队、捐赠企业、慈善项目和慈善信托第十一届"中华慈善奖"。国务委员王勇出席第十一届中华慈善奖表彰大会并讲话。"中华慈善奖"自2005年以来已成功举办了十一届表彰活动，累计表彰了1187个爱心个人、爱心团队、捐赠企业、慈善项目和慈善信托，有力弘扬了社会主义核心价值观，有效促进了慈善事业发展。

2.地方政府慈善表彰

"湖南慈善奖"对67个慈善个人、爱心团队、慈善项目、慈善信托等进行了表彰，邀请媒体对慈善典型事迹进行集中宣传报道。"江苏慈善奖"带动南京、徐州、常州、苏州、南通、淮安等地同步启动地方"慈善奖"

评选活动。第七届"山东慈善奖"评选出慈善项目、慈善楷模、捐赠企业和捐赠个人共100个，在省内选树了东营市"爱心汇"阳光监督平台、济宁市任城区"志愿服务+"等一批慈善先进典型，有力发挥了示范带动作用。"辽宁慈善奖""上海慈善奖""赣鄱慈善奖"等地方政府表彰活动也成功举办。

（民政部慈善事业促进和社会工作司、政策研究中心）

第十一章
新发展格局下促进农民增收的
支持政策体系

"三农"问题的核心是农民收入问题。党的十八大以来，以习近平同志为核心的党中央深刻把握社会主要矛盾变化，把逐步实现全体人民共同富裕摆在更加重要的位置上，坚持农业农村优先发展，把促进农民增收作为"三农"工作的中心任务，打赢脱贫攻坚战，全面建成小康社会，实施乡村振兴战略，农民收入保持稳定较快增长。同时也要看到，农民增收仍面临较大压力，种养业特别是粮食种植效益偏低，农民就业制约因素较多，城乡居民收入差距较大，支撑农民增收的传统动能逐渐减弱、新动能亟待培育。新时代新征程，要把促进农民增收作为推进中国式现代化的战略任务，全面拓展增收空间，深挖增收潜力，健全农民增收保障机制和政策体系。

一 2021年农村居民收入增长情况

习近平总书记指出，"农业农村工作，说一千、道一万，增加农民收入是关键"①。党中央、国务院高度重视农民增收，不断强化强农惠农富农政策，支持农民外出务工，培育壮大乡村产业，持续深化农村改革，促进农民收入持续较快增长。2021年，我国农村居民人均可支配收入达到18931元，

---

① 《农民增收不能停步》，中国政府网，http://www.gov.cn/xinwen/2019－02－23/content_5367878.htm。

比上年增长 10.5%，扣除价格因素影响，实际增长 9.7%，比城镇居民收入增速高 2.8 个百分点，农民收入增速已连续第 12 年跑赢城镇居民。城乡居民人均可支配收入比为 2.50，比上年缩小 0.06。农村居民人均可支配收入中位数为 16902 元，增长 11.2%。脱贫地区农村居民收入持续较快增长。2013~2020 年，贫困地区农村居民人均可支配收入年均增长 11.6%，比全国农村年均增速快 2.3 个百分点。打赢脱贫攻坚战后，脱贫地区农村居民生活质量继续提升。2021 年，脱贫县农村居民人均可支配收入 14051 元，扣除价格因素影响，实际增长 10.8%，比全国农村居民收入增速快 1.1 个百分点。

面对百年未有之大变局和世纪疫情交织叠加的复杂局面及诸多困难挑战，农民收入实现了逆势增长且增长势头良好，这是以习近平同志为核心的党中央坚强领导的结果，是各地区各部门和亿万农民群众共同努力的结果。

第一，农业生产全面丰收，农民增收基础进一步夯实。2021 年，主要农产品产量实现增长。粮食总产量达 13657 亿斤，比上年增加 267 亿斤，增长 2.0%，粮食产量再创新高，连续 7 年保持在 1.3 万亿斤以上。生猪生产全面恢复，截至 2021 年底，全国能繁母猪存栏 4329 万头，产能回到合理水平。全年猪肉产量 5296 万吨，比上年增长 28.8%，基本达到历史正常年份水平。同时，油料、茶叶、蔬菜、水果产量比上年分别增长 0.8%、8.3%、3.5%、4.5%，牛肉、羊肉和禽肉产量分别比上年增长 3.7%、4.4%、0.8%，奶类产量增长 7.0%，水产品产量增长 2.2%。

第二，农产品价格稳步提高，农民种养收益得到有效保障。近年来，国内农产品生产面临较好的市场条件，除生猪以外的农产品价格普遍出现较明显的上涨，农民种养收益提高。据国家统计局数据，2021 年，种植业、林业和渔业产品生产者价格分别上涨 10.6%、2.4% 和 8.8%。其中，谷物生产价格上涨 13.8%，棉花上涨 17.3%，蔬菜上涨 5.6%。畜牧业产品中，牛、羊、家禽、禽蛋、奶类生产价格分别上涨 6.1%、2.3%、4.7%、15.5%、7.8%。另据国家发展改革委农产品成本收益调查数据，2021 年，三种主粮（稻谷、小麦、玉米）每 50 公斤主产品平均出售价格比上年上涨 4.9%，净利润提高 138.0%。大豆每 50 公斤主产品平均出售价格上涨 19.6%，净利润提高 167.2%。

第三，农民工就业规模保持增长，工资性收入持续提高。2021 年，各地区各部门扎实做好"六稳""六保"工作，积极实施就业优先政策，农民工就业形势总体稳定，就业规模保持增长。全国农民工总量达到29251 万人，比上年增加 691 万人，增长 2.4%。其中，外出农民工 17172万人，比上年增加 213 万人，增长 1.3%。年末在城镇居住的进城农民工13309 万人，比上年增加 208 万人，增长 1.6%。农民工月均收入达到4432 元，比上年增加 360 元，增长 8.8%。其中，外出农民工月均收入5013 元，比上年增加 464 元，增长 10.2%；本地农民工月均收入 3878元，比上年增加 272 元，增长 7.5%。农民工就业集中的六大主要行业月均收入继续增长。其中，从事制造业的农民工月均收入 4508 元，比上年增加 412 元，增长 10.1%；从事居民服务修理和其他服务业的农民工月均收入 3710 元，比上年增加 323 元，增长 9.5%；从事建筑业的农民工月均收入 5141 元，比上年增加 442 元，增长 9.4%；从事住宿餐饮业的农民工月均收入 3638 元，比上年增加 280 元，增长 8.3%；从事批发和零售业的农民工月均收入 3796 元，比上年增加 264 元，增长 7.5%；从事交通运输、仓储和邮政业的农民工月均收入 5151 元，比上年增加 337 元，增长7.0%。农民工工资性收入增长，为农民增收发挥了重要作用。2021 年，农村居民人均工资性收入 7958 元，比上年增加 984 元，对农民增收的贡献率达到 54.7%。

第四，强农惠农富农政策体系逐步完善，农民增收减支根基不断巩固。一是财政支农力度加大。落实完善耕地地力保护补贴政策，2021 年中央财政安排补贴资金 1204.9 亿元，资金全部直补到户，确保广大农民直接受益。安排高标准农田建设补助资金 1008 亿元，比上年增加 141 亿元，支持新建1 亿亩高标准农田。稳步提高粮食最低收购价水平，早籼稻、中晚籼稻最低收购价分别为每 50 公斤 122 元、128 元，小麦最低收购价为每 50 公斤 113元，均比上年提高 1 元。向实际种粮农民发放一次性补贴 200 亿元，有效调动和保护了农民种粮积极性。完善玉米大豆生产者补贴政策，安排补贴资金 408.2 亿元，比上年增加 8.9 亿元。农业保险继续扩面增品提标，中央财政拨付保费补贴 333.45 亿元，同比增长 16.8%。稻谷、小麦、玉米三大粮食作物完全成本保险和种植收入保险实施范围扩大到 13 个粮食主产省份的所有产粮大县，保障水平最高达到相应品种种植收入的 80%。二是现代农业经营体系不断完善。在完善农村土地所有权、承包权、经营权"三权分置"制度的基础上，各地加快培育家庭农场、农民合作社、农业社会化服务组织等新型农业经营主体。截至 2021 年，农业社会化服务组织达到 95 万个，农业社会化服务覆盖面积达到 16.7 亿亩次，服务带动小农户超过 7800 万户。累计创建 140 个优势特色产业集群、250 个国家现代农业产业园、1300 多个农业产业强镇、3600 多个"一村一品"示范村镇，打造了一批乡土特色鲜明、主导产业突出、质量效益较高的乡村产业发展高地。全国农产品加工转化率达到 70.6%，绿色、有机和地理标志农产品累计达到 6.2 万个。三是现代农业科技支撑逐步强化。我国农业发展已从过去主要依靠增加资源要素投入，转到主要依靠科技进步驱动高质量发展的新阶段。农业科技进步贡献率达到 61%，农作物耕种收综合机械化率达到 72%。四是农产品流通体系日益优化。截至 2021 年，全国累计建成 5.1 万个产地冷藏保鲜设施，产地农产品低温处理和商品化处理能力明显提升。农产品流通更加顺畅，全国现有农产品市场 4.4 万家，各类涉农电商超过 3 万家，农村网络零售额 2 万多亿元，农产品网络零售额 4200 多亿元。五是农村居民社会保障水平不断提高。2021 年，中央财政安排补助资金 22.7 亿元，支持国家乡村振兴重点帮扶县和其他脱贫县加强县域医疗机构能力建设。合理提高基本医保筹资标准，农村居民医保人均财政补助标准增加 30 元，达到每人每年不低于 580 元。全国累计资助 8519.7 万农村低收入人口和脱贫人口参加基本医疗保险，农村低收入人口参保率稳定在 99% 以上，各项医保帮扶政策累计惠及农村低收入人口就医 1.23 亿人次，减轻医疗费用负担 1224.1 亿元。养老服务能力稳步提升，落实居民养老保险待遇确定和基础养老金正常调整机制，城乡居民养老保险人均缴费约536元，较上年增长81元，增幅达17.8%；全国城乡居民养老保险月人均养老金179元，较上年增加8元。农村社会救助不断强化。截至2021年底，全国共有农村低保对象3474万人，全年累计支出农村低保资金1361亿元；共有农村特困人员437.8万人，累计支出农村特困人员救助供养资金428.9亿元。农村社保体系的不断完善，为农村居民转移性收入增长提供了有力保障。2021年，全国农村居民人均转移净收入达到3937元，比上年增加276元，对农民增收的贡献率为15.3%。

第五，农村改革进一步深化，农民增收动能有效释放。2021年，各地区各部门坚持放权赋能改革方向，推动农村改革取得新进展，重点改革任务集成深化。有序开展第二轮土地承包到期后再延长30年试点，保持农村土地承包关系稳定并长久不变。稳慎推进新一轮宅基地制度改革试点，截至2021年底，已覆盖试点地区1364个乡镇15186个行政村。农村集体资产清产核资全面完成，集体经济组织成员身份全面确认，经营性资产股份合作制改革稳步推进。截至2021年底，清查核实集体土地等资源65.5亿亩，农村集体资产7.7万亿元，其中经营性资产3.5万亿元，确认集体经济组织成员约9亿人，建立农村集体经济组织约96万个。农村改革持续深化，为农民增收特别是财产性收入增加创造了条件。2021年，农村居民人均财产净收入469元，比上年增长11.9%。

二　党的十八大以来农村居民收入变化趋势

从收入总量看，农民各项收入保持较快增长，财产净收入和转移净收入增长最为明显。2021年，我国农村居民人均可支配收入达到18931元，较2012年的8389元名义增长1.3倍，十年间累计实际增长88.7%，年均实际增长7.3%（见表11-1）。从2012年至2021年，工资性收入、经营净收入、财产净收入、转移净收入绝对值分别增加4835元、2906元、304元、2496元，分别提高1.55倍、0.79倍、1.84倍、1.73倍。

表 11-1　2012~2021 年农村居民人均可支配收入水平

单位：元

年份	2012	2013	2014	2015	2016	2017	2018	2019	2020	2021
人均可支配收入	8389	9430	10489	11422	12363	13432	14617	16021	17132	18931
工资性收入	3123	3653	4152	4600	5022	5498	5996	6584	6974	7958
经营净收入	3660	3935	4237	4504	4741	5028	5358	5762	6077	6566
财产净收入	165	195	222	252	272	303	342	377	419	469
转移净收入	1441	1648	1877	2066	2328	2603	2921	3298	3661	3937

注：数据因四舍五入原因，存在计算误差，未做机械调整，下同。

资料来源：国家统计局。

　　从收入结构看，工资性收入是农民收入的主要支柱且重要性不断提升，财产净收入和转移净收入占比稳步提升。2021 年农村居民人均可支配收入中，工资性收入 7958 元，占 42%；经营净收入 6566 元，占 34.7%；财产净收入 469 元，占 2.5%；转移净收入 3937 元，占 20.8%，分别比 2012 年提高 4.8 个、-8.9 个、0.5 个、3.6 个百分点（见表 11-2）。工资性收入和经营净收入仍是农村居民最主要的收入来源，转移净收入成为农民收入的重要增长点。

表 11-2　2012~2021 年农村居民人均可支配收入结构

单位：%

年份	2012	2013	2014	2015	2016	2017	2018	2019	2020	2021
工资性收入	37.2	38.7	39.6	40.3	40.6	40.9	41.0	41.1	40.7	42.0
经营净收入	43.6	41.7	40.4	39.4	38.3	37.4	36.7	36.0	35.5	34.7
财产净收入	2.0	2.1	2.1	2.2	2.2	2.3	2.3	2.4	2.4	2.5
转移净收入	17.2	17.5	17.9	18.1	18.8	19.4	20.0	20.6	21.4	20.8

资料来源：国家统计局。

　　从增收动力看，工资性收入对农民增收的贡献最大，财产净收入和转移净收入贡献相对不足。近年来，不同来源收入的增收贡献率发生了明显变化。2012~2021 年，财产净收入贡献率从 0.8% 提高到 2.8%，增加 2 个百分点，但十年间平均贡献率仅为 2.7%，依然是农民收入的短板弱项（见表

11-3）。转移净收入贡献率从 30.7% 下降到 15.3%，十年间平均贡献率 24.8%，经历了一定的波动，其政策性、阶段性特征十分明显。相较而言，工资性收入和经营净收入合计贡献率81.9%，是农民收入的两大支柱。2021 年，农村居民人均可支配收入中，工资性收入贡献率最大，达到 54.7%，比 2012 年提高 15.6 个百分点；经营净收入贡献率排在第二位，达到 27.2%，较 2012 年下降 2.2 个百分点。

表 11-3　2012～2021 年农村居民四类收入贡献率

单位：%

年份	2012	2013	2014	2015	2016	2017	2018	2019	2020	2021
工资性收入	39.1	50.9	47.1	48.0	44.8	44.5	42.0	41.9	35.1	54.7
经营净收入	29.4	26.4	28.5	28.6	25.2	26.8	27.8	28.8	28.4	27.2
财产净收入	0.8	2.9	2.5	3.2	2.1	2.9	3.3	2.5	3.8	2.8
转移净收入	30.7	19.9	21.6	20.3	27.8	25.7	26.8	26.9	32.7	15.3

资料来源：根据国家统计局数据计算。

党的十八大以来，农民收入年均增速跑赢国民经济年均增速，但工资性收入和经营净收入增速呈现收窄趋势。从 2012 年至 2021 年，农村居民人均可支配收入年均名义增速9.9%，高于国民经济年均名义增速（8.9%）；财产净收入和转移净收入增势强劲，年均名义增速分别达到11.6%和13.3%，均高于工资性收入年均名义增速（11.3%）和经营净收入年均名义增速（6.9%）（见表11-4）。

表 11-4　2012～2021 年农村居民收入与国民经济名义增速

单位：%

年份	2012	2013	2014	2015	2016	2017	2018	2019	2020	2021
国内生产总值比上年增长	11.2	9.5	9.6	6.4	8.3	11.9	10.1	7.5	2.2	12.7
人均可支配收入比上年增长	13.5	12.4	11.2	8.9	8.2	8.7	8.8	9.6	6.9	10.5
工资性收入比上年增长	14.2	17.0	13.7	10.8	9.2	9.5	9.1	9.8	5.9	14.1

续表

年份	2012	2013	2014	2015	2016	2017	2018	2019	2020	2021
经营净收入比上年增长	8.7	7.5	7.7	6.3	5.3	6.1	6.6	7.5	5.5	8.0
财产净收入比上年增长	5.1	18.2	13.9	13.5	7.9	11.4	12.9	10.2	11.1	11.9
转移净收入比上年增长	26.8	14.4	13.9	10.1	12.7	11.8	12.2	12.9	11.0	7.5

资料来源：国家统计局。

同时，城乡居民收入绝对差距呈扩大趋势，相对差距呈缩小趋势。2021年，城乡居民人均可支配收入绝对差距达到 2.85 万元，比上年增加 1778元，增长 6.7%。过去十年间，城乡居民人均可支配收入的绝对差距扩大1.27 万元，增长 81.0%（见图 11-1）。城乡居民人均可支配收入比为 2.50，比 2012 年下降 0.38。

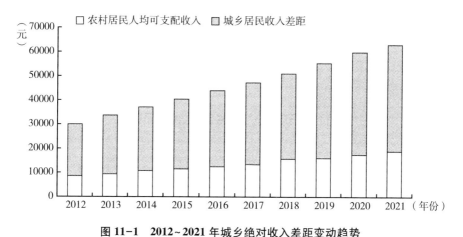

图 11-1 2012～2021 年城乡绝对收入差距变动趋势

从差距来源看，城乡居民四种分项收入比均呈下降趋势，财产净收入仍是城乡收入差距的主要来源。按照四种收入分项，除经营净收入外，农村居民的其他三项收入均不及城镇居民。2021 年，城乡居民经营净收入比为0.82，比上年提高 0.04，过去十年间升高 0.08，表明农村居民经营净收入增速不及城镇居民（见图 11-2）。城乡居民工资性收入比为 3.58，比上年降低 0.20，过去十年间降低 1.30，表明农村居民工资性收入提升迅速，但与城镇居民相比仍存在较大差距。城乡居民财产净收入比为 10.77，比上年降低 0.27，过去十年间降低 2.75，表明财产净收入仍是造成城乡居民收入差距的主因，是农民增收的突出短板弱项。城乡居民转移净收入比为 2.16，比上年降低 0.06，过去十年间降低 0.57，收入差距呈现收敛趋势。

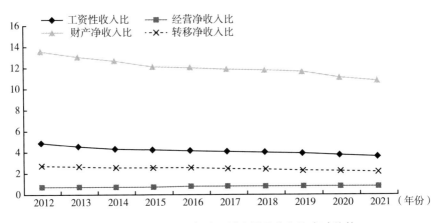

图 11-2　2012~2021 年分项城乡居民收入比变动趋势

三　当前农民收入增长面临的困难与问题

党的十八大以来，我国在促进农民增收方面取得了巨大成就，农民收入水平快速提高、结构不断优化，但仍存在一些突出问题。今后一段时期，影响农民增收的因素新旧并存，将对农民收入走势产生深刻影响。

第一，农业比较效益偏低，经营净收入增长乏力。农村居民经营净收入是农村居民收入的基础支撑，但其增速呈下降态势，带农增收后劲不足。从2012 年到 2020 年，经营净收入增长率从 8.7% 下降到 5.5%，2021 年虽有回升，但 2020~2021 年两年平均增长率仅为 6.7%，比 2012 年下降 2.0 个百分点。经营净收入占比从 2012 年的 43.6% 下降到 2021 年的 34.7%，贡献率从 29.4% 下降到 27.2%。在农民家庭经营净收入中，来自农业的收入占 65.5%。虽然第一产业经营净收入仍是当前农村居民经营净收入第一大来源，但其作用已趋势性减弱，这与农业生产资料价格持续上涨、劳动力和土地价格刚性上涨有关，挤压农产品利润空间的情况仍然存在。2012 年以来，农业生产成本上升幅度要明显快于农产品特别是粮食出售价格上涨幅度，导致农业效益持续下降。数据显示，与 2012 年相比，2021 年全国小麦、玉米、大豆每 50 公斤主产品的名义价格分别上涨了 13.6%、13.9%、22.9%，稻谷下跌了 1.8%（见表 11-5）。与此同时，稻谷、小麦、玉米、大豆每亩生产成本分别上涨了 17.2%、18.1%、14.9%、14.0%，土地成本分别上涨了 42.8%、60.1%、62.7%、76.1%，用地成本上升是推高成本的"大头"。从 2012 年到 2021 年，稻谷、玉米、大豆每亩净利润分别下降 79.0%、18.0%、67.2%，小麦每亩净利润增长 506.1%。在国际农产品竞争日趋激烈的情况下，国内农产品靠价格上涨增收的带动作用将越来越小。现代农业发展还相对滞后，产业带动能力不强，品牌化农产品少，农产品缺乏比较优势和竞争力，产品附加值仍有待提高，农民增收制约因素仍然较多。

表 11-5　全国主要粮食主产品出售价格、成本、收益增长比较

单位：元，%

品种	分类	2012 年	2021 年	增幅
稻谷	每 50 公斤主产品出售价格	138.1	135.6	-1.8
	每亩生产成本	880.1	1031.3	17.2
	每亩土地成本	175.0	249.9	42.8
	每亩净利润	285.7	60.0	-79.0
小麦	每 50 公斤主产品出售价格	108.3	123.1	13.6
	每亩生产成本	688.1	812.9	18.1
	每亩土地成本	142.4	227.9	60.1
	每亩净利润	21.3	129.1	506.1
玉米	每 50 公斤主产品出售价格	111.1	126.6	13.9
	每亩生产成本	743.0	854.1	14.9
	每亩土地成本	181.2	294.8	62.7
	每亩净利润	197.7	162.1	-18.0

品种	分类	2012 年	2021 年	增幅
大豆	每 50 公斤主产品出售价格	236.4	290.5	22.9
	每亩生产成本	382.2	435.5	14.0
	每亩土地成本	196.0	345.2	76.1
	每亩净利润	128.6	42.2	−67.2

资料来源：根据《全国农产品成本收益资料汇编 2022》整理。

第二，农民就业压力较大，工资性收入增速下滑且动力不足。自 2015 年农村居民的工资性收入首次超过经营净收入后，工资性收入一直是农民收入第一支柱。从 2012 年到 2020 年，工资性收入增速从 14.2% 下降到 5.9%，2021 年增速回升，但 2020~2021 年两年平均增速仅有 9.9%，增速下滑趋势较为明显。与此同时，农村居民工资性收入所占比重从 2012 年的 37.2% 上升到 2021 年的 42.0%，贡献率从 39.1% 上升到 54.7%，农民增收对工资性收入的依赖程度越来越高。但农民收入增长在根本上是经济发展的结果，宏观经济形势对农民工资性收入增长的影响不容低估。当前，我国经济面临需求收缩、供给冲击、预期转弱三重压力。消费需求增长尚未恢复至疫情前水平。2021 年，全国居民人均消费支出平均名义增长 5.7%，实际增长 4.0%，分别比 2019 年低 2.9 个和 1.5 个百分点。投资需求对经济增长的拉动作用自 2020 年第二季度后逐季减弱，2021 年投资需求对经济增长的贡献率仅为 13.7%，在三大需求中贡献率最低。国民经济增长放缓，外加疫情冲击，对拓展农村居民尤其是农村低收入群体就业增收机会影响较大。农民工跨省就业流动性减弱，餐饮、住宿、旅游等接触性服务业恢复较慢，房地产及相关的建筑、装修等行业正经历重大调整，基础设施和制造业投资增速放缓，依托上述行业的农民工资性收入面临下降的风险和不确定性。

第三，农村老龄化加速、城镇化放缓，农民获得工资性收入的空间机会受到挤压。第七次全国人口普查数据显示，农村人口老龄化程度要高于全国平均水平，2020 年农村 60 岁及以上老人的比例为 23.8%，比城镇高 8.0 个百分点，农村 65 岁及以上老人的比例为 17.7%，比城镇高 6.6 个百分点；

而 10 年前，这个差距分别为 3.2 个、2.3 个百分点，表明农村人口老龄化比城市发展更快、程度更深。由于农村老年人外出就业的能力明显偏低，农村老龄人口比例高，显然不利于农民增加工资性收入。近年来，我国城镇化率年提高幅度逐步趋缓，由 2016 年提高 1.6 个百分点下降到 2021 年提高 0.8 个百分点，城镇化进程放缓，不利于增加农民进城务工就业机会。全国农民工监测调查报告显示，农民工规模增速从 2012 年的 3.9% 下降到 2019 年的 0.8%，受新冠肺炎疫情影响，2020 年农民工规模比上年下降 1.8%，2021 年虽然比上年增加 2.4%，但仅比 2019 年增加 0.6%，增速放缓趋势没有实现根本扭转（见图 11-3）。

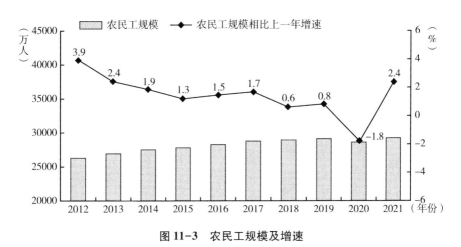

图 11-3　农民工规模及增速

第四，工业领域资本技术替代劳动力趋势明显，减少了农民外出打工机会。根据国家统计局数据，2000 年到 2010 年是我国工业用工数量增长较快时期，年均增长率为 5.6%，从 2010 年到 2014 年全国工业用工数量增长率出现下降，工业用工数量年均增速下降到 1.1%，2014 年后工业用工绝对数量出现下降，从 2014 年到 2020 年全国工业用工数量减少 2221.1 万人，降幅达 22.3%。工业用工量增长率下降和用工数量减少，主要是由于资本和新技术对劳动力的不断替代，以及在我国劳动力成本迅速上升的情况下，外资和内资企业向东南亚等国家转移，中低端制造业收缩，减少了劳动力需求。这对农村特别是中西部地区农民工资性收入增长带来明显影响，因为在中低端制造业领域就业的多数是外出农民工。

第五，农村产权制度不完善，农民财产性收入潜力尚未充分释放。尽管近年来财产净收入增速较快，但占比明显偏低，对农民增收牵引力不足。2012 年以来，农村居民财产净收入增长了 1.84 倍，2021 年达到 469 元，但占人均可支配收入的比重仅为 2.5%，比 2012 年上升了 0.5 个百分点。同时，城乡居民的财产净收入差距过大。2021 年，城镇居民人均财产净收入为 5052 元，是农村居民的 10.8 倍，是城乡居民收入中差距最大的一项。这表明，农村改革对农民财产性收入增长的拉动作用仍比较有限。

第六，宏观经济下行压力加大，地方政府对农民财政转移支付难度上升。尽管转移净收入所占比重明显增加，但近年来其增速下滑较快。转移净收入占农民收入的比重从 2012 年的 17.2% 提高到 2021 年的 20.8%，上升3.6 个百分点。但近年来由于经济增速下滑，国家财政增速趋缓，农民转移净收入增速出现明显下滑，2021 年增速降至 7.5%。我国迈入中高收入国家行列之后，由于需求结构和供给结构转换滞后，经济增速出现趋势性下降，按不变价格计算，全国 GDP 年均增长率由 2010 年的 10.6% 下降到 2020 年的 2.2%，2021 年增速虽然回升，但 2020～2021 年两年平均增速也只有5.1%。当前，全球经济复苏乏力，国内经济下行压力持续加大，财政增速放缓，2022 年上半年全国 31 个省（区、市）财政收入全部负增长，地方政府财政支大于收 5.5 万亿元以上。地方政府财政赤字缺口不断扩大，导致政府用于增加对农民的转移性收入的资源远远不足，这不但会使当前农民转移性收入增长率下降，而且还会使未来农民对来自地方政府的转移性收入增长预期变弱。

四 完善农民增收政策体系的思路与建议

党的二十大报告提出，到 2035 年，居民人均可支配收入再上新台阶，中等收入群体比重明显提高，全体人民共同富裕取得更为明显的实质性进展。实现这一目标，关键和难点在于促进农民收入持续较快增长。新时代新征程，应以全面推进乡村振兴为统领，坚持农业农村优先发展，着力激发乡村内生发展动力，巩固提升传统增收渠道，加快培育增收新动能，健全农民增收政策体系，提高政策精准性有效性，多渠道推动农民收入实现持续较快增长。

一是完善粮食生产支持政策，保障种粮农民合理收益。巩固提升粮食等重要农产品生产能力，加快健全种粮农民收益保障机制，提高农民种粮收入。完善粮食最低收购价格政策，适当提高粮食最低收购价水平，完善玉米、大豆生产者补贴和稻谷补贴政策，进一步扩大三大粮食作物完全成本保险和种植收入保险覆盖范围，优化生产资料价格补贴政策，使农民能从种粮中真正获得收益、得到实惠。加强高标准农田建设，加快推进永久基本农田全部建成高标准农田，加大农田水利设施建设力度，提升耕地质量水平。健全农作物全程机械化生产体系，加快推进品种、栽培、装备集成配套，推进农业机械化全程全面发展。

二是发展乡村富民产业，拓宽农民经营性收入来源。坚持立农为农，把带动农民就业增收作为乡村产业发展的基本导向，加快农村一二三产业融合发展，把产业链主体留在县域，把就业机会和产业链增值收益留给农民。依托乡村特色优势资源，打造农业全产业链，提升农村产业融合发展水平，让农民在农业产业链延长、农村产业集群集聚过程中实现增收。拓展农业多种功能，挖掘乡村多元价值，大力发展具有当地资源优势的设施农业、休闲农业、旅游农业、文化农业、创意农业等新业态。以农业产业化龙头企业或产业链中的核心企业为依托，鼓励和支持农业生产向加工、仓储、物流、营销等环节延伸，推进农业产业升级，完善联农带农机制。构建现代农业经营体系，培育新型农业经营主体，大力发展农业社会化服务，带动小农户节本增效。

三是提升农民人力资本，增强农民发展致富能力。继续实施高素质农民培育工程，围绕主导产业开展农业技能和农民经营能力培训，扩大农村实用人才带头人示范培养培训规模，加大对种养大户、家庭农场经营者、农民合作社带头人、农业企业经营管理人员、农业社会化服务人员和返乡农民工的培训力度。把青年农民纳入国家实用人才培养计划。建立高素质人才回流机制，完善大中专院校毕业生到农村就业创业激励政策，鼓励吸引毕业生兴办家庭农场和农民合作社。将骨干务农农民农科职业教育特别是中等职业教育，纳入国家职业教育免学费政策范围，吸引有志青年投身农业。

四是完善农村产权制度，赋予农民更加充分的财产权益。健全农民农村财产权能，激活农村资源要素，促进城乡要素平等交换、双向流动。落实农村土地承包关系稳定并长久不变政策，有序推进第二轮承包到期后再延长30年试点。稳慎推进农村宅基地制度改革，深化宅基地制度改革试点，健全宅基地管理体制机制，完善盘活农民闲置宅基地和闲置农房的政策。加快建设城乡统一的建设用地市场，建立同权同价、流转顺畅、收益共享的农村集体经营性建设用地入市制度，合理提高农民收益。依法合规开展农村集体经营性建设用地使用权、集体林权抵押融资，以及承包地经营权等担保融资，赋予农民更加充分的财产权益。深化农村集体产权制度改革，推动资源变资产、资金变股金、农民变股东。建立符合社会主义市场经济要求的农村集体经济运行新机制，探索发展壮大新型农村集体经济的路径，确保集体资产保值增值和保障农民收益。加快农村产权流转交易市场规范化建设，拓展服务功能。有效维护进城落户农民的土地承包权、宅基地使用权、集体收益分配权，支持引导其依法自愿有偿转让上述权益，探索完善相关权益退出转让价格形成机制。

五是完善农村低收入人口帮扶机制，提高增收政策的针对性和实效性。做好巩固拓展脱贫攻坚成果同乡村振兴有效衔接，增强农村低收入人口和欠发达地区的内生发展能力。健全低收入人口常态化帮扶机制，开展农村低收入人口动态监测。对有劳动能力的农村低收入人口，坚持开发式帮扶，帮助其通过发展产业、参与就业，依靠双手勤劳致富。对完全丧失劳动能力或部分丧失劳动能力且无法通过产业就业获得稳定收入的人口，按规定纳入农村低保或特困人员救助供养范围。集中支持乡村振兴重点帮扶县，统筹整合各方资源，强化投入保障，建立跟踪监测机制。加大财政转移支付力度，支持欠发达地区巩固拓展脱贫攻坚成果、接续推进乡村振兴。深入推进东西部协作和社会力量帮扶，加强产业合作、资源互补、劳务协作、人才交流，推进产业梯度转移，加大社会力量参与力度，扎实推进"万企兴万村"行动。

六是加强农民生活兜底保障，健全农村社会保障安全网。健全统筹城乡、可持续的基本养老保险制度、基本医疗保险制度，建立完善城乡居民基本养老保险待遇确定和基础养老金正常调整机制，完善缴费补贴政策，稳步提高保障水平。完善失业保险制度，推动农民工失业保险扩大覆盖面、提高参保率，合理确定农民工失业保险待遇，建立农民工失业救助体系。统筹城乡社会救助体系，完善最低生活保障制度，做好农村社会救助兜底工作。做好困难农民重特大疾病救助工作。

七是加快城乡融合发展，提高农民生活品质。推进以人为核心的城镇化，加快农业转移人口市民化。健全配套政策体系，提高农业转移人口市民化质量，促进在城镇稳定就业和生活的农业转移人口举家进城落户，并与城镇居民享有同等权利。完善城镇基本公共服务提供机制，建立基本公共服务同常住人口挂钩、由常住地供给的机制，推动城镇基本公共服务常住人口全覆盖。将县域作为城乡融合发展的重要切入点，推进以县城为重要载体的城镇化建设，顺应大量农民到县城居住发展的需求，加快补齐县城公共服务设施、环境基础设施、市政公用设施、产业配套设施短板弱项。统筹县乡村基础设施和公共服务布局，不断改善农村基本生活设施条件，提升农村基本公共服务公平可及水平，逐步使农村基本具备现代生活条件，努力让农民在居住地就能过上现代生活。

（农业农村部政策与改革司）

第十二章
保障农民工工资支付情况

党中央、国务院高度重视保障农民工工资支付工作。中央领导同志多次作出重要指示批示。2021年，人力资源社会保障部坚决贯彻落实党中央、国务院决策部署，会同各地区各有关部门把保障农民工工资支付工作作为重大政治责任，加强组织领导，压实监管责任，完善制度机制，加大执法力度，强化联合惩戒，持续巩固扩大根治欠薪成果，形成了制度完备、责任落实、监管有力的治理格局，有效遏制欠薪问题多发高发态势。2021年，全国共查处工资类违法案件6.3万件，共为85.3万名劳动者追发工资等待遇79.9亿元。各地公布恶意欠薪等重大劳动保障违法行为2056件，将779个失信主体纳入"黑名单"管理；向公安机关移送涉嫌拒不支付劳动报酬罪案件3441件。

一 贯彻实施《保障农民工工资支付条例》，完善制度体系

人力资源社会保障部牵头制定《保障农民工工资支付条例》（以下简称《条例》）相关配套规定，出台《工程建设领域农民工工资专用账户管理暂行办法》《工程建设领域农民工工资保证金规定》等文件。会同相关部门推行结算周期与进度款支付节点相衔接制度，督促国有企业项目规范施工过程管理，加强清偿中小企业账款与根治欠薪工作的协调联动，组织实施查询欠薪用人单位车辆、不动产、银行账户等信息。

（一）强化工程建设领域农民工工资专用账户管理

为根治工程建设领域拖欠农民工工资问题，规范农民工工资专用账户管

理，切实维护农民工劳动报酬权益，2021 年 7 月，人力资源社会保障部等十个部门联合印发《工程建设领域农民工工资专用账户管理暂行办法》（以下简称《暂行办法》），《暂行办法》根据《保障农民工工资支付条例》《人民币银行结算账户管理办法》等有关法规规定制定，明确专用账户的开立及撤销、人工费用拨付、工资支付流程、监控平台建设等相关要求，规范农民工工资专用账户管理，确保农民工工资"有钱发"和专款专用，切实维护农民工劳动报酬权益，推动解决工程建设领域拖欠农民工工资问题。

农民工工资专用账户是指施工总承包单位在工程建设项目所在地银行业金融机构开立的，专项用于支付农民工工资的专用存款账户。建设单位按照合同约定的拨付周期和比例，按时足额向总包单位专用账户拨付专项用于支付农民工工资的工程款（即人工费用）。专用账户由施工总承包单位开设，"专门"用于支付所承包工程项目的农民工工资，这种做法将人工费用从工程款中剥离出来进行单独规范管理，能够确保人工费用拨付到位，防止人工费用与材料费、管理费等资金混同或被挤占，同时防止拖欠工程款和拖欠农民工工资问题互相交织。

专用账户管理中，有 4 个核心环节，分别是：账户开立、账户撤销、人工费用拨付、农民工工资支付。《暂行办法》要求建设单位按时拨付人工费用，未及时拨付时要加强预警处置，账户资金不足时要及时追加，否则将受到项目停工并处罚款等行政处罚，这将从制度上保证工资按时足额发放的资金来源。明确实行总包代发工资制度的，要求总包单位与分包单位签订工资支付委托协议。将实名制管理作为农民工工资支付的基础信息制度，细化总包单位和分包单位编制、审核、报送工资发放材料的流程，确保工资精准支付到人。

各地关于开立专用账户的规定不一，有的省级区域内地市之间缺乏有效政策衔接渠道，一些金融机构服务意识和水平还有待提升，导致一定程度上施工企业还存在开户难、开户多的情况。针对上述问题，《暂行办法》在以下方面予以明确：一是完善农民工工资专用账户开立规则。明确总包单位有2 个及以上工程建设项目的，可开立新的专用账户，也可在符合项目所在地监管要求的情况下，在已有专用账户下按项目分别管理，精简施工企业专用账户开立数量，解决企业专户过多、财务管理困难等实际问题。二是规范优化账户开立服务流程。《暂行办法》要求中国人民银行及其分支机构、银保监会及其派出机构采取必要措施支持金融机构为专用账户管理提供便利化服务，金融机构应当简化开户办理流程、提升业务能力和服务水平，严禁任何单位和个人巧立名目向施工企业收取专用账户相关费用，切实减轻企业负担。

为切实降低企业资金负担，优化营商环境，《暂行办法》从两方面进行了安排。一是指导各地科学合理设置拨付比例基准。建设单位和总包单位本着平等自愿的原则，经协商一致，在工程施工合同中约定人工费用的数额或者人工费用占工程款的比例。《暂行办法》施行后，各地专用账户监管部门在满足农民工工资按时足额支付的要求下，可结合本地实际，充分考虑工程特点、施工进度、用工变化、机械化程度等各种因素，对拨付比例基准作出精细化规定，最大限度地减少资金闲置。但人工费用拨付周期不得超过1个月。二是对拨付数额或比例建立动态调整机制。因用工量计划外增加等原因导致专用账户不足以按时足额支付工资时，可由总包单位根据账户余额和当月人工费情况，向建设单位提出合理的请款额度，建设单位核准后及时追加拨付。项目开工后，工程施工合同约定的人工费用数额或其所占比例需要修改的，总包单位可与建设单位签订补充协议并将修改情况通知开户金融机构。

同时，《暂行办法》也为农民工提供了一些便利举措。例如，支持农民工使用本人的社会保障卡或现有银行卡领取工资，减轻农民工重复办理银行卡的负担。农民工使用他行社会保障卡银行账户和他行银行卡的，鼓励执行优惠的跨行代发工资手续费率。在工资支付监控平台开通查询和举报投诉等功能，方便农民工及时掌握本人工资支付情况，依法维护劳动报酬权益。

（二）规范工程建设领域农民工工资保证金管理

近年来，各地陆续建立了工资保证金制度，为遏制欠薪发挥了良好作用。工资保证金是指工程建设领域施工总承包单位在银行设立账户并按照工程施工合同额的一定比例存储，专项用于支付为所承包工程提供劳动的农民工被拖欠工资的专项资金。由于缺乏统一规定，各地在存储主体、存储比例、存储形式等方面存在较大差异，企业在实际操作中难以适从，有的还被层层加码增加了资金压力。为提供公平统一的市场监管环境，2021 年 7 月，人力资源社会保障部会同住房和城乡建设部、交通运输部等制定了《工程建设领域农民工工资保证金规定》（以下简称《规定》），明确了一系列关键问题。

一是全国统一规范。工资保证金按工程施工合同额（或年度合同额）的一定比例存储，原则上不低于 1%，不超过 3%。对施工合同额低于 300 万元的工程，且施工总承包单位在签合同前一年内承建的工程未发生工资拖欠的，由各地区结合实际，确定相应的工程免于存储工资保证金。二是减轻企业负担。针对一些地方要求建设单位、施工总承包单位、分包单位和劳务分包单位都要存储工资保证金的问题，《规定》明确，工资保证金存储主体是施工总承包单位，其他主体均不需再存储。同时根据企业发生工资拖欠情况实施差异化存储，2 年未欠薪减半存储，3 年未欠薪免于存储。三是解决企业流动资金占用问题。允许企业使用银行保函代替存储现金。过去很多地方要求企业将工资保证金存储在当地监管部门设立的财政专户，这种模式既占用企业流动资金，也容易形成资金沉淀，有的施工企业甚至多年后忘记还有资金存在财政专户。为此，《规定》要求由施工总承包单位自主选择经办银行，并在自有银行账户办理存储工资保证金。

工资保证金接受人社部门监管，除用于清偿欠薪外，任何单位和个人都不得挪作他用。人社部门会同行业工程建设主管部门建立管理台账，严格规范财务审计制度，确保制度平稳安全运行。对行政部门擅自减免、超限额收缴、违规挪用、无故拖延返还的，要依法追责。

施工总承包单位工程完工且不存在欠薪的，在公示后，可按程序申请解除账户监管。人社部门在收到书面申请之日 5 个工作日内审核完毕，并在审核完毕 3 个工作日内出具确认书，解除对工资保证金的监管。《规定》还要求监管部门建立定期清查机制，对符合条件但企业未申请返还的，主动启动返还程序，最大限度地维护企业合法权益。

二 加强执法联动，严惩欠薪违法行为

人社部门应加强同相关部门的协调配合，从严从快查处裁决欠薪案件。严格落实欠薪首问负责制和部门间欠薪案件移送转办制度。强化劳动保障监察执法，分类精准查处欠薪案件，加大对重大案件的督办力度，对恶意欠薪行为实行"零容忍"。开通欠薪案件仲裁"绿色通道"，加大调解仲裁诉讼衔接力度。配合最高人民法院、最高人民检察院指导各地做好欠薪案件的立案、审判、执行以及诉讼监督等工作，加强涉农民工案件支持起诉工作，发布指导性案例。会同司法部、全国总工会等单位持续开展专题活动，提供欠薪法律援助服务。

2021 年 11 月 1 日至 2022 年春节前，在全国组织开展根治欠薪冬季专项行动。专项行动的目标是，深入学习贯彻习近平总书记关于根治欠薪工作重要指示批示精神，认真落实《条例》，依法维护农民工劳动报酬权益，对查实的欠薪问题在 2022 年春节前全部办结，让被欠薪农民工及时拿到应得的工资返乡过年，确保不发生因欠薪引发的重大群体性事件或恶性极端事件，维护社会和谐稳定大局。

专项行动以工程建设领域和其他欠薪易发多发行业企业为重点，对欠薪问题实施集中专项治理：一是全面加快"全国根治欠薪线索反映平台"和地方其他渠道接收欠薪举报投诉的分类核实处置，做到案结事了。二是全面排查工程建设领域工资专用账户、实名制管理、总包代发工资、工资保证金、维权信息公示等制度落实情况，督促企业落实主体责任。三是全面清查在建工程项目审批管理、工程款（人工费）拨付、资金监管情况，从源头化解欠薪风险。四是全面强化欠薪违法惩戒，用好用足行政、刑事、信用等惩戒手段，加强行政执法和刑事司法衔接，对欠薪特别是恶意欠薪从严惩处。

专项行动的行动措施主要包括三方面：一是重点摸排，稳妥化解欠薪隐

患。坚持早预防、早介入、早化解，结合本地区欠薪形势特点，聚焦重点地区、重点行业、重点企业、重点项目，及早开展隐患排查化解。加强欠薪预警监测和智慧监管，结合企业经营状况、企业信用等级评定情况和历史欠薪举报投诉情况，确定重点行业企业，进行精准摸排。对发现的风险隐患，分类精准施策，强化部门联动，定人定责、盯住不放，防止隐患"发酵"。对已排除风险隐患的企业和项目，进行"回头看"，持续关注、动态监管，防止问题复发。二是快立快处，提升案件处置效果。各地区、各相关成员单位进一步畅通欠薪维权绿色通道，确保欠薪案件快立快处。对欠薪线索，严格落实首问负责制，做到件件有着落、事事有回音。对基层难以化解的复杂疑难欠薪案件，采取领导包案的方式，加强提级办理。对涉及人数较多、金额较大、造成一定社会影响的重大欠薪案件，领导小组办公室牵头成立专案组，挂牌办理，一查到底。对政府项目、国企项目欠薪的，严查制度落实、责任落实情况，适时进行通报，实现查处一案、警示一片的效果。各地区根治拖欠农民工工资工作领导小组要加强统筹协调，抽调执法人员，配强工作力量，确保欠薪案件能够及时接收、有效处置。三是强化惩戒，保持治欠高压态势。对查实的违法行为，要加大违法惩戒力度，形成有效震慑。加强对工程建设领域各项工资支付制度落实情况的检查，责令限期整改违法行为，督促企业履行法定义务，逾期不改的，依法严肃惩处。对可能涉及恶意欠薪的，依据《条例》等规定，依法查询相关单位金融账户和相关当事人房产、车辆情况，对查实涉嫌拒不支付劳动报酬罪的，及时移送司法机关，追究刑事责任。对欠薪违法行为符合"黑名单"条件的，应列尽列，予以曝光，并会同有关部门开展失信联合惩戒，使欠薪违法者"一处违法、处处受限"。对欠薪裁决判决"执行难"问题，各地区根治拖欠农民工工资工作领导小组要统筹协调同级司法机关实施集中执行活动，推动裁决判决执行到位。

三 加大信用监管力度，依法开展失信联合惩戒

人力资源社会保障部会同 30 个单位对严重拖欠农民工工资用人单位及

其有关人员开展联合惩戒，对欠薪失信"黑名单"应列尽列，定期公布重大欠薪违法行为，强化欠薪失信联合惩戒。配合国家发展改革委、国家市场监管总局等部门对欠薪情节严重的，通过"信用中国"网站、国家企业信用信息公示系统进行公示，在招投标、融资贷款、市场准入等方面依法依规采取惩戒措施，使其"一处违法、处处受限"。

出台《拖欠农民工工资失信联合惩戒对象名单管理暂行办法》（以下简称《管理办法》），由规范性文件升格为部门规章，进一步健全完善相关规定，细化实化操作规程，确保欠薪失信管理工作在法治轨道内运行，适应新发展阶段需要。

《管理办法》共 20 条，规定了适用范围、职责分工、列入条件、列入期限、惩戒措施、信用修复和工作程序，为人社部门开展欠薪失信惩戒名单管理、实施失信约束提供了法律依据。其重要意义主要有三点。

第一，《管理办法》是深入贯彻习近平总书记关于根治欠薪重要指示批示精神的重大举措，是实施《条例》、维护农民工工资权益的具体措施。《管理办法》坚持目标导向、问题导向和结果导向，进一步加大保障农民工工资权益工作力度，对恶意欠薪违法行为强化信用惩戒。同时，充分发挥失信惩戒的教育、规范、震慑作用，紧密结合实际，创新政策措施，为用人单位自我纠错、积极整改欠薪违法行为提供渠道。第二，《管理办法》是人社部门贯彻落实党中央、国务院关于健全完善社会信用体系建设，构建以信用为基础的新型监管机制的重要体现。失信惩戒名单管理是劳动用工领域信用监管的重要内容，《管理办法》通过严格列入情形、规范工作程序、强化信用约束惩戒、健全信用修复等，进一步完善失信名单管理制度，构建依法依规、宽严相济、进退有序的工资支付信用监管新格局。第三，《管理办法》是进一步提升劳动保障监察执法效能，营造守法诚信劳动用工环境的重要手段。失信惩戒名单管理制度的运行，有利于通过多部门联合惩戒和社会信用体系评价，让失信者"一处违法、处处受限"，督促用人单位遵守劳动保障法律规定，提升规范用工意识，推动在全社会形成诚信有序、良性发展的用工环境。

《管理办法》规定了用人单位被列入失信惩戒名单的两种情形：一是克扣、无故拖欠农民工工资达到认定拒不支付劳动报酬罪数额标准的；二是因拖欠农民工工资违法行为引发群体性事件、极端事件造成严重不良社会影响的。按照最高人民法院司法解释的规定，第一种情形中的"认定拒不支付劳动报酬罪数额标准"由各省份高级人民法院根据本地区经济社会发展状况确定具体数额。为体现审慎列入、过罚相当，督促用人单位限期改正，《管理办法》把"经人社部门依法责令限期支付工资，逾期未支付"作为列入前提。此外，还规定了审慎列入条款，即人社部门作出列入决定前，用人单位已经改正欠薪行为，且作出不再欠薪书面信用承诺的，可以不予列入。为用人单位留出一定的改正失信违法行为的时间，就是要充分发挥失信惩戒的教育督促作用，促使用人单位尽快解决欠薪问题，也体现了对市场主体的包容审慎监管。

一旦被列入名单，人社部门便将把相关用人单位名单转到信用信息共享平台，由有关部门在政府资金支持、政府采购、招投标、融资贷款、市场准入、税收优惠、评优评先、交通出行等方面依法依规予以联合惩戒，最长期限可达 3 年，让违法失信者寸步难行，也对各类用人单位起到警示震慑作用，进一步提升其守法诚信意识和水平，维护公平公正的用工市场秩序。

《管理办法》对信用修复作出全面系统规定，给予当事人改过自新、提前移出的机会。《管理办法》规定，用人单位同时符合三个条件，可以向人社部门申请提前移出失信惩戒名单。一是已经改正拖欠农民工工资违法行为。二是改正之日起至被列入失信惩戒名单满 6 个月。这里将改正时间与移出时间挂钩，一方面，可以使违法失信当事人起码受到 6 个月的联合惩戒，以维护制度严肃性、有效性；另一方面，可以激励违法失信当事人积极解决欠薪问题，改正越早，移出越早。三是作出不再拖欠农民工工资书面信用承诺。为体现信用修复的规范严谨，《管理办法》规定，用人单位申请提前移出失信惩戒名单时，应当提交书面申请、已改正欠薪行为证据和不再欠薪书面信用承诺。人社部门在收到申请后 15 个工作日内进行核实，决定是否予以提前移出。对准予提前移出的，人社部门将及时把当事人移出名单，停止公开相关信息，并发到信用信息共享平台，有关部门按照规定终止联合惩戒措施。

对特别严重的欠薪行为，《管理办法》规定了不予提前移出的情形：一是列入失信惩戒名单期限内再次发生拖欠农民工工资违法行为的；二是因涉嫌拒不支付劳动报酬犯罪正在刑事诉讼期间或者已经被追究刑事责任的；三是法律法规和党中央、国务院政策文件规定的其他情形。只要符合其中一条情形，就不得提前移出。

鉴于失信惩戒名单属于管理强度较高的信用监管工具，对当事人权利影响较大，《管理办法》规定了告知、送达、异议处理、移出程序等条款，以充分保障当事人知情权、申辩权。同时，规定了救济渠道，赋予当事人行政复议和行政诉讼权利。

四　压实压紧责任，形成工作整体合力

为强化对保障农民工工资支付工作的组织领导，进一步落实治理拖欠农民工工资问题的属地责任，国务院办公厅专门印发《保障农民工工资支付工作考核办法》（国办发〔2017〕96号），明确从2017年到2020年，每年开展一次保障农民工工资支付工作考核。考核工作坚持目标导向、问题导向和结果导向，遵循客观公正原则，突出年度考核重点，注重考察治理欠薪实效。考核工作分为省级自查、实地核查、综合评议三个步骤。考核采取分级评分法，基准分为100分，考核结果分为A、B、C三个等级。其中，各项工资支付保障制度完备、工作机制健全、成效明显且得分排在前10名的省份为A级；保障农民工工资支付工作不得力、欠薪问题突出、考核得分排在全国后三名，或因欠薪问题引发一定数量和规模的重大群体性事件或极端事件的省份为C级；考核结果为A、C级以外的省份为B级。

2021年，人力资源社会保障部牵头国务院根治拖欠农民工工资工作领导小组成员单位对各省（区、市）人民政府及新疆生产建设兵团2020年度保障农民工工资支付工作进行考核。根据2019年度考核实施情况并结合各

地区保障农民工工资支付工作形势，制定 2020 年度考核细则，共分为加强组织领导、工程建设领域欠薪源头治理、工程建设领域工资支付保障制度、工资支付诚信体系、依法处置欠薪案件、加强执法能力建设等 6 大项，共有 19 小项，总计 100 分。重点加大对工资支付保障制度和依法处置欠薪案件等工作的考核力度，加大相关项目的分值权重，充分发挥考核的正向导向作用，指导和督促各地区严格落实属地监管责任，确保党中央、国务院关于保障农民工工资支付的各项工作部署能够真正落实落地。2021 年 6 ~ 7 月，领导小组对各省（区、市）政府及新疆生产建设兵团 2020 年度保障农民工工资支付工作实施实地核查，考核结果报经国务院同意，由领导小组办公室向各省级政府通报，抄送中央组织部，对考核等级为 A 级的，予以通报表扬；对考核中发现的制度落实不到位、欠薪问题比较突出的市、县政府主要负责同志进行约谈，督促加强问题整改。

五　加大宣传力度，营造良好舆论氛围

组织开展全国根治拖欠农民工工资工作先进集体和先进个人评选表彰活动，发挥典型示范作用。在央视播出浙江、四川、广东三期欠薪入罪专题片，保持高压态势，社会反映良好。在部属媒体定期发布 15 个典型执法案例，指导地方开展工作。

在全国开展《条例》集中宣传月活动，提高农民工依法维权和用人单位依法用工意识。《条例》自 2020 年 5 月 1 日实施以来，各地深入贯彻落实《条例》各项制度，加强欠薪源头治理，强化违法惩处惩戒，压实压紧监管责任，推动根治欠薪工作取得明显成效。为进一步推动《条例》落地见效，营造全社会关心关爱农民工的良好氛围，以优异成绩庆祝建党 100 周年，人力资源社会保障部于 2021 年 5 月在全国开展了《条例》集中宣传活动。

活动重点围绕全面提升根治欠薪法治化水平，深入宣传《条例》实施一周年以来根治欠薪工作成效，广泛报道各地根治欠薪工作特色做法、亮点工作，精准解读《条例》核心制度以及工作时间、休息休假法律法规政策，

持续宣传奋斗在根治欠薪一线劳动保障监察员的感人事迹。

宣传活动有四种方式。一是专题学习培训。结合本地区工作实际，围绕《条例》实施重点内容制定培训方案，注重线上培训与线下培训相结合，采取集中学习、授课辅导、研讨交流、案例解析等方式，面向劳动保障监察人员、企业负责人及劳资专管员，开展多形式、分层次、全覆盖的专题培训。二是送法上门宣讲。深入在建工程项目、建筑施工企业，广泛开展"《条例》宣传进企业、进工地"活动，通过发放宣传画与宣传手册、开展现场政策宣讲、面对面答疑解惑等方式，促使企业合法用工，自觉履行工资支付主体法律责任，引导农民工依法维权。在工地维权公示栏张贴欠薪线索反映平台二维码，便于农民工举报投诉。活动期间，人力资源社会保障部在北京举办了"《条例》宣传启动仪式暨进企业进工地现场活动"。三是媒体广泛宣传。围绕宣传重点任务，充分利用报纸杂志、广播电视、互联网等新闻媒体，通过开辟专栏、政策解读、以案说法、媒体访谈、在线咨询、制作短视频等形式，拓宽宣传渠道，丰富宣传载体，全方位、多维度开展宣传。特别是把新媒体作为宣传报道的重要阵地，运用媒体融合发展成果，推出一批接地气、有新意、动人心的宣传品，在微信公众号、抖音、快手等各类平台广泛传播，形成全媒体宣传格局。四是执法普法联动。结合日常巡视检查、专项执法检查活动，积极开展《条例》及配套政策宣传，做到边执法边普法。针对执法行动中发现的潜在问题，进行法律风险提示，加强企业用工指导。适时组织媒体紧跟执法活动进程，采取随队采访、案件跟踪调查、面对面访谈等形式进行宣传。加大对恶意欠薪、超时加班等违法行为的公开曝光力度，强化社会舆论监督。

各地把《条例》宣传贯彻落实摆在重要位置，制定宣传方案，细化工作措施，精心组织实施。充分发挥主流媒体的主阵地作用，积极引导舆论，回应社会关切，为《条例》实施营造良好氛围。

（人力资源社会保障部劳动监察局）

第十三章
技能人才培养及薪酬激励

技能人才是连接技术创新与生产实践最核心最基础的劳动要素，特别是作为技术工人队伍核心骨干的高技能人才，是推动科学研究与实践应用有机结合，实现科技成果向现实生产力转化的主要"桥梁"，是国家战略科技力量的组成部分，在推动技术创新、工艺革新、产业优化升级等方面具有不可替代的重要作用。党中央、国务院历来高度重视技能人才工作。2019年，习近平总书记强调，技术工人队伍是支撑中国制造、中国创造的重要基础，对推动经济高质量发展具有重要作用。要健全技能人才培养、使用、评价、激励制度，大力发展技工教育，大规模开展职业技能培训，加快培养大批高素质劳动者和技术技能人才。这为做好新时代技能人才培养和薪酬分配工作提供了根本遵循和行动指南。

一 加快技能人才发展是利国、利企、利民的大事、实事、好事

（一）加快技能人才发展是实现科技自立自强的必然要求

在新发展阶段，我国需要不断提升全社会人力资本和劳动力技能水平，更加重视劳动者素质的全面提高。加快实施创新驱动战略，实现科技自立自强，突破"卡脖子"关键技术，必须加快培养造就一大批具有高超技艺和精湛技能的技能人才，尽快提高我国基础技术、基础工艺能力，提升原始创新能力，促进技术创新成果转化应用。

（二）加快技能人才发展是促进产业链供应链安全稳定的重要举措

人才是支撑产业链供应链的核心要素。随着我国人口老龄化进程加快、就业结构性矛盾凸显，长期以来支撑经济发展的"人口红利"正在逐步减弱，我国迫切需要加快提高劳动者素质，增强技能人才供给能力，提高劳动力市场匹配效率，为我国产业链供应链优化升级培养一批大国工匠和高技能人才，为提升制造业价值链、持续推进实体经济高质量发展提供人力资源支撑。

（三）加快技能人才发展是扩大中等收入群体的重要途径

加快技能人才发展，能有效缓解就业结构性矛盾，提高就业质量，提高劳动者收入水平、优化分配结构，发展壮大中等收入群体，更好地释放消费潜力、拉动内需增长，形成群众生活品质改善和经济转型升级相互促进的良性循环。

（四）加快技能人才发展是全面推进乡村振兴的关键一环

"一技在手，终身受益。"劳动者拥有一技之长，是实现稳定就业、获得劳动收入、防范失业风险和提高生活水平的重要基础。对于欠发达地区而言，加快技能人才发展，既可以显著增强劳动者就业能力和转岗能力，更好地促进他们实现自我发展，进一步筑牢防止返贫致贫防线，也有利于促进产业发展，留住和吸引更多年轻人扎根城乡建设，缓解日益加剧的人口老龄化和农村"空心化"问题，促进乡村全面振兴。

二 技能人才发展的现状

党的十八大以来，以习近平同志为核心的党中央深入实施人才强国战略，围绕建设知识型、技能型、创新型劳动者大军，作出一系列重大决策部署，我国技能人才队伍发展取得一系列重大成就，技能人才总量稳步扩大、结构不断改善。截至 2021 年底，我国技能人才总量超过 2 亿人，占就业人员总量的比例超过 26%，高技能人才超过 6000 万人，占技能人才的比例达到 30%。

（一）技能人才发展体制机制改革不断深化，政策体系逐步健全

党的十八大以来，我国相继出台实施了高技能人才振兴计划、加强企业技能人才队伍建设方案、新时期产业工人队伍建设改革方案、国家职业教育改革实施方案等指导性文件。党的十九大以来，我国先后制定实施了提高技术工人待遇、推行终身职业技能培训制度、加强高技能人才与专业技术人才职业发展贯通、改革完善技能人才评价制度、深化产教融合、加强校企合作、健全完善技能人才职业技能等级制度等一系列政策措施，技能人才发展政策体系逐步完善。一些省份结合实际大胆探索创新，有力推动了技能人才发展。例如，河南省制定实施《河南省职业培训条例》，推动职业培训由政府主导推动到依法促进、由注重规模数量到强化内涵质量的重大转变。浙江省大力实施"百千万"高技能人才培养工程，每年遴选一批优秀高技能人才，分"杰出技能人才""拔尖技能人才""优秀技能人才"等三个层次，在科研管理、人事制度、经费使用、激励保障等方面给予特殊支持，着力打造高技能领军人才队伍。

（二）技能人才培养体系初步建立、渠道日趋多元

人力资源社会保障部深入贯彻落实《国务院关于推行终身职业技能培训制度的意见》，组织实施职业技能提升行动（2019~2021 年），三年累计开展补贴性职业技能培训 8300 多万人次，有效提升广大劳动者职业技能水平和就业创业能力，为稳定就业大局和市场主体，扩大中等收入群体规模和助力实现乡村振兴等发挥了积极而重要的作用。2021 年 12 月，经国务院同意，人力资源社会保障部联合教育部、国家发展改革委、财政部印发《"十四五"职业技能培训规划》，进一步完善终身职业技能培训制度，健全共建共享职业技能培训体系，壮大创新型、应用型、技能型人才队伍。各地也结合实际，不断完善高技能人才培养体制机制。山西省将职业技能培训纳入政

府的民生实事，提出"人人持证，技能社会"目标，实施全民技能提升工程。上海市建立 130 个高技能人才培养基地，覆盖集成电路、人工智能、生物医药等高新科技重点领域。四川省健全高技能人才激励机制，设立"首席技师"等技能带头人和岗位津贴制度，落实高技能人才奖补相关政策。湖南省规定技工院校中级工班、高级工班、预备技师（技师）班毕业生，分别按照中专、大专、本科学历落实相关待遇，同等参加职称评审（考试）、公务员招考、企事业单位招聘、应征入伍、确定工资起点标准等。截至 2021 年底，全国有技工院校（含技师学院和技工学校）2492 所（其中，行业办技工院校 351 家，企业办技工院校 380 家），在校生 426.7 万人（当年招生 167.2 万人），毕业生 108.7 万人，毕业生就业率 97.2%，为生产、服务等产业一线培养和输送大批中高级技能人才。同时，民办职业技能培训机构近 3 万所，每年开展职业技能培训超过 2000 万人次。

（三）技能人才评价体系不断改革完善，各类技能竞赛广泛开展

完善建立以职业能力为导向、以工作业绩为重点，注重工匠精神培育和职业道德养成的技能人才评价体系，建立职业资格评价、职业技能等级认定、专项职业技能考核等多元化评价机制。不断完善职业标准体系，适应经济社会发展需要，加强新职业开发和信息发布，近年来共向社会发布五批 74 个新职业，对于促进劳动者就业创业、引导企业招聘用人、增强新职业人员的社会认同等发挥了积极作用。我国自 2011 年首次参加第 41 届世界技能大赛以来，屡创佳绩，在 2017 年、2019 年第 44、45 届世界技能大赛上，均取得金牌榜、奖牌榜、团体总分第一名的好成绩。2020 年成功举办第一届全国技能大赛，这是新中国成立以来规格最高、项目最多、规模最大、水平最高、影响最广的综合性国家职业技能赛事，社会反响强烈。目前，已初步形成以世界技能大赛为引领，以中华人民共和国职业技能大赛为龙头，全国行业职业技能竞赛和地方各级职业技能竞赛以及专项赛为主体，以企业和院校职业技能比赛为基础，具有中国特色的职业技能竞赛体系，每年有 1000 多万名企业职工和院校师生参加各类竞赛活动。

（四）技能人才工资分配制度不断完善

各级人力资源社会保障部门积极引导用人单位建立基于岗位价值、能力素质、业绩贡献的工资分配制度，强化工资收入分配的技能价值激励导向，通过在工资结构中设置体现技术技能价值的工资单元，或根据职业技能等级设置单独的技能津贴等方式，合理确定技能人才工资水平，实现多劳者多得、技高者多得。引导用人单位工资分配向高技能人才倾斜，探索实行协议工资、项目工资、年薪制、专项特殊奖励、股权期权激励、技术创新成果入股、岗位分红等激励办法。2021年，人力资源社会保障部办公厅印发《技能人才薪酬分配指引》（人社厅发〔2021〕7号），为企业科学设计技能人才薪酬分配制度、合理确定和提高技能人才薪酬水平提供指导。同时，各级人力资源社会保障部门不断加强和改进对企业工资分配的宏观指导，北京市印发《关于做好技能人才薪酬激励相关工作的意见（试行）》，指导企业施行"新八级"岗位绩效工资制，并发布《北京市技能人才薪酬专项集体合同参考文本（企业版）》。浙江省印发《浙江省技能人才薪酬分配指引》，鼓励企业健全技能人才薪酬管理制度，开展区域性技能人才最低工资集体协商。江苏省常州市指导企业通过开展集体协商确定根据职工技术创新成果进行奖励的办法。及时发布技能人才相关工资价位信息，测算发布年度企业工资指导线，为企业和技能人才协商确定工资水平提供参考。上海、山东等地结合实际发布技能人才工资价位信息，四川省和重庆市联合发布川渝地区技能人才市场工资价位和行业人工成本信息。

（五）着力增强高技能人才的荣誉感，优化技能人才发展社会环境

一方面，对高技能人才给予表彰激励，增强他们的荣誉感。从1995年开始，人力资源社会保障部每两年组织开展一次中华技能大奖和全国技术能手评选表彰活动，截至2021年底，累计表彰了290名中华技能大奖获得者和3321名全国技术能手，中央领导同志看望慰问受表彰人员并与其进行座

谈。经国务院同意，从 2008 年开始，将高技能人才纳入政府特殊津贴制度实施范围，截至 2021 年底，累计选拔 3292 名高技能人才享受国务院颁发的政府特殊津贴。按照中央统一安排，人力资源社会保障部组织优秀高技能人才代表参加国庆观礼等重大庆典活动。此外，还定期组织开展高技能人才休假疗养、节日慰问等活动。另一方面，不断加大对高技能人才的宣传力度，营造良好的社会环境。人力资源社会保障部在"学习强国"和微信、微视等新媒体开设"技能频道""技能中国"账号，拓展技能人才宣传阵地。依托中央媒体、新媒体和系统矩阵，深入、持续宣传报道中国技能健儿在世界技能大赛、全国技能大赛取得的优异成绩和优秀高技能人才楷模技能成才、技能报国的先进事迹，组织开展技能中国行、世赛先进事迹报告会等系列宣传活动，进一步弘扬"劳模精神、劳动精神、工匠精神"，吸引更多劳动者学习技能、提高技能。

三 技能人才发展面临的突出问题

（一）技能人才总量不足，高技能人才紧缺

我国技能人才数量仅占就业人员的 26% 左右，与我国制造大国地位不相称，与德国、日本等制造强国的水平相比还有一定差距。在部分机构对制造业十大重点领域人才需求的预测中，到 2025 年新一代信息技术、高等数控机床和机器人、电力装备以及新材料等新兴行业的技能人才缺口将分别达到 950 万人、450 万人、909 万人和 400 万人。劳动力市场供求数据显示，高技能人才求人倍率长期保持在 2 以上。在东部沿海地区技术工人紧缺的同时，中西部地区技术工人紧缺问题也日益凸显。例如，湖南省株洲市一些区县本地劳动力无法满足当地用工需要，政府和企业专门到西部其他一些省份招工。许多企业都反映他们不缺高学历人才，就是缺少一线技术工人和高技能人才。我国高铁制造水平世界领先，严丝合缝的焊接技术，是列车高速度、高质量运行的重要保证。在中车生产车间，"中车焊工"作用举足轻

重，也成为中国技术工人的响亮品牌。但高水平的焊工数量缺乏，可能会成为未来制造业迈向更高水平的瓶颈。

（二）技能人才队伍结构不优

从技能水平看，最突出的问题是高技能人才比重偏低。我国高技能人才约占技能人才总量的30%，低于发达国家40%~50%的水平；制造业中的高级技师占从业人员比重不到4%，也低于发达国家水平。从年龄结构看，高技能人才中46岁以上的占40%，我国既面临人才断档的问题，也存在部分劳动者技能过时和不适应新技术新产业发展的问题。随着产业结构调整的深度推进和人工智能等新技术的发展普及，这一问题可能更为严重。例如，陶瓷业是湖南醴陵市的主体产业，目前企业90%以上的一线技术工人在40岁以上，技术工人青黄不接的问题突出。由于受到退休年龄政策、企业管理制度、职业环境等因素影响，许多成熟高素质技能人才过早退出劳动力市场，影响技能人力资本（即技能劳动者所蕴含的人力资本）积累，也不利于新生技能人才的培育与成长。我国制造业六大领域从业人员中，具有10年以上从业经验者占19.3%，仅为美国的1/3。从区域分布看，区域不平衡问题突出。西部的一些省份技能人才占比还不到20%，与东部沿海地区相比差距较大。从行业分布看，技能人才多集中于传统制造业，新兴产业、现代服务业技能人才普遍不足，在一定程度上制约了产业升级换代。当前技能人才队伍整体质量不高和结构不合理等问题制约了技能人力资本积累，成为我国科技创新、产业升级和制造业发展的主要掣肘之一。

（三）后备人才储备来源减少

近10年来，中职教育（含普通中专、职业高中、技工学校、成人中专）招生人数呈明显下降态势。数据显示，高中阶段教育招生"职普比"（即职业教育学生与普通教育学生之比）由2009年的约5∶5下降到2019年的约4∶6。2019年末，全国中职教育在校学生人数、招生人数和毕业生人数分别比2009年减少了28.2%、30.9%和21.1%。一些经济欠发达地区，尤其是市县一级"职普比"失衡的问题较为严重。例如，2019年，甘肃岷县"职普比"约为1：3，湖北应城"职普比"约为1：4.5，吉林松原"职普比"更是接近1：6.4。

（四）体制机制性弊端制约

由于管理体制分割、用人机制身份限制等原因，"重学历、轻能力"问题尚未从根本上解决，这不利于劳动者职业发展及人力资源跨地区、跨行业的合理流动与配置，技能人才很难实现职业转换，职业晋升通道受限，创新创造能力被抑制。原有职业资格标准体系存在的标准固化和更新迟缓等问题，也不利于建立高效、合理、与时俱进的人才培养体系，导致企业参与自主评价动力不足。中职教育发展存在支持不够、发展动力不足以及自身政策统筹协调不够等问题。企业培养技能人才积极性不高，更多地倾向于使用"现成"人才。调研中，企业普遍反映，培养技能人才"吃力不讨好"，耗时费力、增加成本，辛辛苦苦培养的人才又很容易被高薪挖走。

（五）提高技能人才薪酬水平还存在一定困难

技能人才工资与管理、专业技术人才的工资水平还存在一定差距。国家统计局数据显示，2019~2020年，全国规模以上企业的生产制造人员、服务人员平均工资增长连续两年低于办事人员、专业技术人员和中层及以上管理人员。部分行业、企业一线生产操作人员工资增长乏力。受疫情、经济下行等因素影响，部分行业企业生产经营困难，人工成本压力增大，提高技能人才特别是一线技术工人工资收入面临较大困难。国家统计局数据显示，2020年住宿餐饮业规模以上企业一线生产操作人员年平均工资比2019年下降超过4%。

四　推动技能人才队伍健康发展的建议

以提升劳动者技能水平、能力素质为核心，紧贴社会、产业、企业、个人发展需求，针对现实存在的技能人才特别是高技能人才发展短板弱项，不断健全技能人才培养、使用、评价、激励制度，在全社会弘扬精益求精的工匠精神，全力推动技能人才发展迈上新台阶。

（一）健全完善高技能人才培养体系

推动落实《关于加强新时代高技能人才队伍建设的意见》《"十四五"职业技能培训规划》《技工教育"十四五"规划》明确的任务目标，健全完善以企业行业为主体、职业院校和技工院校为主渠道、政府推动与社会参与相结合的"三位一体"培养体系。全面推行"招工即招生、入企即入校、企校双师联合培养"的中国特色企业学徒制。支持职业技工院校建立以产业发展和市场需求为导向，工学一体、产教融合、校企协同育人的技能人才培养模式。进一步加强技能人才培养基础能力建设，完善公共财政投入机制，加强政府宏观调控，建立与职业教育、技工教育招生规划相联动的财政投入机制，切实保障中职、技工院校可持续发展。调整普通教育和职业教育、技工教育招生比例，继续加大职业院校、技工院校扩招力度，进一步从源头上扩大技能人才培养规模。

（二）完善技能人才薪酬分配制度

推动落实《技能人才薪酬分配指引》，采取多种方式深化宣传解读，深入技能人才较为集中的企业和工业园区，选树试点企业针对性开展薪酬分配分类指导，推动企业完善适应企业发展需求和符合技能人才特点的薪酬分配制度。鼓励有条件的地区发布分职业（工种、岗位）、分技能等级的工资价位信息，为企业与技能人才协商确定工资水平提供信息参考。

（三）畅通技能人才评价和职业发展通道

培养科研人员岗位实践能力，鼓励科研人员在获得学历证书的同时，取得相应的职业资格或职业技能等级证书。进一步推进职业资格与职称、职业技能等级制度有效衔接，推动实现技能等级与管理、技术岗位序列相互比照，建立技能人才与党政人才、企业经营管理人才、专业技术人才相对应、可转换的发展通道，有效改变技能人才发展"独木桥"与"天花板"现象，搭建技能人才成长"立交桥"，更大限度地激发技能人才创新创造活力。发挥技能竞赛的带动作用，广泛深入持久开展职业技能竞赛活动，完善对获奖选手的奖励政策，定期举办全国技能大赛，带动各省、市、县普遍举办综合性职业技能竞赛，引导更多青年走技能成才之路。

（四）加大对优秀高技能人才的表彰激励

推动在全国劳动模范和先进工作者表彰、国家科学技术进步奖表彰时增加高技能人才比例，提升高技能人才政治、生活待遇，进一步激发广大劳动者走技能成才、技能报国之路的荣誉感和主动性。鼓励企业对参加技术攻关或技术革新中作出突出贡献的高技能领军人才，从成果转化所得收益中以奖金、股权等多种形式给予奖励，支持高技能领军人才开展科研项目、科技攻关，推进企业技术成果转化。

（人力资源社会保障部职业技能建设司）

第十四章
深化资本市场改革服务居民财富管理需求

党的十八大以来，资本市场认真贯彻习近平总书记的重要指示精神，落实党中央部署，全面深化资本市场改革开放，加强基础制度建设，市场正发生深刻的结构性变化，市场体系包容性大幅提升，投融资功能显著增强，良性市场生态逐步形成。资本市场日益成为居民财富和全球资产配置的重要引力场。2021年，资本市场实现"十四五"良好开局，服务构建新发展格局和高质量发展取得新成效。全面实行股票发行注册制条件逐步具备，设立北京证券交易所，打造服务创新型中小企业主阵地迈出重要步伐。提高上市公司质量取得积极成效，高风险公司持续压降，常态化退市机制加速形成。专业机构投资力量持续壮大，市场资金结构、投资者结构明显改善，市场生态持续优化。

一 2021年资本市场发展的基本情况

沪深股市。截至2021年末，沪深两市共有上市公司4615家。其中主板3148家、创业板1090家、科创板377家。全年完成首次公开发行并上市的企业有481家。沪深两市总市值91.61万亿元，流通市值75.16万亿元，同比分别增加14.91%和16.77%，流通市值占总市值的82.04%。全年日均成交10616.19亿元，全年换手率373.21%。

北京证券交易所（下文简称"北交所"）。截至2021年末，北交所共有上市公司82家。2021年11月15日至2021年末，累计11家公司公开发行进入北交所。北交所总市值2722.75亿元，流通市值1073.82亿元，流通市值占总市值的39.44%。全年日均成交19.06亿元，全年换手率62.55%。

全国中小企业股份转让系统。截至 2021 年末，全国中小企业股份转让系统存量挂牌公司 6932 家，其中创新层 1225 家、基础层 5707 家。全年共有 562 家挂牌公司完成 587 次股票发行。全国中小企业股份转让系统存量挂牌公司总市值约 2.28 万亿元。全年日均成交 8.84 亿元，全年换手率 17.66%。

交易所债券市场。截至 2021 年末，交易所债券市场存量债券 24586 只，其中政府债券 3583 只、政策性金融债 33 只、企业债（含铁道公司债）2074 只、公司债 11908 只、可转债 423 只、可交换债 104 只和资产支持证券 6461 只。交易所债券市场托管面值约 18.68 万亿元，占全市场的 14.16%。交易所市场非金融公司债（包含公司债、可转债、可交换债、资产证券化产品）托管金额为 11.63 万亿元，占交易所债券市场的 62.26%。

期货与衍生品市场。截至 2021 年末，交易所期货与衍生品品种总数达到 91 个，包括 64 个商品期货、20 个商品期权、6 个金融期货和 1 个金融期权。以单边计，2021 年期货市场合计总成交金额为 580.71 万亿元，同比增长 32.79%。2021 年期权市场总成交金额 5113.93 亿元，同比增长 105.53%。

公募基金市场。截至 2021 年末，全国基金管理人管理公募基金规模 25.56 万亿元，存续产品 9152 只；基金公司及其子公司私募资产管理业务规模 7.39 万亿元；受托管理社保基金规模 1.45 万亿元，受托管理基本养老金规模 7233 亿元；受托管理年金（含企业年金、职业年金）规模 1.79 万亿元。根据美国投资公司协会发布的全球开放式基金（不含 FOF）统计数据，2021 年末我国开放式基金资产规模排全球（共 46 个国家或地区）第 4 位，占全球共同基金总规模的 4.97%，较上年末上升 0.76 个百分点。

截至 2021 年末，FOF 数量 237 只，较上年增加 95 只，增幅 67%；资产净值 2176 亿元，较上年增加 1265 亿元，增幅 139%；基金份额 1957 亿份，较上年增加 1194 亿份，增幅 156%。FOF2017 年开始起步，2019 年以来持续快速发展。从基金数量上看，养老目标日期 FOF 共 66 只，占比 27.8%；养老目标风险 FOF 共 87 只，占比 36.7%；混合型 FOF 共 77 只，占比 32.5%。从基金规模上看，养老目标日期 FOF 共 172 亿元，占比 7.9%；养老目标风险 FOF 共

961 亿元，占比 44.2%；混合型 FOF 共 1025 亿元，占比 47.1%。

私募基金发展。截至 2021 年末，在基金业协会备案且正在运作的私募基金 124117 只，存续基金规模 19.76 万亿元，同比分别增长 25.81% 和 23.73%。其中，存续私募证券投资基金 76839 只，存续规模 6.12 万亿元，同比分别增长 41.37% 和 62.33%；存续私募股权基金 30801 只，存续规模 10.51 万亿元，同比分别增长 4.75% 和 11.10%；存续创业投资基金 14510 只，存续规模 2.27 万亿元，同比分别增长 39.53% 和 41.88%。

二　2021年居民参与资本市场投资的基本情况

（一）居民参与股票市场投资情况

据中国证券登记结算公司统计，截至 2021 年末，股票市场自然人投资者数量达 19693.91 万人，较上年末增加 11.04%。其中，已开立 A 股账户的自然人投资者数量为 19635.78 万人，比上年末增加 1959.65 万人；已开立 B 股账户的自然人投资者数量为 237.24 万人，比上年末减少 0.31 万人。

表 14-1　投资者情况统计

单位：万人

投资者类型	2020 年	2021 年
期末投资者数量	17777.49	19740.85
1. 自然人	17735.77	19693.91
其中：		
已开立 A 股账户投资者	17676.13	19635.78
已开立 B 股账户投资者	237.55	237.24
2. 非自然人	41.72	46.94
其中：		
已开立 A 股账户投资者	39.59	44.83
已开立 B 股账户投资者	2.16	2.14

资料来源：《中国证券登记结算统计年鉴 2021》。

据上海证券交易所统计，2020 年末，自然人投资者持有沪市流通 A 股市值金额达 8.7 万亿元，占 A 股沪市所有投资者持有金额的 22.93%。其中，散户（持股市值 10 万元以下）持有沪市流通 A 股市值金额占比为 0.93%；小户（持股市值 10 万~50 万元）持有金额占比为 2.75%；中大户（持股市值 50 万~1000 万元）持有金额占比为 9.01%；超大户（持股市值 1000 万元以上）持有金额占比为 10.24%。

表 14-2　2020 年末各类投资者沪市 A 股持股情况

投资者类型	持股市值(亿元)	占比(%)	持股账户数(万户)	占比(%)
自然人投资者	87042	22.93	4181.61	99.74
其中:10 万元以下	3538	0.93	2249.17	53.65
10 万~50 万元	10449	2.75	1212.50	28.92
50 万~100 万元	8395	2.21	355.40	8.48
100 万~300 万元	13631	3.59	259.64	6.19
300 万~1000 万元	12176	3.21	80.26	1.91
1000 万元以上	38852	10.24	24.65	0.59
一般法人	212427	55.97	4.74	0.11
沪股通	12659	3.34	0.00	0.00
专业机构	67430	17.77	6.27	0.15
其中:投资基金	23171	6.10	0.45	0.01

资料来源：《上海证券交易所统计年鉴 2021 卷》。

据深圳证券交易所的统计，2021 年末，深圳证券交易所个人投资者股票账户数的地区分布情况如表 14-3 所示。

表 14-3　2021 年末深圳证券交易所 A 股个人投资者开户地区分布情况

单位：户，%

地区	个人开户数	占比
北京	18879945	6.82
天津	3068022	1.11
河北	10105964	3.65
山西	5601013	2.02

续表

地区	个人开户数	占比
内蒙古	2713004	0.98
辽宁	9393318	3.40
吉林	4143454	1.50
黑龙江	5596829	2.02
上海	12592169	4.55
江苏	16729864	6.05
浙江	16622461	6.01
安徽	8479947	3.07
福建	10878130	3.93
江西	9219227	3.33
山东	16111975	5.82
河南	14179192	5.13
湖北	11329672	4.10
湖南	14287144	5.16
广东	20391080	7.37
深圳	10476767	3.79
广州	6802588	2.46
广西	5613468	2.03
海南	1407599	0.51
重庆	4721729	1.71
四川	14467345	5.23
贵州	3308949	1.20
云南	3941958	1.42
西藏	76866	0.03
陕西	6853780	2.48
甘肃	3439135	1.24
青海	585960	0.21
宁夏	1004846	0.36
新疆	2880617	1.04
境外地区	672072	0.24
其他	63166	0.02
合计	276639255	100.00

资料来源:《深圳证券交易所市场统计年鉴 2021 年》。

2021 年，上市公司现金分红合计 16762.73 亿元，分红金额创历史新高。2012～2021 年，上市公司现金分红累计接近 10 万亿元。

（二）居民参与基金市场投资情况

1. 居民参与公募基金投资的情况

公募基金已经成长为居民理财的中坚力量。自 2012 年以来，公募基金规模以年均 27.84% 的速度连续 10 年快速增长，比同期年均 GDP 增速高 18.95 个百分点。自可追溯资金流动性数据的 2011 年以来，投资者对公募基金的投资依赖性总体趋强，连续 10 年实现资金净流入，平均每年净流入金额超万亿元。截至 2021 年末，公募基金中来源于个人投资者的资金占比为 53.94%，同比提升 1.01 个百分点；来源于养老金（基本养老、企业年金和社保基金）的资金占比为 1.09%，来源于境外的资金占比为 0.13%，来源于其他各类机构投资者的资金占比为 44.84%。

截至 2021 年末，公募基金有效账户（指截至统计时点持有基金份额的账户）数超过 14 亿户，为 14.23 亿户，大部分为个人账户，其中仅 60.27 万户为机构账户，十余年来一直保持这一结构特点。从持有基金资产情况来看，机构投资者持有公募基金的占比在 2019 年末达到 51% 的高点后，有所回落，在 2021 年末降至 45%。

截至 2021 年末，各类型公募基金持有人结构的主要情况如下：一是股票基金中个人持有规模占比为 66%，机构持有规模占比为 34%；二是债券基金中个人持有规模占比为 13%，机构持有规模占比为 87%；三是混合基金中个人持有规模占比为 81%，机构持有规模占比为 19%；四是货币基金中个人持有规模占比为 61%，机构持有规模占比为 39%；五是 QDII 基金中个人持有规模占比为 76%，较上年度大幅提升 7 个百分点，机构持有规模占比为 24%；六是基金中基金（FOF）中个人持有规模占比为 95%，较上年度大幅提升 5 个百分点，机构持有规模占比为 5%，自 2017 年 FOF 起步发展以来，个人投资者一直占据主导地位。

2.居民参与私募基金投资的情况

从投资者数量看，截至 2021 年末，私募证券投资基金（自主发行类）的各类型投资者中，居民数量 81.09 万人，占比 85.98%；居民投资者出资 24450.54 亿元，占比为 43.57%。私募股权基金的各类投资者中，居民投资者数量 27.17 万人，占比达 76.28%；居民投资者出资 8858.34 亿元，占比 8.75%。创业投资基金的各类投资者中，居民投资者数量 8.68 万人，占比 65.52%；居民投资者出资 3837.91 亿元，占比为 19.55%。

（三）居民参与期货与衍生品市场投资情况

2021 年，以双边计，期货市场个人客户成交量为 87.60 亿手，同比增加 11.41%。个人客户成交金额为 657.97 万亿元，同比增加 20.14%。

三　资本市场全面深化改革向纵深推进

资本市场全面深化改革取得重要突破。党的十八大以来，我国围绕深化金融供给侧结构性改革，全面深化资本市场改革，基础制度更加成熟定型。资本市场系统总结评估科创板、创业板试点注册制经验，坚持尊重注册制基本内涵、借鉴国际最佳实践、体现中国特色和发展阶段特征三原则，及时完善发行定价、现场检查、辅导监管、提高招股说明书披露质量、督促中介归位尽责和廉政风险防范等制度机制，全面实行股票发行注册制条件逐步具备。以注册制改革为牵引，统筹推进提高上市公司质量，健全退市机制、多层次市场建设、中介和投资端改革，健全证券执法司法体制机制和投资者保护体系等重点改革，推进关键制度创新，探索出一条中国特色现代资本市场发展道路。

服务实体经济的广度深度显著拓展。坚持突出特色、错位发展，深化新三板改革，设立北京证券交易所，打造服务创新型中小企业主阵地。深市主板和中小板合并平稳实施。优化审核注册机制，科学把握各板块定位。规范发展私募股权和创投基金，引导资金加大对科技创新、制造业、中小企业等重点领域支持力度。牢牢把握支持创新发展这个关键，围绕创新型中小企业发展需求，积极构建契合中小企业特点的基础制度体系，不断增强制度的包容性、普惠性，促进形成科技、创新和资本的集聚效应。加快构建功能互补、有机联系的多层次股权市场体系，满足不同类型、不同发展阶段企业的融资需求。

简政放权持续深化，监管数字化智能化水平不断提升。适应注册制等重大改革带来的深刻变化，相关部门加快公司监管、机构监管、稽查处罚全方位职能转变。持续加强风险监测工作，注重运用大数据、人工智能、区块链等技术，强化数据信息整合和治理，加强风险监测的信息化建设，不断提升科技监管水平。加强对跨市场跨境风险以及杠杆资金风险、程序化交易的日常监测分析，及时掌握重点领域风险边际变化。切实维护市场稳定运行，坚持尊重市场规律，注重通过深化改革稳定预期，健全资本市场新闻舆论工作机制。坚持底线思维，持续做好应对极端情形的准备。

四　提高上市公司质量取得积极成效

高质量的上市公司是投资者权益保护的源头活水。党的十八大以来，市场主体高质量发展迈上新的台阶。实体上市公司利润占规模以上工业企业利润的比重由十年前的23%增长到2021年的接近50%，国民经济支柱地位更加巩固。2021年资本市场持续抓好《国务院关于进一步提高上市公司质量的意见》的落实落地，聚焦信息披露和公司治理双轮驱动，着力化解重大风险、强化日常监管、打击市场乱象，提高上市公司质量工作取得积极成效。上市公司结构更加优化，一批科技含量高、发展潜力大的"新动能"上市公司相继涌现，集成电路、生物医药、高端装备制造等重要行业已形成集群效应。

进一步强化上市公司信息披露，切实维护投资者合法权益。以业绩说明会为契机，开创上市公司与投资者有效沟通的新局面。2021年3月，修订后的《上市公司信息披露管理办法》正式发布。在信息披露的基本要求方面，新增简明清晰、通俗易懂原则，完善公平披露制度，细化自愿披露的规范要求，降低信息披露成本，明确信息披露义务人的范围等。针对性地完善细化信息披露要求，有效规范上市公司的信息披露行为，促使投资者对公司价值作出合理的判断。业绩说明会作为上市公司和中小投资者沟通交流的重要载体，在年报披露后，能够帮助投资者快速、准确地抓取信息披露重点。2021年近九成公司在年报披露后召开业绩说明会，超九成董事长、总经理出席，投资者的"参与感"明显增强。

全面启动上市公司治理专项行动。通过公司自查、现场检查、整改提升3个阶段，抓重点、补短板、强弱项，促进上市公司治理整体水平提高，财务信息披露真实性和内部控制有效性有所改善。针对上市公司存在的突出问题，精准施策，化解风险，以化解违规占用担保、股票质押为重点，持续压降上市公司风险。持续深化并购重组市场化改革，简政放权并加强监管，支持上市公司利用并购重组提质增效、转型发展。完善退市标准，简化退市程序，拓宽退出渠道。一批低质量、高风险的"问题公司"和"空壳公司"被动态出清。2021年，28家公司退市，其中17家强制退市、10家重组退市、1家主动退市。有进有出的市场生态有效形成，上市公司高质量发展的内生动力进一步增强。

五　以更大力度推进投资端改革

党的十八大以来，专业机构投资者力量持续壮大，价值投资、长期投资、理性投资的理念逐步建立。2021年，资本市场持续提升证券公司服务居民财富管理的能力。规范开展证券经纪业务，切实维护市场交易秩序，保护投资者合法利益，同时加强投资者信息管理，不断提升投资者信息保护的有效性。开展证券公司账户管理功能优化试点，从"建立综合客户账户、支持同名划转、分类账户管理"三个方面优化现有账户管理模式，提升服务功能，为客户提供便利。支持有实力的证券公司基于柜台向高净值客户拓展非标准化的场外业务，增加金融产品供给，满足客户定制化需求，提供更加丰富便捷的资产配置和风险管理服务。

加强基金管理人能力建设。修订公募基金管理人监管制度，支持管理人做优做强和差异化经营，突出长期激励的约束机制，强化合规诚信专业稳健的行业文化建设。持续落实《公开募集证券投资基金销售机构监督管理办法》及配套规则，推动销售机构树立以客户利益为核心的经营理念。

积极服务养老体系建设。证券基金经营机构运作相对规范透明，在服务各类养老金市场化、专业化投资运作方面发挥了主力军作用。截至 2021 年底，证券基金经营机构受托管理各类养老金规模合计约 4 万亿元，超过我国养老金委托投资运作规模的 50%，并创造了良好回报。同时，资本市场积极参与养老第三支柱建设，配合人社部开展个人养老金顶层制度文件的制定工作，推动个人养老金投资公募基金政策尽快落地。

稳步扩大基金投顾试点范围。为推动公募基金行业更好服务居民财富管理需求，提高居民财产性收入水平，自 2019 年 10 月起证监会推动基金投资顾问业务试点开展，2021 年新增备案机构 42 家。截至 2021 年底，基金投资顾问业务客户数量约 367 万人，服务资产规模合计约 979 亿元。

六 全面落实"零容忍"的执法理念和打击行动

崇信守法、惩恶扬善的导向持续强化。党的十八大以来，资本市场法律体系"四梁八柱"基本建成，"零容忍"执法威慑力显著增强，市场违法违规成本过低的局面已经得到了根本性改变。2021 年 7 月 6 日，中办、国办公布《关于依法从严打击证券违法活动的意见》，对加快健全证券执法司法体制机制，加大重大违法案件查处惩治力度，加强跨境监管执法协作，夯实资本市场法治和诚信基础，推动形成崇法守信的良好市场生态作出重要部署。这是资本市场历史上第一个由中办、国办联合印发的打击证券违法活动的专门文件，是当前和今后一个时期全方位加强和改进证券监管执法工作的行动纲领，意义重大、影响深远。

加大执法力度，依法从严打击证券违法活动。坚持"建制度、不干预、零容忍"工作方针,围绕监管中心工作,依法从严从快从重查办重大案件。2021年共办理案件609起,其中重大案件163起,涉及财务造假、资金占用、以市值管理名义操纵市场、恶性内部交易及中介机构未勤勉尽责等典型违法行为。总体看,案发数量连续3年下降,证券市场违法多发高发势头得到初步遏制。与此同时,执法重点更加突出,虚假陈述、内幕交易、操纵市场、中介机构违法案件数量占比超过八成。

强化执法合力,完善执法协作机制。证监会加大对重大案件的协调力度,完善信息共享机制,推进重要规则制定,协调解决重大问题。强化稽查执法和刑事司法的衔接配合,2021年依法向公安机关移送涉嫌犯罪案件(线索)177起,同比增长53%。会同公安部、最高检联合部署专项执法行动,集中查办19起重大案件。推动反洗钱监管协作,协助中国人民银行共同落实FATF互评估整改工作任务,开展证券期货行业反洗钱检查。加强跨境执法协作,办理涉外协查请求140件,与香港特区证监会举行第十一、十二次两地执法合作工作会议。

七 优化完善投资者保护机制

投资者是资本市场立市之本,保护投资者权益是我国资本市场监管的根本使命。党的十八大以来,资本市场始终把保护投资者合法权益作为一切监管和改革工作的出发点和落脚点,坚持市场化、法治化方向。在各方大力支持下,着眼于构建"法律保护、监管保护、自律保护、市场保护、自我保护"的投资者保护大格局,在基础制度建设、体制机制创新、理念文化培育、违法违规惩戒等方面开展了大量工作,逐步走出一条符合中国国情的投资者保护道路。

法治建设取得重大突破。新证券法增设"投资者保护"专章,刑法修正案(十一)、全国法院审理债券纠纷案件座谈会纪要等出台实施,期货和衍生品法草案完成二读,证券期货投资者适当性管理等制度体系日益成形,支持诉讼、先行赔付、代表人诉讼等多元行权维权机制落地实施,投资者累计获赔超过 100 亿元，行政处罚、民事追偿和刑事惩戒的立体追责体系初步形成。

专门化、广覆盖的证券期货领域投保组织体系更加完善。由监管部门、投保机构、交易场所、行业协会等共同参与，市场主体切实履责的投保工作机制基本形成，"12386"热线、中国投资者网等高标准投资者服务平台运行良好。

投资者教育活动成果显现。推动将投资者教育纳入国民教育体系；投资者的知情权、参与权、收益权等权利得到进一步保障；尊重投资者、敬畏投资者、保护投资者的理念更加深入人心。有中国特色的投资者保护实践得到社会广泛欢迎，也获得国际组织的积极评价推荐。

（中国证监会中证金融研究院）

第十五章
深入推进公立医院薪酬制度改革研究

公立医院是我国医疗服务体系的主体，在抗击新冠肺炎疫情斗争中发挥了中流砥柱作用。公立医院薪酬制度改革，体现了党中央、国务院对广大医务人员的亲切关怀和坚强领导，对推动公立医院高质量发展、调动医务人员积极性、推进健康中国建设具有重要意义。2021 年 7 月，人力资源社会保障部、财政部、国家卫生健康委、国家医保局、国家中医药局印发《关于深化公立医院薪酬制度改革的指导意见》（人社部发〔2021〕52 号），明确提出实施以增加知识价值为导向的分配政策，建立适应我国医疗行业特点的公立医院薪酬制度。改革文件出台后，各地结合自身实际和前期探索经验，建立完善公立医院薪酬水平核定机制、落实医院内部分配自主权、落实财政保障责任，取得了一定的进展和成效。

一 公立医院薪酬制度改革主要进展

（一）制定公立医院薪酬制度改革实施方案

根据国家改革文件的精神和要求，各地在总结前期试点工作经验的基础上，结合本地实际制定具体的改革实施方案，积极探索适合本地区特点的行之有效的改革办法，出台相关配套措施，统筹推进区域内公立医院薪酬改革各项工作。同时，积极落实属地管理责任，做好公立医院和医务人员的思想引导和政策解释宣传工作，充分调动医务人员参与改革的积极性、主动性，确保改革工作平稳顺利进行。

（二）科学合理核定公立医院薪酬水平

各地综合考虑经济发展、医疗行业特点、医院财务状况、绩效考核结果等因素，按照"两个允许"要求，合理确定、动态调整公立医院薪酬水平，让薪酬的核定机制更加灵活、更加符合实际。在薪酬水平的核定方式上，主要有以下做法：一是以同级事业单位绩效工资水平或当地城镇非私营单位在岗职工平均工资水平为参照，确定公立医院薪酬水平，一般是 2~3 倍，最高是 5 倍。二是以上年度薪酬（绩效工资）总量为基数，结合收支结余、绩效考核、在岗职工工资增长率等因素进行适当调整。三是在确保收支平衡的前提下，以医院业务支出为基数确定薪酬总量。

同时，部分地区规定了薪酬总量核增倾斜的情形，包括：对高层次人才聚集，公益目标任务繁重，承担科研、教学任务，重点发展医院，主要承担公共卫生职能的医院，参加重大疫情等突发事件医学救援和公共卫生应急处置的医院等在总量核定时给予政策倾斜。

（三）落实公立医院内部分配自主权

各地在核定的薪酬总量内，普遍落实了公立医院内部分配自主权。医院在内部建立考核评价和绩效分配办法，综合考虑岗位工作量、服务质量、行为规范、技术能力、医德医风和患者满意度等因素，统筹考虑医、护、技、药、管和工勤等不同岗位职责要求，兼顾不同科室之间的平衡，向临床一线、关键紧缺岗位、高风险高强度岗位和业务骨干等群体倾斜，注重提高体现岗位价值的固定薪酬占比。

同时，为有效落实改革文件中提出的公立医院内部分配倾斜的政策，部分地区结合自身实际及既往做法，提出不少特色举措：一是统筹实施编内外人员同工同酬。编外人员参照在编职工的工资体系，奖励性绩效分配方案编内外人员一体适用。二是低年资医生薪酬精细化管理。实现低年资医生薪酬水平与绩效考核、工资级别"双挂钩"，设置不同级别指导系数保障其薪酬水平。三是突出中医药特色优势，通过设立具有鲜明中医药特色的绩效奖励项目，如中药饮片协定处方奖、院内中草药制剂应用奖、冬令膏方应用奖、中医药适宜技术应用奖，开展中医辨证施护奖励等，调动中医药医务人员的积极性。

（四）完善公立医院负责人薪酬激励约束机制

各地积极推进主要负责人薪酬改革，建立责权利相统一的分配激励机制。一是结合经济社会发展、医院考核评价结果、党建情况、履职情况、职工满意度等，合理确定医院主要负责人的薪酬水平，基本以本院职工平均薪酬水平为参照设定。同时，医院其他领导班子成员薪酬水平与本院职工平均薪酬水平、与主要负责人薪酬水平等应保持合理关系，可通过设定合理系数来确定。二是在分配方式上，探索实行主要负责人年薪制，部分地区提出其他领导班子成员（包括总会计师）也可实行年薪制。三是多数地区主要负责人年薪由同级财政全额预算保障，不纳入医院绩效工资总量。四是部分地区出台专门的医院负责人薪酬分配管理办法，对考核评价与薪酬分配等具体细则进行明确。

（五）健全以公益性为导向的考核评价机制

各地充分发挥绩效考核的激励和导向作用，坚持以公益性为核心、积极完善绩效考核评价办法，强化绩效考核结果的运用，推进考核与绩效分配紧密挂钩。一是完善以公益性为导向，以实际业绩为主要标准，涵盖公立医院、公立医院主要负责人和医务人员的"三项考评机制"。部分地区出台专门的绩效考核指导意见，积极构建多维度绩效考核体系，细化考核标准、完善考核方法、规范考核程序。二是明确绩效考核结果的运用，将公立医院考核结果与医院薪酬总量及主要负责人薪酬挂钩，依据考核结果适当拉开薪酬水平的档次，并进行动态调整。对考核优秀者，按一定比例给予奖励。对考核不合格者，按一定比例予以核减。

（六）完善公立医院经费来源渠道

各地秉承开源节流的思路，积极优化公立医院外部经济政策，支持医院优化收入结构，完善经费投入机制，加强预算管理，为薪酬制度改革拓宽经费来源渠道。一是各地积极落实对公立医院的投入政策，强化财政投入保障责任。多数地区进一步保障六项投入落实到位，提高财政补助收入在医院收入中的占比。对承担政府指令性工作或公共卫生任务、公益性较强的公立医院给予适当专项补助。二是提高手术、治疗、中医诊疗等医疗技术服务价格，优化医院收入结构。多数地区出台医疗服务价格调整相关政策文件，参照相关的改革文件，调高诊察费、治疗费、手术费、护理费、中医诊疗服务费等体现医务人员技术劳务价值的项目费用。三是明确公立医院收入中可用于人员收入分配的资金管理政策。积极推进药品耗材集中采购医保资金结余使用管理政策落地，鼓励公立医院将降低药品耗材费用而增加的可支配收入，用于推进薪酬制度改革，调动医务人员积极性。四是规范经费管理，强化成本管控。各地通过实施全面落实公立医院总会计师制度、健全完善公立医院内部审计制度、加强公立医院内部控制建设、开展全成本核算等措施，提升医院管理能力。

实施薪酬制度改革后，各地围绕薪酬水平核定、可分配资金管理、医院绩效评价、主要负责人薪酬、内部绩效考核分配、经费来源渠道等优化完善制度，公立医院薪酬制度体系初步健全。公立医院绩效考核指标由单一维度评价指标（如工作量）向多维度综合评价指标转变，考核目标逐步向社会效益和医疗服务质效转变。医院收入来源有所拓展，政府财政投入力度进一步加大，医务人员满意度和获得感逐步增强。

二 公立医院薪酬制度改革的典型做法

（一）福建省和三明市薪酬制度改革

2021 年 10 月，福建省人力资源和社会保障厅、福建省财政厅、福建省卫生健康委员会、福建省医疗保障局等四部门印发《福建省深化公立医院薪酬制度改革实施方案》，要求完善薪酬总量管理、健全内部薪酬体系、规范负责人薪酬管理、健全考核评价体系、提升投入保障及管理能力、强化组织保障。改革举措如下。

1. 改革完善薪酬核定办法

以医疗服务收入为基数计算医院薪酬总量，切断医院人员工资与药品耗材、检查化验收入的直接联系。医保基金实行打包支付后，结余资金按80%计入工资总额。同时，将查处的违规使用的医保基金从工资总额中直接扣除。2019年起，医院当年度发放工资总量由当年度工资总额、按疾病诊断相关分组绩效考核奖励资金、慢性病一体化管理绩效考核奖励资金和家庭医生签约服务收入等四部分构成。

2. 通过"腾笼换鸟"动态调整医疗服务收费

提高诊疗费、护理费、手术费等医疗服务性收入在医院总收入中的比重，逐步实现医疗服务性收入、药品耗材收入、检查化验收入分别占50%、30%、20%的目标。

3. 全面实行"全员目标年薪制"

实现目标年薪全员覆盖，并实行同工同酬，突破人事编制与聘用的界限。三明市参考国际上通常医师收入高于社会一般平均收入3~5倍的惯例，对三明市22家县级及以上公立医院聘用的在职临床医师类、临床药师类、技师类人员，按照级别和岗位，实行不同等级的目标年薪制，提高其合法收入。院内人员年薪以工分制计算，即年薪计算由基础工分、工作量工分和奖惩工分3部分组成，彻底打破了人员工资与科室收入挂钩的分配模式。三明市县级及以上公立医院实行院长年薪制改革，院长年薪由同级财政负担，充分体现院长代表政府履行医院管理责任，切断院长与医院之间的利益联系；并结合当地社会经济发展水平，动态调整目标年薪基数。另外，还要求医院必须对本院上一年度薪酬发放情况进行院内公示。

4. 完善绩效考核评价体系

制定《公立医院党委书记和院长目标年薪制考核方案》，通过定性与定量、年度与日常考核相结合，从医院服务评价、办医方向、平安医院建设、医院管理、医院发展等方面设置对应的考核指标，引导医院树立正确的办医方向。考核结果与医院党委书记、院长、总会计师年薪及医院工资总额核定挂钩，变一人责任为全员共同责任。同时，明确考核以80分为合格线，不合格的仅发基数年薪，高于80分，每增加1分，增加年薪基数1个百分点。

（二）宁夏回族自治区人民医院薪酬制度改革

宁夏回族自治区人民医院以建立现代医院管理制度为目标，以深化改革为主题，以全面预算管理为手段，以创新人事薪酬制度为突破口，探索建立符合医疗行业特点的人事薪酬制度，实行以岗定责、以岗定薪、责薪相适、考核兑现。主要做法如下。

1.创立岗位薪酬新制度

宁夏回族自治区人民医院在现行岗位工资制度的基础上，优化整合事业单位岗位工资项目，自主建立符合行业特点的以岗位工资为主、档案工资与实际工资相分离、体现以知识价值为导向的岗位薪酬制度。一是充分发挥各工资项目的保障和激励作用，其中岗位薪酬属于保障性固定薪酬，占比70%，月初固定发放；绩效薪酬属于激励性浮动薪酬，占比30%，次月考核发放。二是合理确定各岗位薪酬水平，并建立动态调整机制。实行总额控制、结构调整、动态管理的人员岗位薪酬总额核定机制，按照医院上年度薪酬水平调整薪酬总量，核定各岗位年度薪酬总额，并合理确定医疗、医技医辅、护理、管理和保障岗位薪酬分配权重系数比1.45：1.00：1.05：1.10：0.85，向关键和紧缺岗位、高风险和高强度岗位、业务骨干倾斜，使各岗级之间保持合理级差。三是推行编制内外人员同岗同薪同待遇。医院在岗位设置、岗位聘任、干部竞聘、进修培训、薪酬待遇等方面同等对待编外人员与在编人员，按照国家和自治区规定对编外人员参缴养老、医疗等各项社会保险，缴纳住房公积金，实行编制内外人员同岗同薪同待遇。四是设置特殊岗位薪酬项目。项目薪酬包括医院首席专家、学科带头人、学术带头人以及国家级、省部级、地厅级部门授予的各类高层次人才岗位薪酬和带教老师

（住院医师规范化培训和专科医师培训等带教老师）指令性培训项目工资，其中各类高层次人才项目人员薪酬中基础薪酬占比 50%，按月直接发放；奖励薪酬占比 50%，根据年度考核结果一次性发放；对带教老师实施公开遴选，对通过遴选的授予带教资格，被授予带教资格的带教老师基础项目工资占比 30%，按月直接发放，奖励项目工资占比 70%，依据培训对象考核结果一次性发放，合理体现高层次人才岗位价值。

2. 探索绩效考核新模式

建立新的绩效考核体系和分配机制，充分体现公立医院公益性价值导向。一是动态调整绩效总额。采用"预算比例法"，根据实际核算收入（扣除药品、卫生材料等无效收入后的有效收入）核定的提取比例（年度医疗收入、工资总额预算）核定绩效发放总额。二是创新绩效考核机制。打破院科两级管理、核算模式和以经济指标考核为主的奖金激励机制，全面转向以公益性为导向，以服务效率、服务质量、成本管控、满意度、科研教学质量、党建、医德医风建设等关键指标为主的绩效考核分配新机制，将考核结果与医务人员薪酬挂钩。三是实施绩效核算新模式。结合诊疗组、护理病区管理模式，推行综合绩效、单项绩效和项目工资相结合，月度绩效和年度绩效相互补，医疗、医技医辅、护理、管理、保障五大序列分开独立核算的绩效考核新模式。四是健全绩效考核新体系。以国家三级公立医院绩效考核目标为导向，出台《医院绩效考核管理办法（试行）》，制定医院-院区-学科-诊疗组综合目标任务书，开展月度、季度（平时考核）、半年度和年度综合目标考核。五是实行学科主任与副主任、亚学科带头人和诊疗组长岗位年度考核，依据年度考核结果，实施诊疗组长考核学科排名末位和每三年考核学科排名后 50%重新竞聘机制。

3. 建立保障运行新举措

实施全面预算管理和全成本核算控制，规范收支运行，提高经济运行效益。一是推行全面预算管理，规范医院经济运行。按照全口径、全成本、全过程原则，采取"自上而下"和"自下而上"相结合方式，科学编制年度预算，强化预算刚性作用，有效控制医院收支不合理预期。二是全面建立医院成本核算控制机制。按照国家、自治区有关加强公立医院成本控制政策要求，重新分类核定核算单元和核算模式，在医院层面将所有学科、科室、病区划分为效益中心和成本中心两大类，制定不同核算方式和核算内容。三是优化医院收支结构。坚持按照"总量控制、结构调整、以收定支"和"保、压、控"的原则，自 2021 年 4 月启动优化医疗收入结构试点工作，通过医用耗材采购和使用专项行动，调整医疗收入结构及比价关系。

（三）香港大学深圳医院薪酬制度改革

1.建立以固定薪酬为主的分配制度

香港大学深圳医院突破事业单位绩效工资水平和结构限制，实行"以岗定薪、人岗相适、同岗同酬、优绩优酬"的岗位薪酬制度，采取固定为主、绩效为辅的薪酬策略，其中固定薪酬占 70%（基本工资占 50%、岗位津贴占 20%），绩效薪酬占 30%。参考香港和国际公立医院薪酬体系标准，结合内地薪酬情况，为每个岗位设立晋升薪级表。其中医生分为 31 个薪级，护士分为 45 个薪级，每个薪级对应一个固定薪酬标准。打破公立医院传统的院科两级分配制度，根据人员系列和薪级进行分配，同一系列同一薪级的职工在不同科室的固定薪酬相同。建立以科室服务量和成本、科室和个人服务质量为主的绩效考核制度，根据考核结果发放绩效薪酬。

2.建立体现公益性的筹资机制

执行深圳市公立医院财政补助政策，实行"以事定费、购买服务、专项补助"的财政补助机制。将医院基本建设、设备购置、信息化建设等纳入年度政府固定资产投资计划，全额保障经费。将医院开办经费、初期运行经费、基本医疗服务补助经费、重点学科经费、公共卫生经费等纳入医院年度预算，由财政安排资金予以保障。其中基本医疗服务补助经费，实行"以事定费"的补助方式，与人员编制脱钩，按照医院提供的基本医疗卫生服务（包括门诊和住院服务）的数量、质量、群众满意度等核定，并与医院绩效考核结果挂钩。2021 年，医院财政补助收入占总收入的比例为 18.1%。

3.改革医疗服务价格和收费制度

一是在实行团队诊疗的基础上，提高专科门诊诊查费至 100 元/人次，高于深圳市其他医院门诊收费标准，体现医务人员技术劳务价值。二是探索打包收费改革，调动医院节约成本、控制费用的内生动力。实行全科门诊打包收费，一次全科门诊收费 200 元，包含挂号费、诊查费、一般检验费、非严重伤口处理费和最多 7 天药费。对 67 个手术病种实行按病种打包收费，涵盖并发症治疗。对其他住院患者基本诊疗费用实行打包收费，每床日收费 255 元，包含诊查费、护理费、注射费、吸氧费、换药费、雾化费等。

4.强化成本控制

实施面向绿色发展的增长策略，推行"绿色用药"，建院初就不设门急诊输液，开展临床医生与临床药师、微生物医生联合查房，有效遏制药物滥用。倡导"绿色手术"和"绿色耗材"，在保证医疗质量安全的前提下，减少一次性高值耗材使用。严格预算管理，坚持"无预算、无支出"原则，有效控制医院总支出。所有服务和物资均实行招标采购，公开透明。严格控制消耗性资源和后勤支出，先行先试合同能源管理模式（EMC），引入第三方专业公司进行节能挖掘，2021 年医院管理费用占总支出的比例为 10.6%。

三 全面落实落细公立医院薪酬制度改革

党的二十大报告再次强调，要完善收入分配制度，坚持按劳分配为主体、多种分配方式并存，坚持多劳多得，鼓励勤劳致富，促进机会公平。公立医院薪酬制度改革是国家收入分配制度改革的重要内容，是调动医务人员积极性、增强公立医院公益性的重要手段，下一步将按照国家收入分配制度改革的总体要求，契合医疗卫生体制改革的整体进度，以推进落实"两个允许"为目的，推动深化公立医院薪酬制度改革举措落实落细。

（一）"增收入"与"控成本"并举，拓宽公立医院收支结余空间

服务收费是公立医院主要的收入渠道，医疗服务价格调整是实现"腾

笼换鸟"的主要途径。总体按照"总量控制、结构调整、有升有降、逐步到位"的价格调整原则，进一步体现"轻设备、重劳动、重技术"的方向，逐步提高诊疗、手术、康复、护理、中医等体现医务人员技术劳务价值的医疗服务价格，降低大型医用设备检查治疗和检验等价格，提高儿科、妇产、中医等科室的项目价格，激发医务工作者通过提供优质的医疗服务获取收入的积极性，遏制依靠药品销售、检查收费创收等行为，促进公立医院向提升医疗技术水平方向发展，形成新的公立医院补偿机制。同时，加快完善医疗服务价格动态调整机制，逐步扩大医疗服务价格调整的项目范围，优化医疗服务项目收费价格体系，使其与物价水平、医疗服务技术与内容等的变动相衔接。优化医院收入结构，提高医院可支配收入，为薪酬制度改革拓宽空间。同时，实行公立医院全面绩效管理，强化预算约束与成本控制，降低医院内部管理成本和损耗，优化提升现代医院治理体系与治理能力。

（二）推进落实政府投入，完善经费来源渠道

落实并完善公立医院投入政策，切实履行政府的保障责任。一是落实财政六项投入，根据实际情况提高补助的针对性。协调财政部门建立稳定长效的公立医院人员经费等基本补助政策。二是加大投入力度。建立应对突发公共卫生事件的财政投入机制，将公立医院专职从事公共卫生工作的医务人员经费纳入财政保障。三是增加对公益性任务项目的补助。将公立医疗卫生机构承担的公共卫生服务，以及政府指定的紧急救治、救灾、援外、支农、支边任务和城乡医院对口支援等经费纳入财政保障，尤其是对人员经费予以保障。四是减轻公立医院社会保险缴费负担。特别是在养老保险改革后，财政应当在不降低已有人员经费补助水平的前提下，对公立医院增加的养老保险缴费给予补助，以缓解各机构因增加缴费而面临的成本和运行压力。五是注重差异性补偿。进一步落实对传染病医院、精神病医院、妇幼保健院等公益性任务重的医院的投入倾斜政策。通过科学的补偿机制，促进医院降低对提供过度医疗服务创造医疗收入的依赖性，从而减轻患者就医费用负担，促进医院回归公益性。

（三）落实公立医院内部分配自主权，优化薪酬结构

坚持以逐步提高人员薪酬支出占业务支出比例和固定薪酬占人员薪酬比例为导向，推动薪酬制度改革落实落地。一是对医院领导人员，实行主要负责人年薪制。年薪构成中，既体现岗位职责要求，又设立与年度考核评价结果和任期考核评价结果相联系的部分，将短期激励与中长期激励结合。二是对于低年资医务人员，提高其起薪水平。根据受教育年限等因素，提高低年资医务人员起薪等级。同时，在医院内部绩效分配中，适当考虑低年资医务人员实际。三是对于部分高层次人才，可优化其工作时间和执业空间。对于一部分特殊人群，如一定比例的高层次人才、学科骨干等，可以实行年薪制、协议工资等制度形式，按协议或项目规定考核后发放，不纳入公立医院的薪酬水平调控总量。

（四）落实公立医院用人自主权，优化岗位管理

扩大医疗卫生机构岗位设置和人员聘用自主权，以公立医院公益性功能定位为前提，建立符合医院特点的岗位设置体系，形成能进能出、能上能下的灵活用人机制。坚持以用为本，医院根据职责任务和工作需要，充分考虑社会需求、医院发展、医院人才结构和人才培养等多种因素，在合理的用人规模内，合理设置医、护、药、技、管理、工勤等不同岗位系列，对每个系列设置不同的等级，按需设岗、因事定岗，优化岗位结构。医院根据岗位序列、层级、职责要求，科学开展岗位价值评估，合理确定各类岗位工资的分级分档和标准，实行以岗定薪。建立岗位竞聘机制，编制内外人员同等岗位、同等条件下公开竞聘上岗、以岗定薪。落实岗位聘任动态化机制，根据聘任考核结果，做到能上能下、岗移薪变。

（国家卫生健康委人事司）

第十六章
扎实推动全体人民共同富裕　坚定不移
推进中国式现代化

共同富裕是中国特色社会主义的本质要求，是中国式现代化的重要特征。党的十八大以来，习近平总书记就扎实推动共同富裕作出了一系列重要论述，进一步丰富和发展了共同富裕的理论内涵，为促进全体人民共同富裕提供了根本遵循和行动指南。我们正在向第二个百年奋斗目标迈进，适应我国社会主要矛盾的变化，更好满足人民日益增长的美好生活需要，必须把促进全体人民共同富裕作为为人民谋幸福的着力点，推动人的全面发展、全体人民共同富裕取得更为明显的实质性进展。

一　深刻领会习近平总书记关于共同富裕的重要论述

习近平总书记就扎实推动共同富裕作出的重要论述和重大部署，开创性地回答了为什么要共同富裕、什么是共同富裕、怎样扎实推动共同富裕等一系列重大理论和实践问题，标志着共同富裕理论的新发展新境界。

一是深刻领会"共同富裕是社会主义的本质要求，是中国式现代化的重要特征"的基本内涵。习近平总书记多次强调，共同富裕是马克思主义的一个基本目标；消除贫困、改善民生、实现共同富裕，是社会主义的本质要求，是我们党的重要使命；中国式现代化是全体人民共同富裕的现代化；共同富裕是全体人民共同富裕，是人民群众物质生活和精神生活都富裕，不是少数人的富裕，也不是整齐划一的平均主义。共同富裕是中国特色社会主义制度优越性的集中体现，是在做大"蛋糕"的基础上分好"蛋糕"，是效率与公平、发展与共享的辩证统一，必须依靠全体人民共同奋斗，是共建共治共享的共同富裕。

二是深刻领会"现在，已经到了扎实推动共同富裕的历史阶段"的重大论断。习近平总书记强调，我们正在向第二个百年奋斗目标迈进，适应我国社会主要矛盾的变化，更好满足人民日益增长的美好生活需要，必须把促进全体人民共同富裕作为为人民谋幸福的着力点，不断夯实党长期执政的基础。实现共同富裕不仅是经济问题，而且是关系党的执政基础的重大政治问题。我国已经到了扎实推动共同富裕历史阶段的重大论断，是统筹考虑"两个一百年"奋斗目标接续转换、着眼开拓中国式现代化新道路，统筹考虑全球治理和我国未来发展、着眼开拓人类文明新形态，统筹考虑高质量发展和共同富裕、着眼破解新时代社会主要矛盾而作出的，必须从战略和全局高度深化认识，增强使命感责任感。

三是深刻领会"分阶段促进共同富裕"的战略目标。习近平总书记指出，促进全体人民共同富裕是一项长期任务，也是一项现实任务；共同富裕是一个长远目标，需要一个过程；并明确了到"十四五"末、到 2035 年、到本世纪中叶三个阶段的目标安排。共同富裕是在动态中向前发展、从低层次向高层次跃升、从局部到整体拓展的过程。要全面深化细化落实不同阶段目标任务，使共同富裕与经济发展阶段相适应、与现代化建设进程相协调，不断形成阶段性成果。

四是深刻领会"在高质量发展中促进共同富裕"的主要路径。习近平总书记系统阐述了促进共同富裕要把握的原则、思路和重点任务，强调鼓励勤劳创新致富、坚持基本经济制度、尽力而为量力而行、坚持循序渐进；强调正确处理效率和公平的关系；强调构建初次分配、再分配、第三次分配协调配套的基础性制度安排；明确了提高发展的平衡性协调性包容性、着力扩大中等收入群体规模、促进基本公共服务均等化、加强对高收入的规范和调节、促进人民精神生活共同富裕、促进农民农村共同富裕等一系列重点任务，既提出了"过河"的任务，也解决了"桥"与"船"的问题。要脚踏实地、久久为功，按照经济社会发展规律循序渐进，探索促进共同富裕的实践途径。

二 坚持目标导向、问题导向、结果导向，
扎实推动共同富裕

要深入贯彻落实党的二十大精神，把促进全体人民共同富裕摆在更加重要的位置，坚持目标导向、问题导向、结果导向，继续扎实推进全体人民共同富裕。

（一）坚持目标导向，整体把握分步推进

促进共同富裕，等不得，也急不得。全体人民共同富裕是一个总体概念，是一个在动态中向前发展的过程，要持续推动，不断取得成效。一方面，共同富裕"等不得"。现在，我国已经到了扎实推动共同富裕的历史阶段。随着我国开启全面建设社会主义现代化国家新征程，必须把促进全体人民共同富裕作为为人民谋幸福的着力点，向着这个目标更加积极有为地进行努力，让人民群众真真切切感受到共同富裕是看得见、摸得着、真实可感的事实。另一方面，共同富裕也"急不得"。共同富裕是一个长远目标，实现共同富裕是一个长期的历史过程，不可能一蹴而就，要充分认识促进共同富裕的长期性、艰巨性、复杂性，行稳致远。要有耐心，实打实地一件事一件事办好，提高实效。

（二）坚持问题导向，自觉主动缩小四大差距

促进共同富裕要自觉主动解决地区差距、城乡差距、收入差距、公共服务差距等问题，不断增强人民群众获得感、幸福感、安全感。地区差距方面，增强区域发展的平衡性，深入实施区域协调发展战略、区域重大战略、主体功能区战略，健全转移支付制度，缩小区域人均财政支出差异，推动形成协调互补的区域发展格局。城乡差距方面，深入实施新型城镇化战略，探索形成新型工农城乡关系，推进以人为核心的新型城镇化，深化农村改革，加快农业农村现代化，促进城乡融合发展。收入差距方面，完善分配制度，

着力保护劳动所得、提高劳动报酬在初次分配中的比重，拓宽城乡居民要素收入渠道，加大再分配调节力度和精准性，发挥好第三次分配作用，规范财富积累机制，切实防止资本泛滥、无序扩张、野蛮生长。公共服务差距方面，健全基本公共服务体系，提高公共服务水平，增强均衡性和可及性。加大普惠性人力资本投入，有效减轻困难家庭教育负担。完善养老、托育和医疗保障体系，逐步缩小职工与居民、城市与农村的筹资和保障待遇差距。加快缩小社会救助的城乡标准差异。完善住房供应和保障体系，重点解决好新市民住房问题。

（三）坚持结果导向，实现全体人民共同富裕的现代化

当代中国的伟大社会变革，不是简单延续我国历史文化的母版，不是简单套用马克思主义经典作家设想的模板，不是其他国家社会主义实践的再版，也不是国外现代化发展的翻版。中国共产党正团结带领中国人民深入推进的中国式现代化，是全体人民共同富裕的现代化，不能只是少数人富裕，而是要全体人民共同富裕。在一个 14 亿人口的大国实现全体人民共同富裕，是一项前无古人的伟大事业，凸显了中国式现代化的社会主义性质，丰富了现代化的内涵，为人类对现代化道路的探索作出了新贡献。扎实推动全体人民共同富裕必须坚持把实现人民对美好生活的向往作为现代化建设的出发点和落脚点，要正确认识和把握促进共同富裕的战略目标和实践途径，创造条件、完善制度，稳步朝着这个目标迈进。持续抓好浙江共同富裕示范区建设，鼓励因地制宜探索有效路径，为全国推动共同富裕提供省域范例。

（国家发展改革委就业收入分配和消费司）

第十七章
全球财富不平等的长期变化趋势

中国经济迅速发展，经济总量连上新台阶，成功从低收入国家跻身中等偏上收入国家，正在迈向高收入国家。在经济全球化的背景下，世界各国经济相互联系、相互依存的程度空前加深。一方面，作为世界第一人口大国和第二大经济体，中国的发展与改革进程不仅极大地改变了中国经济本身，也深刻影响着全球经济发展与收入分配格局。在过去40余年中，中国取得了举世瞩目的经济成就，全面消除了绝对贫困，为发展中国家提供了有益的经验。另一方面，中国发展水平及富裕水平与发达国家相比还存在较大差距，发展不平衡、不充分的问题仍然突出。2020年，党的十九届五中全会提出到2035年实现人民生活更加美好，人的全面发展、全体人民共同富裕取得更为明显的实质性进展。

放眼全球，追求公平与效率、将经济发展成果惠及所有群体，既是人类社会的共同价值，又是各国政府努力实现的主要目标。虽然共同富裕概念首先在中国被提出，但对共同富裕内涵的解读、实现共同富裕路径的探索，需要了解和总结其他国家过去几百年积累的经验和教训。在各国应对收入和财富不平等问题的实践中，既有需要吸取的惨痛教训，又有值得借鉴的成功经验。本章在世界不平等数据库（World Inequality Database，简称"WID"）和国内外文献的基础上，回溯过去近200年来的全球收入不平等趋势，梳理其背后的主要原因及其给经济社会发展带来的影响，总结一些国家应对收入不平等的有益措施，为中国扎实推进共同富裕提供经验支撑。

一　全球财富不平等的基本事实

（一）数据与收入定义的说明

研究全球收入和财富分配的不平等最早可以追溯到 Kuznets 的跨国研究，他比较了 20 世纪前半期部分发达国家的收入差距数据，提出了著名的库茨涅兹"倒 U"形假说，即一个国家收入差距会随着经济发展进入不同阶段出现先上升后下降的过程[①]。随着国别数据的不断涌现，经济学家开始关注全球的财富和收入分配的差距问题，更多考察一国或多国历史上收入和财富差距的基本事实。比如，Atkinson 和 Harrison 使用英国的遗产税数据、资本收入数据和财产住户调查数据来研究英国 1922~1972 年财富分配不平等的变化趋势[②]。又如 Piketty 等对 20 世纪法国和美国高收入人群收入占比的长期变动趋势进行了估算[③]。经济全球化的推进和各国对社会公平正义的关注，长期的跨国收入和财富分配的研究受到更多的重视，也催生了学界对这方面数据的需求，出现了多国有关居民收入和财富的数据库，反过来支撑了一批在全球视角下研究收入和财富不平等的成果不断涌现。与以往单独考察一个国家收入分配格局变化的文献不同，这些文献将各国的税收数据、家庭调查数据、资产负债表、富豪榜等数据相结合，采用相同或相似的方法构造可比的收入和财富不平等指标，并对这些指标直接进行跨国比较。这些数据库中较典型的是 2015 年建立的 WID，其致力于刻画全球收入和财富分配状况，目前，该数据库的数据覆盖了全球近 120 个国家或地区，数据最长时间跨度达 200 年。

---

① Simon Kuznets, "Economic Growth and Income Inequality," *American Economic Review*, Vol. 45, 1955, pp. 1-28.

② A. B. Atkinson, A. J. Harrison, *Distribution of Personal Wealth in Britain*, New York: Cambridge University Press, 1978, pp. 110-113.

③ Thomas Piketty, "Income Inequality in France, 1901 - 1998," *Journal of Political Economy*, Vol. 111, 2003, pp. 1004-1042; Thomas Piketty, Emmanuel Saez, "Income Inequality in the United States, 1913-1998," *The Quarterly Journal of Economics*, Vol. 118, 2003, pp. 1-39.

本章结合 WID 的公开数据与巴黎经济学院世界不平等实验室（World Inequality Lab）的最新研究成果，描述全球收入和财富不平等变迁的基本事实。在呈现这些事实之前，本章需要明晰几个基本概念。世界不平等数据库提出了四种收入的定义。第一种是税前要素收入（pretax factor income），包括劳动收入和资本收入。第二种是税前国民收入（pretax national income），包括劳动收入、资本收入和社会保障收入。税前国民收入与税前要素收入最重要的区别在于，税前国民收入在计算时增加了家庭养老金收入。因此，税前国民收入的不平等程度更不容易受到人口年龄结构的影响。第三种是税后可支配收入（post-tax disposable income），它等于税前国民收入减去税收，再加上现金转移支付。第四种收入是税后国民收入（post-tax national income），它等于税后可支配收入加上政府的公共支出，即将政府在教育、医疗等领域的公共开支划分到每个家庭中。采用第四种收入定义的主要目的是使不同国家之间的收入水平尽可能可比。如果不考虑政府的公共开支，实物转移支付和集体支出较高的国家的居民收入水平可能会被人为地低估。由于许多国家缺少税后国民收入数据，本章主要根据税前国民收入进行分析。

（二）全球收入和财富不平等现状

利用世界不平等数据库数据，本章从当前总体状况、长期总体变化趋势、国家之间的差距和国家内部差距四个方面对全球收入和财富不平等状况进行分析。

首先，从总体状态看，目前全球贫富差距巨大。从收入分配结果来看，如果将全球收入顶层 1%、顶层 10%、中间 40%、底层 50% 的人群分别看作顶层收入群体、高收入群体、中等收入群体和低收入群体，那么，2020 年全球高收入群体的收入占全球总收入的比重高达 52.25%，而全球低收入群体的收入占比仅为 8.39%（见图 17-1）。从家庭人均收入来看，2020 年顶层收入群体的平均收入为 1546026 元，高收入群体的平均收入为 419021 元（见表 7-1），分别是低收入群体平均收入的 115 倍和 31 倍。值得关注的是，全球财富分配的不均等明显大于收入的不均等。2020 年，全球顶层 10% 人群的财富占比高达 75.47%，而底层 50% 人群持有的财富占全球财富比重不足 2%。2020
年超级富豪（顶层 1% 人群）的人均净财富为 13233995 元，是中等收入群体
的 66 倍，是低收入群体的 995 倍。为了考察中国收入分配与全球收入分配的
差异，表 17-1 报告了利用 WID 数据库中国数据计算的结果。不难看出，与
全球居民收入分配相比，中国居民收入分配有两点不同：第一，中国低收入
组人群（底层 50% 人群）的平均收入高于全球的低收入组平均收入；第二，
中国高收入组人群（顶层 10%、1% 人群）的平均收入低于全球高收入组的平
均收入。这意味着中国的居民收入差距小于全球的居民收入差距。

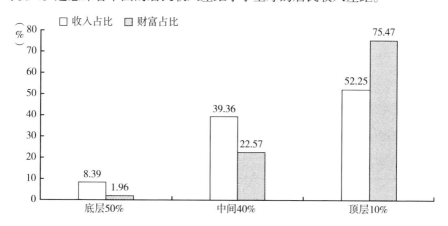

图 17-1　2020 年全球不同群体的收入、财富占比

注：数据来自世界不平等数据库。收入指税前国民收入，财富指个人净财富。

表 17-1　2020 年全球及中国不同群体的收入、财富均值

单位：元

在全球收入分布的位置	平均收入	个人净财富均值	在中国收入分布的位置	中国平均收入
底层 50% 人群	13458	13856	底层 50% 人群	23491
中间 40% 人群	78917	199282	中间 40% 人群	89940
顶层 10% 人群	419021	2665903	顶层 10% 人群	340741
顶层 1% 人群	1546026	13233995	顶层 1% 人群	1145242
顶层 0.1% 人群	6252059	65907286	顶层 0.1% 人群	5181302

注：全球收入分布相关结果来自世界不平等数据库。所有结果均按 2021 年人民币的不变价计算
（使用购买力平价换算）得到。计算时，将家庭收入、家庭财富在成年家庭成员间平分，不考虑儿童。

其次，在过去两个世纪中，全球收入不平等程度曾经出现过两个高峰。根据 Chancel 和 Piketty 的估计，第一个高峰出现在 1910 年，全球收入差距的基尼系数从 1820 年的 0.603 一路攀升到 1910 年的 0.715，而在随后 50 年中，全球收入差距呈现缩小态势。1960 年，全球收入差距的基尼系数下降为 0.69。第二个高峰出现在 21 世纪初期，2000 年全球收入差距的基尼系数回升到 0.72。在最近 20 年中，全球收入差距出现了持续下降，2020 年的基尼系数降到 0.68 以下（见图 17-2）。

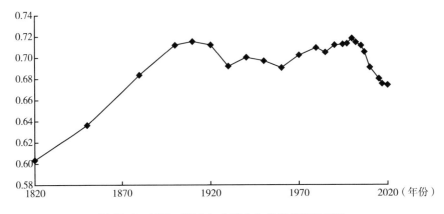

图 17-2　1820~2020 年全球收入差距的基尼系数

资料来源：Lucas Chancel, Thomas Piketty, "Global Income Inequality, 1820-2020: the Persistence and Mutation of Extreme Inequality," *Journal of the European Economic Association*, Vol. 19, 2021, pp. 3025-3062。

再次，国家之间收入的差距在全球不平等中的贡献先增加后略有下降。Chancel 和 Piketty 利用泰尔指数将全球不平等分解为国家之间的不平等和国家内部不平等。如图 17-3 所示，1820~1980 年，国家之间的不平等在全球不平等中的贡献不断增加。1910 年前，西方国家在世界各国建立政治和经济霸权，导致国家之间的不平等程度持续上升；而各国内部收入不平等程度一直在高位徘徊。1910~1980 年，在两次世界大战的影响下，许多国家通过增加直接税的税率增加财政收入，同时扩大了转移支付规模，带来国内不平等程度大幅下降，而国家之间的经济发展差距则持续扩大。1980~2020 年，全球收入分配格局发生了逆转，随着中国等发展中国家的崛起，国家之间的不平等程度逐渐下降，而部分发达国家由于实施放松金融管制、降低税率等偏向富人的政策，国家内部不平等程度逐渐上升并在高位保持稳定。因此，1980~2020 年，在全球收入不平等变化中，国家内部收入不平等发挥了愈发重要的作用。

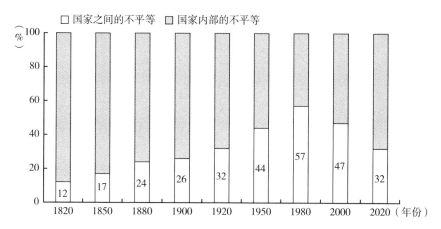

图 17-3　1820~2020 年国家之间的不平等、国家内部不平等（泰尔指数分解）

资料来源：Lucas Chancel，Thomas Piketty，"Global Income Inequality，1820-2020：the Persistence and Mutation of Extreme Inequality，"*Journal of the European Economic Association*，Vol. 19，2021，pp. 3025-3062。

　　最后，国家内部收入差距的扩大是全球收入不平等变动的主要原因。总的来说，政治经济结构相似的国家往往具有相似的收入不平等变动的轨迹。在第二次世界大战之后，大部分发达国家的收入差距出现了较大幅度缩小，从 20 世纪 80 年代开始，这些国家内部收入差距又出现了不同程度的扩大。而大部分国家收入不平等程度的上升主要是由高收入人群的收入激增造成的。

　　为了进一步说明不同国家高收入人群收入增长对收入不平等变化的影响，图 17-4 报告了代表性国家在 1912~2020 年的高收入人群收入占比的变化。根据不同国家收入不平等的变化趋势，可将其区分为三类：第一类是以英语为母语的国家（如美国、澳大利亚等）。在过去的百余年中，收入差距总体上呈现"先缩小后扩大"的"U"形变动趋势，2020 年这些国家内部的收入不平等程度已接近第二次世界大战时的水平。第二类是部分欧洲福利国家（如瑞典、法国等）。它们的收入差距总体上呈现"先缩小后逐步稳定"的"L"形变动趋势，20 世纪 80 年代后，尽管收入差距有所回升，但其上升幅度远低于美国。第三类是发展中国家，其收入差距变动与国内的政治、经济和社会环境息息相关。以俄罗斯为例，其收入不平等程度在沙俄时期非常严重，在苏联时期维持在很低的水平，苏联解体后又重新回到高度不平等的水平。中国从 1978 年开始渐进式的改革开放并持续至今。在此期间，收入分配不平等程度伴随着经济转型和发展不断上升。21 世纪以来，中国不断改进的公共政策体系和扶贫开发政策抑制了收入不平等程度的继续扩大，但主要影响因素并没有完全消失，因而最近十多年收入不平等程度一直于高位徘徊。

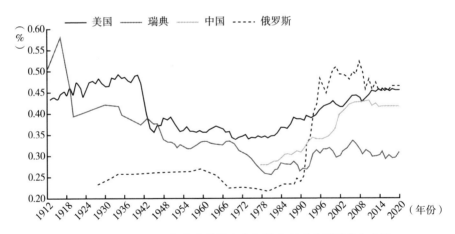

图 17-4　1912~2020 年代表性国家收入最高 10%人群的收入占比

资料来源：世界不平等数据库。

二　不平等的主要原因

在对相关研究文献加以梳理后，本章将全球收入和财富分配不平等变动的原因归结为以下三方面：资本—劳动报酬分配关系的变化、技术进步、全球化与金融化。

（一）资本—劳动报酬分配关系的变化

根据古典经济学理论，经济增长依赖于资本积累与劳动投入。经济增长的成果一部分划分给劳动者，另一部分由资本所有者享有。因此，在收入分配的研究中，生产要素收入由财产性收入和劳动收入两部分组成。Piketty 等对发达国家长期历史数据的研究①发现，一国的资本收益率（r）总是大于经济增长率（g）。当 r>g 时，资本占比和资本收入比均会上升。研究表明，从 20 世纪 70 年代开始，大部分国家的资本占比都有显著上升。由于资本收入的分布往往比劳动收入的分布更不均等，随着资本占比的上升，收入分配不平等状况不断加剧。

随着经济结构和生产方式的转变，一部分处在收入分配顶层的人群，既是富有的资本所有者又是薪酬极高的工人。这对缩小贫富差距、实现机会平等提出了挑战。首先，同时拥有财产和人力资本的人群会形成精英阶级，精英阶级可以轻易地将自身优势传给后代，从而降低社会流动性；其次，精英阶级可以同时从资本和劳动两个要素中获利，对其征税会变得更加困难，而税收减少将削弱政府对穷人的公共支出和转移支付。

除了生产要素分布不均导致收入不平等以外，拥有相同或相似生产要素的人也不一定可以获得等价的回报。就财产性收入而言，富人比穷人更容易获得利润更高的金融服务。例如，美国联邦法律禁止普通美国人直接向风险资本或私募基金进行投资，其结果是金融中介机构与对冲基金达成了共识，普通投资者难以从金融服务机构获得更高收益的产品。就劳动收入而言，除了受教育水平、工作经验、个人能力外，性别、种族等特征也会影响劳动者的工资水平，即使是同一个劳动者，进入不同行业或不同国家的劳动力市场，也可能会获得截然不同的薪酬。

---

① Thomas Piketty, Gabriel Zucman, "Capital is Back: Wealth-Income Ratios in Rich Countries, 1700-2010," *The Quarterly Journal of Economics*, Vol. 129, 2014, pp. 1255-1310.

（二）技术进步

收入不平等的一个重要维度是工资分配不平等。在完全竞争的市场中，工人的生产力具体表现为工人的受教育水平、工作经验、工作技能等，以及具有相似生产力的工人在劳动力市场中的稀缺性。在劳动力供给不变的情况下，劳动力需求将影响工人的工资。从 20 世纪 80 年代开始，许多发达国家都经历了收入差距持续扩大的过程。一个具体表现就是大学毕业生与高中毕业生的工资收入差距不断扩大。以美国为例，二者平均工资之比从 1979 年的 1.54 倍上升到 2019 年的 2.19 倍。为了解释教育溢价的不断上升，经济学家们提出了技能偏向型理论（skill - biased technical change，简称"SBTC"）。如果将劳动力划分为高技能劳动力（具有大学文凭的劳动力）和低技能劳动力（没有大学文凭的劳动力），SBTC 认为，技术进步总是朝着有利于高技能劳动力的方向进行。具体来说，该理论假设以计算机为代表的生产设备与高技能劳动力是互补品，与低技能劳动力是替代品。在这一假设下，技术进步降低了生产设备的价格，从而提高了企业对高技能劳动力的需求。在大学毕业生数量保持稳定、劳动力跨境流动受到限制的情况下，大学文凭的工资溢价将显著提升。Lemieux 的研究表明，高等教育溢价可以解释 20 世纪 70 年代后美国工资不平等上升幅度一半以上的原因。[①]

除了教育溢价大幅上升外，发达国家在全球化进程中还出现了制造业岗位流失的现象。从历史的角度来看，制造业从农业部门吸引了大量劳动力，通过向他们支付更高的工资使其进入中等收入群体，实现了一国的包容性增长。制造业岗位的流失，意味着一部分制造业工人将被迫流向工资更低的服务部门，造成收入差距的扩大。学者们从技术进步的角度，在技能偏向型理论的基础上提出了任务偏向型理论（routine-biased technical change，简称"RBTC"）。技能偏向型理论以劳动者类型为研究对象，而任务偏向型理论

[①] Thomas Lemieux, "Postsecondary Education and Increasing Wage Inequality," *American Economic Review*, Vol. 96, No. 2, 2006, pp. 195-199.

则以工作任务为研究对象，将工作划分为常规型劳动、非常规型体力劳动、非常规型认知劳动三类。不言而喻，以自动化为代表的技术进步将取代一部分常规型劳动。由于常规型劳动大多位于工资分布的中间，常规型工作岗位的消失往往意味着中产阶级的萎缩。Goos 和 Manning 将这一现象称为就业市场的"极化"。[①]

需要注意的是，技术进步并不必然导致收入差距的扩大。一方面，技术进步可以创造新的就业岗位，并对经济增长和社会发展产生积极影响；另一方面，如果政府通过增加教育经费进行教育普及，使高技能劳动需求的增长与高技能劳动供给保持一致，教育溢价将维持在一个相对稳定的水平。此外，荷兰和瑞士等国虽然也经历了制造业岗位的流失，不平等程度却并没有出现明显上升。一个解释是，在这些国家中，制造业岗位处于工资分配的底层。任务偏向型的技术进步带来的是劳动力市场上的"职业升级（occupational upgrading）"，而不是"职业极化（occupational polarization）"。

（三）全球化与金融化

20 世纪 80 年代以来，大部分国家收入差距的扩大主要是由顶层人群收入激增造成的。经济学界为此提出了两个重要解释：全球化和金融化。这两个因素相互作用、相互加强，共同为精英阶层带来了超额收益。在全球市场竞争不断加剧的情况下，各国政府采取了一系列措施吸引外商投资，这些措施包括关税竞争、放松对经济活动的管制、依赖市场定价、将公有产权私有化等。随着贸易边界的削弱，企业向国外开辟新的市场成为可能。为了追求更廉价的劳动力、更宽松的税收环境和监管环境，发达国家的部分企业选择放弃国内生产，转而向海外直接投资，导致这些国家"资本外逃"。其结果是，去工业化进程削弱了这些国家工人的议价能力，造成工人平均工资的下

[①] Maarten Goos, Alan Manning, "Lousy and Lovely Jobs: the Rising Polarization of Work in Britain," *Review of Economics and Statistics*, Vol. 89, 2007, pp. 118-133.

降。而这些国家的跨国企业在全球雇佣了更加廉价的劳动力，享受了更加优惠的税收政策，甚至获取了全球市场的垄断地位，他们的股东和高管受益颇丰，成为经济全球化的"赢家"。

商品和资本频繁的跨境流动促进了各国更高程度的金融开放。近年来，部分学者开始研究金融化对收入不平等的影响。根据现有文献，金融化影响收入差距有四条途径。第一，金融化改变了公司治理的理念。公司管理者不再重视生产投资和创新，而是专注于短期内提升公司股价。为了达到这一目的，管理者们倾向于削减生产成本和回购股票，削减生产成本通常包括裁员或压低企业员工的工资。这样一来，受益最多的是企业的所有者和服务于企业的金融精英。第二，金融化推动了小食利阶层（Petit Rentier Class）的产生。在工资固化的经济体中，金融化为中上层阶级进行投资开辟了新的道路。他们开始从事股票交易、出租房屋等活动进行财产积累，扩大与底层阶级的收入差距。第三，尽管小部分投资者可以从股票的剧烈波动中收获大量财富，但金融危机的代价却由政府与公众承担。在高度金融一体化带来的危机中，主要受损的是工人与小企业主。在经济衰退的时候，大量中小企业倒闭，工人面临着低工资与高失业率的双重打击。陷入财务困境的国家不得不对资产进行贱卖，金融家们则再次从贱卖资产的业务中攫取大量财富。第四，金融化与全球化交织在一起，限制了政府对富人和资本利得征税的能力。根据OECD发布的报告，尽管OECD国家中顶层人群的收入占比不断增加，对顶层人群的有效税率却从1981年的66%下降到2018年的43%。一方面，由于跨国企业的存在，商品生产变得更加分散，对企业利润和资产的审计更加具有挑战性；另一方面，与劳动收入相比，资本收入对税收更加敏感。顶层富豪不仅可以雇佣法律和金融行业的精英为其合理避税，还可以转移资产使政府对其征税变得困难。

三　财富不平等的代价

在一个平均主义的社会中，一定程度的收入不平等和财富分配差距有助于提高效率和经济增长，而当一个社会的收入差距过大和财富分配悬殊时，收入不平等对经济和社会发展的负面效应会比较明显，最终会演变成经济和社会进步的阻碍因素。从已有研究文献来看，收入和财富分配不平等会带来经济效率损失、阻碍代际流动、引发社会动荡等负面影响。

（一）损害经济效率

从研究文献来看，适当程度的收入分配差距有利于经济增长。然而，当社会长期存在过大的收入差距时，经济运行效率必然会受到损害。

首先，收入、财富的不平等会带来新一轮要素禀赋分布的不平等。从资本角度来看，在信息不对称的信贷市场中，低收入家庭由于无法提供合格的贷款抵押物而受到信贷约束。当收入差距扩大时，大部分家庭对生产经营活动的投资会变得十分困难。从人力资本角度来看，在贫富悬殊的社会中，富人会放弃享受政府提供的公共教育，转而选择质量更高的私立教育。社会资源向私立教育的大幅倾斜，会降低中低收入家庭对优质教育的可得性。在资本可以自由跨境流动，而劳动力跨境流动受限的背景下，一国较低的人力资本积累会限制该经济的快速增长。

其次，财富高度不平等的社会将滋生更多寻租行为。斯蒂格利茨将寻租定义为，"通过掠夺财富，而非创造财富来获得收入的行为"。在高度不平等的社会中，社会阶层固化使富人形成了稳定的利益集团，他们对政府进行寻租的方式多种多样，包括以低于市场的价格获得国有资产（如石油、矿物），以高于市场的价格将产品卖给政府（如接受政府高额补贴），游说政府减少竞争性法律以获得持续性的垄断，利用自身的政治影响力着手制定市场运行规则，雇佣精英律师为其寻租行为逃避法律制裁等。不言而喻，寻租行为造成了信息不对称与市场扭曲，侵蚀了市场规则和社会法制，使生产资源不再根据生产效率的高低进行分配，而根据政治权力的强弱进行划分。最终，生产资源将集中在少数利益集团手中，从而损害经济的总体运行效率。

最后，财富不平等还会引起市场波动与经济不稳定。一个典型的例子是 2008 年爆发的金融危机。Rajan 曾在金融危机爆发前对美国的金融体系提出预警。[1] 他认为美国贫富差距的不断扩大，迫使美国政客不得不采取信贷宽松政策对高度不平等作出反应。一方面，与税收改革、扩大公共支出等手段相比，信贷宽松政策在推行过程中受到的阻力更小；另一方面，信贷宽松政策在短期内可以实现政府的多重目标，既推高了房价，使家庭变得更加富有，还在金融行业、建筑业和房地产业创造了大量的岗位和利润。尽管底层人群的实际收入没有提升，但信贷扩张使中低收入人群可以提前消费，缓解了美国民众对贫富悬殊的焦虑。然而，从长期来看，信贷宽松政策是一种代价极大的再分配手段。当市场泡沫破灭时，低收入群体失去了住房并陷入债务危机，而普通纳税人也不得不为金融机构的损失买单。因此，Rajan 将美国贫富悬殊背景下的信贷宽松政策视为隐藏在 2008 年全球金融地震背后的第一个"断层线"。

（二）阻碍代际流动

改善生活质量、提高社会经济地位是人们努力奋斗的主要动力。然而，在高度财富不平等的社会中，人们取得成功的概率不仅取决于个人的努力程度，更取决于父母的财富和资源。经济学界将社会地位、收入水平在两代人之间的变化称为代际流动。代际流动可分为绝对代际流动和相对代际流动。绝对代际流动衡量子代的生活质量是否高于父辈的生活质量，相对代际流动衡量子代在社会中的经济地位是否高于父辈的经济地位。世界银行课题组（Ambar Narayan 等人）对 75 个国家的代际流动状况进行了研究，发现越不平等的社会，代际相对流动性越弱。[2] Corak 将这种阶层固化与高度不平等

① Raghuram G. Rajan, "Has Financial Development Made the World Riskier?" Proceedings – Economic Policy Symposium – Jackson Hole, Federal Reserve Bank of Kansas City, 2005, pp. 313–369.

② Ambar Narayan, Roy Van der Weide, Alexandru Cojocaru, Christoph Lakner, Silvia Redaeli, Daniel Gerszon Mahler, Rakesj Gupta N. Ramasubbaiah, Stefan Thewissen, *Fair Progress? Economic Mobility across Generations around the World*, Washington, D. C. : World Bank, 2018, p. 2.

之间的关系称为"了不起的盖茨比曲线"。[1]

根据现有文献，儿童早期发展、优质教育可得性和劳动力市场特征是影响收入不平等与代际流动关系的重要因素。一项关于儿童早期发展的跨学科研究表明，儿童早期所处的生活环境对儿童的身心健康、认知能力和社交能力都有着惊人的影响，而这些能力又与其成年后的劳动力市场表现息息相关。对于大部分家庭来说，劳动力市场报酬是家庭收入的主要来源。Solon认为[2]，劳动力市场的不平等程度会影响父母拥有的资源和子女从教育中获得的回报，他将教育回报率作为度量劳动力市场不平等程度的指标。在不平等的劳动力市场中，拥有更多人力资本的父母由于收入更高，所以有更多资源对子女教育进行投资。在资源有限的情况下，收入差距的扩大会降低低收入家庭获得优质教育的可得性，使机会集聚在高收入人群中。具体来说，高收入人群集聚的一个重要途径是富人与穷人的居住隔离。

居住隔离现象在美国尤为常见，由于无法承担富人区的高额房价，大部分美国家庭难以享受到富人区内的公共教育。大部分公共教育的资金通常来自当地的税收，因此，富有地区的公共教育质量较高。接受高等教育是子女进入劳动力市场获得高收入的重要渠道。现有的经验证据发现，在收入差距较大的国家，中低收入家庭子女的大学入学率和大学毕业率都显著低于高收入人群。

（三）政治不平等、制度不信任与社会动荡

高度财富不平等不仅损害经济效率、阻碍代际流动，还会带来不同收入群体之间的政治不平等。根据"中间选民理论"，民主选举的结果应当反映"中间派"选民的政治诉求。因此，在高度财富不平等的社会，执政者应当

---

[1]　Miles Corak，"Income Inequality, Equality of Opportunity, and Intergenerational Mobility," *Journal of Economic Perspectives*, Vol. 27, 2013, pp. 79-102.

[2]　Gary Solon, "A Model of Intergenerational Mobility Variation over Time and Place," in Chap. 2 of Miles Corak eds., *Generational Income Mobility in North America and Europe*, Cambridge: Cambridge University Press, 2004, pp. 38-47.

倾向于支持更大力度的税收和再分配政策。然而，从近几年发达国家的政治进程来看，事实并非如此。目前，对民主选举不能反映民意的现象有两种解释：一方面，贫富悬殊的社会中存在着大量"失望的选民"，这些选民通常来自社会的底层。贫富悬殊会减少底层人群向上流动的机会，从而降低民众对政治体制与社会契约的信任。在极端的情况下，低流动性与低社会信任的恶性循环，会迫使一部分人退出社会经济活动，放弃参与政治活动。与低收入人群相反，富人将选举视为一种投资，他们通过影响社会政策执行的方向来为自己谋利。以 2020 年的美国大选为例，选民的投票参与度与家庭收入呈正相关关系，家庭收入在 15 万美元以上的选民投票参与度为 80.4%，而家庭收入在 1 万美元以下的选民投票参与度仅占 39.3%。另一方面，在美国这样的两党执政的社会中，政治人物需要私人资金的支持才能有效开展竞选活动。以 2020 年的美国大选周期为例，总统选举至少花费了 57 亿美元，国会选举的花费超过 87 亿美元。在经济活动中，富人与穷人的利益诉求往往大相径庭。强大的中产阶级可以通过要求更好的社会保障、基础设施和公共服务来制衡上层阶级。但是，当贫富差距扩大时，中产阶级的萎缩使其经济和政治话语权不断下降。最终，"一人一票"制演变为"一美元一票"制，民主制度逐步被财阀制所替代。

与美国的两党执政不同，欧洲国家的多党执政使民主制度较不容易走向财阀制。然而，在全球化进程中，欧洲国家的"资本外逃"与中产阶级的萎缩并存，不断扩大的贫富差距将民主转向了民粹主义（populism）与本土主义（nativism）。近几年，民粹主义和本土主义运动在西方国家重新抬头，如英国通过公投脱离欧盟、法国爆发"黄马甲"运动、德国民众在激进和暴力中反对接受难民等。本土主义具有鲜明的反全球化特征，而民粹主义源于民众对现有制度和社会契约的不信任，其通常以民众的名义抨击现有的民主制度，具有极端平民主义、强调结果均等、鼓吹道德高于法律、将政治观点诉诸暴力等特点。民粹主义与本土主义运动兴起的背后，是中低收入人群对阶层固化、财富分配不公的抗争，而这种抗争的结果是全球化进程与民主进程的倒退。

四 应对不平等的措施

（一）应对不平等的政策着力点

在经济全球化、技术进步和政策变革等多重冲击下，全球财富不平等问题日益严峻，大部分财富和资源仅由极少数人占有。即使在部分发达国家内部，近年来不平等问题的持续恶化也引发了诸多社会矛盾与暴力冲突。在此背景下，皮特森国际经济研究所（The Peterson Institute for International Economics）于 2019 年召开了一场关于全球不平等问题的重要会议，会议邀请了众多经济学家对不平等问题已有或应有的应对措施进行广泛讨论。总的来说，应对不平等问题的政策工具可以作用于生产前、生产中和生产后三个阶段，对应于收入分配的预分配、初次分配和再分配三个环节。表 17-2 针对上述三个阶段，分别对影响低收入人群、中等收入人群和高收入人群的政策举措进行了总结。由于篇幅限制，本章仅选取发达国家在初次分配前、初次分配和再分配三个环节的关键措施进行简要介绍，以期为中国的共同富裕之路提供有益借鉴。

表 17-2　应对不平等的政策着力点

影响群体	干预阶段		
	生产前	生产中	生产后
低收入人群	人力资本投资（包括教育投资、健康投资）	最低工资政策，就业保障	政府转移支付：包括税收减免
中等收入人群	提高高等教育与职业培训项目的公共支出	劳资关系与劳动法、行业工资议价、贸易协定、创新政策	社会保障安全网
高收入人群	遗产与赠予税改革	企业监管、反垄断	财产税

资料来源：Olivier Blanchard，Dani Rodrik，"We have the Tools to Reverse the Rise in Inequality，" Reflections on the Conference on Combating Inequality：Rethinking Policies to Reduce Inequality in Advanced Economies，Peterson Institute for International Economics，October 17-18，2019。

（二）预分配:促进机会均等化

生产要素分布不均是收入不平等的主要原因之一。Milanovic 发现[①]，在不同的经济体中，市场性收入的基尼系数与可支配收入的基尼系数呈现显著的正相关关系。因此，他认为，21 世纪与税收和转移支付等再分配手段相比，在生产活动前减少要素禀赋的分布不均可以更加有效地缩小收入差距。换句话说，改善结果不平等的重要途径是促进不同人群的机会均等。

首先，减少资本所有权分布不均的重要手段是征收遗产税。大部分发达国家有上百年征收遗产税的历史。其中，法国是征收遗产税的典型代表，其于 1791 年在全国范围内推行遗产税，至今遗产税改革仍然是法国总统竞选人激烈讨论的重要议题之一。从长期来看，遗产税在缩小法国贫富差距的进程中扮演了重要角色。第一次世界大战前，法国并未实施累进的收入和遗产税税制，由于资本的高回报率，上层人群的私人财富迅速积累。20 世纪前中期，两次世界大战的爆发对法国的实物资产造成了巨大损失，在恶性通货膨胀和企业破产的双重冲击下，法国顶层人群的财富大幅缩水。即使战争已结束几十年，法国的财富集中度也未恢复到战争前的水平。Piketty 认为[②]，正是法国在 20 世纪前中期实施的累进税制改革抑制了财富集中度的回升。政府通过增加对富人的税收，削弱了富人进行资本积累的能力。与富人相比，穷人的财产性收入更容易在战争结束后得到恢复。在累进的收入税和遗产税推动下，法国逐渐从依赖财产性收入的"食利阶层社会（rentier society）"向更加依赖劳动收入的"精英社会（meritocratic society）"转变。

其次，机会平等的另一个重要维度是促进人力资本分布的均等化。第一，儿童早期形成的认知能力和社交能力，对其成年后在劳动力市场的表现至关重要。因此，促进人力资本分布的均等化需要从提高婴幼儿早期的

---

① Branko Milanovic, *Global in Equality: A New Approach for the Age of Globalization*, Massachusetts: Harvard University Press, 2016, p. 220.

② Thomas Piketty, "Income Inequality in France, 1901 – 1998," *Journal of Political Economy*, Vol. 111, 2003, pp. 1004–1042.

教育水平做起。许多发达国家除对儿童早期教育进行立法保障外，还为家庭提供生育津贴或儿童津贴。以德国为例，有孩子的家庭可以长期享受政府提供的儿童现金福利。儿童现金福利按月发放，数额从每人219欧元到每人250欧元不等。第二，促进人力资本分布的均等化需要更加公平的教育分配。促进教育公平，一方面依赖于政府的教育经费投入，另一方面依赖于教育体系改革。根据OECD数据库的统计，挪威是公共教育支出最多的国家之一，2018年挪威政府对中小学教育的公共支出占GDP的4.6%，对高等教育的公共支出占GDP的1.8%。需要注意的是，仅提高公共教育支出不一定可以促进教育公平，还需要将教育支出更多地惠及弱势地区与弱势群体。而对于教育体系改革来说，发达国家早期的改革经验表明，延长义务教育年份、缩短高等教育时间、推迟对学生进行分流等措施，可以在一定程度上促进机会均等。

（三）初次分配:完善市场制度与市场监管

在市场经济中，市场力量决定了初次分配的结果。而市场力量由市场制度、法律法规和监管力度等因素共同塑造而成。因此，要促进初次分配的结果公平，需要完善市场制度与市场监管。

对于中低收入群体来说，鼓励其进入劳动力市场并获得可观的劳动报酬，是提高其收入和生活水平的重要途径。在所有发达经济体中，从大多数衡量标准来看，德国的劳动力市场表现位于前列。现有研究表明，德国劳动力市场的良好表现，得益于政府一直以来对劳动力市场结构的全面改革。其中，最著名的改革是2003~2005年德国实施的"哈茨改革"，该项改革被认为是德国在经济危机中创造就业奇迹的制度基石。具体来说，哈茨改革主要有两个政策着力点:一是提高就业激励，二是提高工作搜寻效率。为了激励劳动者进入劳动力市场，一方面，德国政府免除大部分兼职工作者或短时工作者的社会保险缴费，并向自雇劳动者提供创业启动资金;另一方面，德国政府缩短了失业保险的领取时间，并对未积极履行就业义务的失业者进行扣减失业保险的惩罚。为了提高劳动力市场的工作搜寻效率，德国政府对就业服务机构进行了改革，将以管理求职者为主的联邦劳动局改为帮助求职者介绍工作的联邦劳动服务署，并引进了一批专业化的私营中介机构与政府合作。哈茨改革以后，德国完善劳动力市场制度的步伐并未停止，为应对不断变化的全球经济环境，德国政府相继出台了各类法案以保障劳动者的权益。

除通过完善市场制度来提高劳动者收入外，取缔非法收入、规范高收入也是缩小贫富差距的应有之义。在前文的分析中，寻租行为和持续性的垄断既是高度不平等的产物，也是新一轮不平等的起源。为了遏制上级阶层的过度行为，斯蒂格利茨提出了七项改革措施，这七项措施分别为：减少寻租并创造公平的竞争环境；严厉执行竞争法规；改善公司治理制度；全面改革破产法；终止政府在公共资产处置和政府采购方面的慷慨给予；终止政府通过发放隐形补贴、税收减免等方式对大公司给予便利；进行法律改革以减少现有司法体系中滋生的大量租金。在发达经济体中，顶层人群收入激增是收入差距扩大的主要原因。毫无疑问，限制顶层人群通过寻租或垄断聚集财富的措施，将有效缩小贫富差距，但在推行这一政策措施过程中将遇到极强的阻力。

（四）再分配:累进的税收和全面社会保障

在缩小收入差距的进程中，税收和转移支付发挥的作用不容小觑。一方面，初次分配中市场收入的不平等仍然需要再分配政策进行调节；另一方面，政府在促进机会平等、完善市场制度等方面的措施很大程度上也依赖于税收政策的支撑与配合。

随着财富不平等问题的日益严峻，经济学界和政策研究者对税收制度进行了广泛讨论。本章从现有的学术论文和研究报告中提炼出如下研究焦点：首先，学者们主张政府对弱势群体进行税收减免。其次，学者们建议政府将税收的征收对象从劳动力转移到资本，即降低对工资的税收以减轻工薪阶级的负担，同时对资本的利得征税。然而，在"资本无国界"的全球化背景下，资本外逃、非法避税等现象使政府对资本征税变得越来越困难。因此，全球范围内的跨国税收合作将变得至关重要。例如，2014 年，经合组织成员国开始推行"共同申报准则（Common Reporting Standard，简称

'CRS' ）"，旨在通过全球税收合作提高税收透明度，以打击利用跨境账户的逃税避税行为。另外，近年来私人财富的激增和财富差距的扩大也引发了学界对私人财富征税的讨论。部分学者认为，对超级富豪的净财富征税可以削弱超级富豪的权力，同时为需要帮助的人提供宝贵的资金支持。然而，另一部分学者强调，在实际操作上对私人净财富征税存在困难，甚至可能违背宪法精神。最后，大部分发展中国家间接税（如消费税、增值税）的比重过高，是税收政策未充分发挥再分配作用的主要原因。与直接税不同，间接税具有一定的累退性。因此，解决不平等问题需要减轻底层人群的税收负担，提高累进的直接税比重。

除了实施累进的税收政策外，为社会所有群体（尤其是低收入人群）构建一个严密的社会保障安全网，也是政府再分配政策中的重要内容。社会保障力求为民众在生命周期的所有阶段提供其所需的基本生活保障，覆盖医疗、教育、养老等领域，包括儿童津贴、残疾津贴、失业保险等政策手段。现有经验研究表明，社会保障不仅有明显的减贫效果，而且有利于提高社会整体的福祉水平。例如，Fiszben 等人估计，如果没有从社会保障项目中获得转移支付，全球生活在极端贫困中的人数将增加 1.65 亿。[1] Bastagli 等人发现，在发展中国家中对弱势群体进行实物或现金的转移支付，有助于改善受惠家庭的营养健康状况，提高学校入学率与出勤率。[2] 总的来说，社会保障项目有两种形式：一种是适用于所有人群的普惠式项目，另一种是针对特定群体的瞄准式项目。在理想的情况下，如果可以精准识别需要帮扶的对象，瞄准式社保项目的效率比普惠式项目更有助于帮助弱势人群，缩小不平等程度。然而，如果政府对目标群体的识别能力不足，将导致一部分需要帮助的人被排除在社保项目之外。即使在普惠式的社保项目中，由于缺乏信息

---

① Fiszbein Ariel, Ravi Kanbur and Ruslan Yemtsov, "Social Protection and Poverty Reduction: Global Patterns and Some Targets," *World Development*, Vol. 61, 2014, pp. 167-177.

② Bastagli Francesca, Jessica Hagen-Zanker, Luker Harman, Valentina Barca, Georgina Sturge, Tanja Schmidt, Luca Pellerano, Cash Transfers: What Does the Evidence Say? A Rigorous Review of Programme Impact and of the Role of Design and Implementation Features, London: Overseas Development Institute, 2016, pp. 105-143.

获取渠道和强有力的政策执行，弱势群体也更容易被社保项目遗漏。因此，要让社会保障在调节收入分配中充分发挥作用，一方面，需要构建覆盖全生命周期的社会保障体系；另一方面，需要政府在社会保障的全民覆盖与特定帮扶之间进行权衡，通过政策宣传、科学研判等方式促进社会保障对弱势群体的有效覆盖。

（北京师范大学中国收入分配研究院）

附录一
2021年收入分配政策文件

中共中央　国务院
关于支持浙江高质量发展建设共同富裕示范区的意见

共同富裕是社会主义的本质要求，是人民群众的共同期盼。改革开放以来，通过允许一部分人、一部分地区先富起来，先富带后富，极大解放和发展了社会生产力，人民生活水平不断提高。党的十八大以来，以习近平同志为核心的党中央不忘初心、牢记使命，团结带领全党全国各族人民，始终朝着实现共同富裕的目标不懈努力，全面建成小康社会取得伟大历史性成就，特别是决战脱贫攻坚取得全面胜利，困扰中华民族几千年的绝对贫困问题得到历史性解决，为新发展阶段推动共同富裕奠定了坚实基础。

党的十九届五中全会对扎实推动共同富裕作出重大战略部署。实现共同富裕不仅是经济问题，而且是关系党的执政基础的重大政治问题。共同富裕具有鲜明的时代特征和中国特色，是全体人民通过辛勤劳动和相互帮助，普遍达到生活富裕富足、精神自信自强、环境宜居宜业、社会和谐和睦、公共服务普及普惠，实现人的全面发展和社会全面进步，共享改革发展成果和幸福美好生活。随着我国开启全面建设社会主义现代化国家新征程，必须把促进全体人民共同富裕摆在更加重要的位置，向着这个目标更加积极有为地进行努力，让人民群众真真切切感受到共同富裕看得见、摸得着、真实可感。

当前，我国发展不平衡不充分问题仍然突出，城乡区域发展和收入分配差距较大，各地区推动共同富裕的基础和条件不尽相同。促进全体人民共同富裕是一项长期艰巨的任务，需要选取部分地区先行先试、作出示范。浙江省在探索解决发展不平衡不充分问题方面取得了明显成效，具备开展共同富裕示范区建设的基础和优势，也存在一些短板弱项，具有广阔的优化空间和发展潜力。支持浙江高质量发展建设共同富裕示范区，有利于通过实践进一步丰富共同富裕的思想内涵，有利于探索破解新时代社会主要矛盾的有效途径，有利于为全国推动共同富裕提供省域范例，有利于打造新时代全面展示中国特色社会主义制度优越性的重要窗口。现就支持浙江高质量发展建设共同富裕示范区提出如下意见。

一　总体要求

（一）指导思想。以习近平新时代中国特色社会主义思想为指导，深入贯彻党的十九大和十九届二中、三中、四中、五中全会精神，全面贯彻落实习近平总书记关于浙江工作的重要指示批示精神，坚持稳中求进工作总基调，坚持以人民为中心的发展思想，立足新发展阶段、贯彻新发展理念、构建新发展格局，紧扣推动共同富裕和促进人的全面发展，坚持以满足人民日益增长的美好生活需要为根本目的，以改革创新为根本动力，以解决地区差距、城乡差距、收入差距问题为主攻方向，更加注重向农村、基层、相对欠发达地区倾斜，向困难群众倾斜，支持浙江创造性贯彻"八八战略"，在高质量发展中扎实推动共同富裕，着力在完善收入分配制度、统筹城乡区域发展、发展社会主义先进文化、促进人与自然和谐共生、创新社会治理等方面先行示范，构建推动共同富裕的体制机制，着力激发人民群众积极性、主动性、创造性，促进社会公平，增进民生福祉，不断增强人民群众的获得感、幸福感、安全感和认同感，为实现共同富裕提供浙江示范。

（二）工作原则

——坚持党的全面领导。坚定维护党中央权威和集中统一领导，充分发挥党总揽全局、协调各方的领导核心作用，坚持和完善中国特色社会主义制度，把党的政治优势和制度优势转化为推动共同富裕示范区建设、广泛凝聚各方共识的强大动力和坚强保障。

——坚持以人民为中心。坚持发展为了人民、发展依靠人民、发展成果由人民共享，始终把人民对美好生活的向往作为推动共同富裕的奋斗目标，瞄准人民群众所忧所急所盼，在更高水平上实现幼有所育、学有所教、劳有所得、病有所医、老有所养、住有所居、弱有所扶。

——坚持共建共享。弘扬勤劳致富精神，鼓励劳动者通过诚实劳动、辛勤劳动、创新创业实现增收致富，不断提高劳动生产率和全要素生产率。充分发挥市场在资源配置中的决定性作用，更好发挥政府作用，体现效率、促进公平，坚决防止两极分化，在发展中补齐民生短板，让发展成果更多更公平惠及人民群众。

——坚持改革创新。坚定不移推进改革，推动有利于共同富裕的体制机制不断取得新突破，着力破除制约高质量发展高品质生活的体制机制障碍，强化有利于调动全社会积极性的重大改革开放举措。坚持创新在现代化建设全局中的核心地位，深入实施创新驱动发展战略，率先在推动共同富裕方面实现理论创新、实践创新、制度创新、文化创新。

——坚持系统观念。立足当前、着眼长远，统筹考虑需要和可能，按照经济社会发展规律循序渐进，脚踏实地、久久为功，不吊高胃口、不搞"过头事"，尽力而为、量力而行，注重防范化解重大风险，使示范区建设与经济发展阶段相适应、与现代化建设进程相协调，不断形成推动共同富裕的阶段性标志性成果。

（三）战略定位

——高质量发展高品质生活先行区。率先探索实现高质量发展的有效路径，促进城乡居民收入增长与经济增长更加协调，构建产业升级与消费升级协调共进、经济结构与社会结构优化互促的良性循环，更好满足人民群众品质化多样化的生活需求，富民惠民安民走在全国前列。

——城乡区域协调发展引领区。坚持城乡融合、陆海统筹、山海互济，形成主体功能明显、优势互补、高质量发展的国土空间开发保护新格局，健全城乡一体、区域协调发展体制机制，加快基本公共服务均等化，率先探索实现城乡区域协调发展的路径。

——收入分配制度改革试验区。坚持按劳分配为主体、多种分配方式并存，着重保护劳动所得，完善要素参与分配政策制度，在不断提高城乡居民收入水平的同时，缩小收入分配差距，率先在优化收入分配格局上取得积极进展。

——文明和谐美丽家园展示区。加强精神文明建设，推动生态文明建设先行示范，打造以社会主义核心价值观为引领、传承中华优秀文化、体现时代精神、具有江南特色的文化强省，实现国民素质和社会文明程度明显提高、团结互助友爱蔚然成风、经济社会发展全面绿色转型，成为人民精神生活丰富、社会文明进步、人与自然和谐共生的幸福美好家园。

（四）发展目标

到2025年，浙江省推动高质量发展建设共同富裕示范区取得明显实质性进展。经济发展质量效益明显提高，人均地区生产总值达到中等发达经济体水平，基本公共服务实现均等化；城乡区域发展差距、城乡居民收入和生活水平差距持续缩小，低收入群体增收能力和社会福利水平明显提升，以中等收入群体为主体的橄榄型社会结构基本形成，全省居民生活品质迈上新台阶；国民素质和社会文明程度达到新高度，美丽浙江建设取得新成效，治理能力明显提升，人民生活更加美好；推动共同富裕的体制机制和政策框架基本建立，形成一批可复制可推广的成功经验。

到2035年，浙江省高质量发展取得更大成就，基本实现共同富裕。人均地区生产总值和城乡居民收入争取达到发达经济体水平，城乡区域协调发展程度更高，收入和财富分配格局更加优化，法治浙江、平安浙江建设达到更高水平，治理体系和治理能力现代化水平明显提高，物质文明、政治文明、精神文明、社会文明、生态文明全面提升，共同富裕的制度体系更加完善。

二 提高发展质量效益，夯实共同富裕的物质基础

（五）大力提升自主创新能力。以创新型省份建设为抓手，把科技自立自强作为战略支撑，加快探索社会主义市场经济条件下新型举国体制开展科技创新的浙江路径。实施好关键核心技术攻关工程，强化国家战略科技力量，为率先实现共同富裕提供强劲内生动力。支持布局重大科技基础设施和平台，建设创新策源地，打造"互联网+"、生命健康、新材料科创高地。

高水平建设杭州、宁波温州国家自主创新示范区，深化国家数字经济创新发展试验区建设，强化"云上浙江"和数字强省基础支撑，探索消除数字鸿沟的有效路径，保障不同群体更好共享数字红利。畅通创新要素向企业集聚通道，鼓励企业组建创新联合体和知识产权联盟，建设共性技术平台。加大对科技成果应用和产业化的政策支持力度，打造辐射全国、链接全球的技术交易平台。

（六）塑造产业竞争新优势。巩固壮大实体经济根基，夯实共同富裕的产业基础。加快推进产业转型升级，大力推动企业设备更新和技术改造，推动传统产业高端化、智能化、绿色化发展，做优做强战略性新兴产业和未来产业，培育若干世界级先进制造业集群，打响"浙江制造"品牌。促进中小微企业专精特新发展，提升创新能力和专业化水平。推动农村一二三产业融合发展，建设农业现代化示范区，做精农业特色优势产业和都市农业，发展智慧农业。加快服务业数字化、标准化、品牌化发展，推动现代服务业同先进制造业、现代农业深度融合。畅通金融服务实体经济渠道。

（七）提升经济循环效率。落实构建新发展格局要求，贯通生产、分配、流通、消费各环节，在率先实现共同富裕进程中畅通经济良性循环。深化供给侧结构性改革，扩大优质产品和服务消费供给，加快线上线下消费双向深度融合。支持适销对路的优质外贸产品拓宽内销渠道。加快构建现代流通体系，推动海港、陆港、空港、信息港"四港"联动。统筹推进浙江自由贸易试验区各片区联动发展，开展首创性和差别化改革探索。畅通城乡区域经济循环，破除制约城乡区域要素平等交换、双向流动的体制机制障碍，促进城乡一体化、区域协调发展。支持浙江发挥好各地区比较优势，加强大湾区大花园大通道大都市区建设。更加主动对接上海、江苏、安徽，更好融入长三角一体化发展。加快建设"一带一路"重要枢纽，大力发展数字贸易、服务贸易，发展更高水平开放型经济。

（八）激发各类市场主体活力。推动有效市场和有为政府更好结合，培育更加活跃更有创造力的市场主体，壮大共同富裕根基。高水平推动浙江杭州区域性国资国企综合改革试验，完善国有资产监管体制，规范有序开展混合所有制改革，做强做优做大国有资本和国有企业，充分发挥国有经济战略支撑作用。完善产权保护制度，构建亲清政商关系，促进非公有制经济健康发展和非公有制经济人士健康成长，破除制约民营企业发展的各种壁垒，完善促进中小微企业和个体工商户发展的法律环境和政策体系，建立企业减负长效机制。加快建设高标准市场体系，持续优化市场化法治化国际化营商环境，实施统一的市场准入负面清单制度。坚持发展和规范并重，建立健全平台经济治理体系，督促平台企业承担质量和安全保障等责任，推动平台经济为高质量发展和高品质生活服务。加大反垄断和反不正当竞争执法司法力度，提升监管能力和水平，实现事前事中事后全链条监管，防止资本无序扩张。

三 深化收入分配制度改革，多渠道增加城乡居民收入

（九）推动实现更加充分更高质量就业。强化就业优先政策，坚持经济发展就业导向，扩大就业容量，提升就业质量，促进充分就业。支持和规范发展新就业形态，完善促进创业带动就业、多渠道灵活就业的保障制度。统筹各类职业技能培训资金，合理安排就业补助资金，健全统筹城乡的就业公共服务体系。鼓励返乡入乡创业。完善重点群体就业支持体系，帮扶困难人员就业。创造公平就业环境，率先消除户籍、地域、身份、性别等影响就业的制度障碍，深化构建和谐劳动关系，推动劳动者通过辛勤劳动提高生活品质。

（十）不断提高人民收入水平。优化政府、企业、居民之间分配格局，支持企业通过提质增效拓展从业人员增收空间，合理提高劳动报酬及其在初次分配中的比重。健全工资合理增长机制，完善企业薪酬调查和信息发布制度，合理调整最低工资标准，落实带薪休假制度。完善创新要素参与分配机制，支持浙江加快探索知识、技术、管理、数据等要素价值的实现形式。拓宽城乡居民财产性收入渠道，探索通过土地、资本等要素使用权、收益权增加中低收入群体要素收入。丰富居民可投资金融产品，完善上市公司分红制度。鼓励企业开展员工持股计划。深入推进农村集体产权制度改革，巩固提升农村集体经济，探索股权流转、抵押和跨社参股等农村集体资产股份权能

实现新形式。立足当地特色资源推动乡村产业发展壮大，完善利益联结机制，让农民更多分享产业增值收益。支持浙江率先建立集体经营性建设用地入市增值收益分配机制。

（十一）扩大中等收入群体。实施扩大中等收入群体行动计划，激发技能人才、科研人员、小微创业者、高素质农民等重点群体活力。加大人力资本投入力度，健全面向劳动者的终身职业技能培训制度，实施新时代浙江工匠培育工程，加快构建产教训融合、政企社协同、育选用贯通的技术技能人才培养培训体系，完善技能人才薪酬分配政策，拓宽技术工人上升通道。对有劳动能力的低收入群体，坚持开发式帮扶，提高内生发展能力，着力发展产业使其积极参与就业。拓展基层发展空间，保障不同群体发展机会公平，推动更多低收入群体迈入中等收入群体行列。规范招考选拔聘用制度，完善评价激励机制。完善党政机关、企事业单位和社会各方面人才顺畅流动的制度体系。实行更加开放的人才政策，激发人才创新活力。

（十二）完善再分配制度。支持浙江在调节收入分配上主动作为，加大省对市县转移支付等调节力度和精准性，合理调节过高收入。依法严厉惩治贪污腐败，继续遏制以权力、行政垄断等非市场因素获取收入，取缔非法收入。优化财政支出结构，加大保障和改善民生力度，建立健全改善城乡低收入群体等困难人员生活的政策体系和长效机制。

（十三）建立健全回报社会的激励机制。鼓励引导高收入群体和企业家向上向善、关爱社会，增强社会责任意识，积极参与和兴办社会公益事业。充分发挥第三次分配作用，发展慈善事业，完善有利于慈善组织持续健康发展的体制机制，畅通社会各方面参与慈善和社会救助的渠道。探索各类新型捐赠方式，鼓励设立慈善信托。加强对慈善组织和活动的监督管理，提高公信力和透明度。落实公益性捐赠税收优惠政策，完善慈善褒奖制度。

四 缩小城乡区域发展差距，实现公共服务优质共享

（十四）率先实现基本公共服务均等化。推进城乡区域基本公共服务更加普惠均等可及，稳步提高保障标准和服务水平。推动义务教育优质均衡发展，建成覆盖城乡的学前教育公共服务体系，探索建立覆盖全省中小学的新时代城乡教育共同体，共享"互联网＋教育"优质内容，探索终身学习型社会的浙江示范，提高人口平均受教育年限和综合能力素质。深入实施健康浙江行动，加快建设强大的公共卫生体系，深化县域医共体和城市医联体建设，推动优质医疗资源均衡布局。积极应对人口老龄化，提高优生优育服务水平，大力发展普惠托育服务体系，加快建设居家社区机构相协调、医养康养相结合的养老服务体系，发展普惠型养老服务和互助性养老。健全全民健身公共服务体系。

（十五）率先实现城乡一体化发展。高质量创建乡村振兴示范省，推动新型城镇化与乡村振兴全面对接，深入探索破解城乡二元结构、缩小城乡差距、健全城乡融合发展的体制机制。推动实现城乡交通、供水、电网、通信、燃气等基础设施同规同网。推进以人为核心的新型城镇化，健全农业转移人口市民化长效机制，探索建立人地钱挂钩、以人定地、钱随人走制度，切实保障农民工随迁子女平等接受义务教育，逐步实现随迁子女入学待遇同城化。促进大中小城市与小城镇协调发展。推进以县城为重要载体的城镇化建设，推进空间布局、产业发展、基础设施等县域统筹，赋予县级更多资源整合使用的自主权。以深化"千村示范、万村整治"工程牵引新时代乡村建设。

（十六）持续改善城乡居民居住条件。坚持房子是用来住的、不是用来炒的定位，完善住房市场体系和住房保障体系，确保实现人民群众住有所居。针对新市民、低收入困难群众等重点群体，有效增加保障性住房供给。对房价比较高、流动人口多的城市，土地供应向租赁住房建设倾斜，探索利用集体建设用地和企事业单位自有闲置土地建设租赁住房，扩大保障性租赁住房供给，加快完善长租房政策，使租购住房在享受公共服务上具有同等权利。全面推进城镇老旧小区改造和社区建设，提升农房建设质量，加强农村危房改造，探索建立农村低收入人口基本住房安全保障机制，塑造江南韵、古镇味、现代风的新江南水乡风貌，提升城乡宜居水平。

（十七）织密扎牢社会保障网。完善社会保障制度，加快实现法定人员全覆盖，建立统一的社保公共服务平台，实现社保事项便捷"一网通办"。

健全多层次、多支柱养老保险体系，大力发展企业年金、职业年金、个人储蓄型养老保险和商业养老保险。规范执行全国统一的社保费率标准。推动基本医疗保险、失业保险、工伤保险省级统筹。健全重大疾病医疗保险制度。做好长期护理保险制度试点工作，积极发展商业医疗保险。健全灵活就业人员社保制度。健全统一的城乡低收入群体精准识别机制，完善分层分类、城乡统筹的社会救助体系，加强城乡居民社会保险与社会救助制度的衔接，按困难类型分类分档及时给予专项救助、临时救助，切实兜住因病、因灾致贫等困难群众基本生活底线。保障妇女儿童合法权益，完善帮扶残疾人、孤儿等社会福利制度。

（十八）完善先富带后富的帮扶机制。加快推进省以下财政事权和支出责任划分改革，加大向重点生态功能区的转移支付力度。强化陆海统筹，升级山海协作工程，挖掘海域和山区两翼的潜力优势，支持一批重点生态功能区县增强内生发展能力和实力，带动山区群众增收致富。全域参与海洋经济发展，建设海洋强省。探索建立先富帮后富、推动共同富裕的目标体系、工作体系、政策体系、评估体系。深入实施东西部协作和对口支援，持续推进智力支援、产业支援、民生改善、文化教育支援，加强对省外欠发达地区帮扶，大力推进产业合作、消费帮扶和劳务协作，探索共建园区、飞地经济等利益共享模式。完善社会力量参与帮扶的长效机制。

五　打造新时代文化高地，丰富人民精神文化生活

（十九）提高社会文明程度。推动学习贯彻习近平新时代中国特色社会主义思想走深走心走实，实现理想信念教育常态化制度化。坚持以社会主义核心价值观为引领，加强爱国主义、集体主义、社会主义教育，厚植勤劳致富、共同富裕的文化氛围。推进公民道德建设，支持培育"最美浙江人"等品牌。扎实推进新时代文明实践中心建设，深入实施文明创建工程，打造精神文明高地。完善覆盖全省的现代公共文化服务体系，提高城乡基本公共文化服务均等化水平，深入创新实施文化惠民工程，优化基层公共文化服务网络。弘扬诚信文化，推进诚信建设，营造人与人之间互帮互助、和睦友好的社会风尚。加强家庭家教家风建设，健全志愿服务体系，广泛开展志愿服务关爱行动。

（二十）传承弘扬中华优秀传统文化、革命文化、社会主义先进文化。传承弘扬中华优秀传统文化，充分挖掘浙江文化优势，深入推进大运河国家文化公园、大运河文化带建设，振兴非遗记忆。传承红色基因，大力弘扬革命文化，提升爱国主义教育基地建设水平。实施重大文化设施建设工程，打造具有国际影响力的影视文化创新中心和数字文化产业集群，提供更多优秀文艺作品、优秀文化产品和优质旅游产品，更好满足人民群众文化需求。

六 践行绿水青山就是金山银山理念，打造美丽宜居的生活环境

（二十一）高水平建设美丽浙江。支持浙江开展国家生态文明试验区建设，绘好新时代"富春山居图"。强化国土空间规划和用途管控，优化省域空间布局，落实生态保护、基本农田、城镇开发等空间管控边界。坚持最严格的耕地保护制度和最严格的节约用地制度，严格规范执行耕地占补平衡制度，对违法占用耕地"零容忍"，坚决有效遏制增量，依法有序整治存量，强化耕地数量保护和质量提升。深化生态文明体制改革，实行最严格的生态环境保护制度，健全明晰高效的自然资源资产产权制度。坚持山水林田湖草系统治理，全面提升生物多样性保护水平。完善生态保护补偿机制，推广新安江等跨流域共治共保共享经验。继续打好蓝天、碧水、净土保卫战，强化多污染物协同控制和区域协同治理，推进生态环境持续改善。推进海岸带综合保护与利用。推进海岛特色化差异化发展，加强海岛生态环境保护。

（二十二）全面推进生产生活方式绿色转型。拓宽绿水青山就是金山银山转化通道，建立健全生态产品价值实现机制，探索完善具有浙江特点的生态系统生产总值（GEP）核算应用体系。高标准制定实施浙江省碳排放达峰行动方案。推进排污权、用能权、用水权市场化交易，积极参与全国碳排放权交易市场。大力发展绿色金融。全面促进能源资源节约集约利用，进一步推进生活垃圾分类，加快构建家电、汽车等废旧物资循环利用体系。深化"无废城市"建设。大力推行简约适度、绿色低碳、文明健康的生活方式，广泛开展绿色生活创建行动，促进人与自然和谐共生。

七　坚持和发展新时代"枫桥经验"，构建舒心安心放心的社会环境

（二十三）以数字化改革提升治理效能。强化数字赋能，聚焦党政机关整体智治、数字经济、数字社会、数字政府、数字法治等领域，探索智慧治理新平台、新机制、新模式。推进"互联网+放管服"，全面推行"掌上办事"、"掌上办公"。深化"一件事"集成改革。健全党组织领导的自治、法治、德治、智治融合的城乡基层治理体系，完善基层民主协商制度，推进市域社会治理现代化，建设人人有责、人人尽责、人人享有的社会治理共同体。推进"最多跑一地"改革，完善县级社会矛盾纠纷调处化解中心工作机制。

（二十四）全面建设法治浙江、平安浙江。健全覆盖城乡的公共法律服务体系，加大普法力度，推动尊法学法守法用法，促进公平正义，建设法治社会。构建全覆盖的政府监管体系和行政执法体系。高水平建设平安中国示范区，把保护人民生命安全摆在首位，加强社会治安防控体系建设，全面提高公共安全保障能力。建立健全覆盖各领域各方面的风险监测防控平台，健全防范化解重大风险挑战体制机制，守住不发生系统性风险底线。

八　保障措施

（二十五）坚持和加强党的全面领导。把党的领导贯穿推动浙江高质量发展建设共同富裕示范区的全过程、各领域、各环节。落实全面从严治党主体责任、监督责任，持之以恒加强党风廉政建设，不断深化清廉浙江建设，营造风清气正的良好政治生态。以正确用人导向引领干部干事创业，落实"三个区分开来"要求，做好容错纠错工作，加强对敢担当善作为干部的激励保护。

（二十六）强化政策保障和改革授权。中央和国家机关有关部门要结合自身职能，加强对浙江省的指导督促，根据本意见有针对性制定出台专项政策，优先将本领域改革试点、探索示范任务赋予浙江，并加强对改革试验、政策实施的监督检查。根据浙江高质量发展建设共同富裕示范区需要，在科技创新、数字化改革、分配制度改革、城乡区域协调发展、公共服务、生态产品价值实现等方面给予改革授权。涉及重要政策、重要规划、重大项目

的，要依法依规办理并按程序报批。有关改革政策措施凡涉及调整现行法律或行政法规的，按法定程序经全国人大常委会或国务院统一授权后实施。

（二十七）建立评价体系和示范推广机制。加快构建推动共同富裕的综合评价体系，建立评估机制，坚持定量与定性、客观评价与主观评价相结合，全面反映共同富裕示范区建设工作成效，更好反映人民群众满意度和认同感。建立健全示范推广机制，及时总结示范区建设的好经验好做法，归纳提炼体制机制创新成果，成熟一批、推广一批，发挥好对全国其他地区的示范带动作用。

（二十八）完善实施机制。健全中央统筹、省负总责、市县抓落实的实施机制。依托推动长三角一体化发展领导小组，加强对浙江建设共同富裕示范区的统筹指导，国家发展改革委牵头设立工作专班负责协调推进本意见提出的任务措施。浙江省要切实承担主体责任，增强敢闯敢试、改革破难的担当精神，始终保持奋进姿态，立足省情和发展实际，制定具体实施方案，充分动员各方力量，不断开辟干在实处、走在前列、勇立潮头新境界。重大事项及时向党中央、国务院请示报告。

国务院关于国家基本公共服务
标准（2021年版）的批复
国函〔2021〕20号

国家发展改革委：

你委关于报送国家基本公共服务标准的请示收悉。现批复如下：

一、原则同意《国家基本公共服务标准（2021年版）》（以下简称《国家标准》），请认真组织实施。《国家标准》由国家发展改革委联合有关部门印发。

二、《国家标准》实施要以习近平新时代中国特色社会主义思想为指导，深入贯彻落实党的十九大和十九届二中、三中、四中、五中全会精神，坚持以人民为中心，坚持新发展理念，以推动高质量发展为主题，以满足人民日益增长的美好生活需要为根本目的，按照兜住民生底线、保障基本民生的总体要求，坚持尽力而为、量力而行，聚焦人民群众最关心最直接最现实的利益问题，明确现阶段政府兜底保障的基本公共服务范围与标准，为各级政府履职尽责和人民群众享有相应权利提供重要依据，推进国家治理体系和治理能力现代化。

三、各行业主管部门要根据《国家标准》严格界定基本公共服务范围，进一步细化本行业领域基本公共服务项目的设施建设、功能布局、施工规范、设备配置、人员配备、服务流程、管理规范等软硬件标准要求，尽快公布行业标准规范，并加强各行业标准间的统筹衔接和基层设施设备共建共享。

四、各地区要根据《国家标准》和行业标准规范，结合实际抓紧制定本地区基本公共服务具体实施标准，确保内容无缺项、人群全覆盖、标准不攀高、财力有保障、服务可持续。对有国家统一标准的基本公共服务项目，要按照不低于国家统一标准执行；对暂无国家统一标准的项目，要按照国家相关要求和实际情况明确本地区标准。各地区基本公共服务实施标准，其项目、内容、数量等超出国家相关标准范围的，要加强事前论证和风险评估，确保符合国家法律法规和制度规定，符合本地区人民群众的迫切需要并控制在财政可承受范围以内。

五、各地区各有关部门要有效落实基本公共服务支出责任。基本公共服务项目属于中央财政事权的，由中央财政安排经费；属于地方财政事权的，原则上由地方通过自有财力安排经费，相关收支缺口除部分资本性支出可通过依法发行地方政府债券等方式安排外，主要通过上级政府给予的一般性转移支付弥补；属于中央与地方共同财政事权的，主要实行中央与地方按比例分担经费，具体支出责任按照相关领域中央与地方财政事权和支出责任划分改革情况确定。各地区要按照确定的基本公共服务项目和标准，完整、规范、合理编制基本公共服务项目预算，确保相关经费足额拨付到位，配齐相关服务人员，保障服务机构有效运转。鼓励将适合通过政府购买服务方式提供的基本公共服务项目纳入政府购买服务指导性目录。

六、国家发展改革委要会同有关部门加强对《国家标准》实施的监督监测，适时开展实施情况联合检查和效果评估。在保持标准基本稳定的前提下，根据监督监测和检查评估结果，统筹考虑经济社会发展水平和财政承受能力等因素，适时提出《国家标准》调整方案，按规定报批后实施，并及时向社会发布。根据党中央、国务院决策部署，也可适时对个别领域基本公共服务项目和标准进行调整。重大情况及时向国务院报告。

国务院

2021 年 2 月 4 日

国务院关于"十四五"公共服务规划的批复

国函〔2021〕120 号

国家发展改革委：

你委《关于报送〈"十四五"公共服务规划〉（送审稿）的请示》（发改社会〔2021〕1307 号）收悉。现批复如下：

一、原则同意《"十四五"公共服务规划》（以下简称《规划》），请认真组织实施。《规划》由国家发展改革委联合有关部门印发。

二、《规划》实施要以习近平新时代中国特色社会主义思想为指导，深入贯彻党的十九大和十九届二中、三中、四中、五中、六中全会精神，坚持以人民为中心的发展思想，立足新发展阶段，完整、准确、全面贯彻新发展理念，构建新发展格局，以推动高质量发展为主题，树立系统观念，强化底线思维，牢牢抓住人民群众最关心最直接最现实的民生问题，科学合理界定基本公共服务与非基本公共服务范围，正确处理政府和市场关系，持续推进基本公共服务均等化，多元扩大普惠性非基本公共服务供给，丰富多层次多样化生活服务供给，切实兜牢基本民生保障底线，稳步提升公共服务保障水平，不断满足人民群众美好生活需要，努力增进全体人民的获得感、幸福感、安全感，促进人的全面发展和社会全面进步，推动全体人民共同富裕迈出坚实步伐。

三、各省、自治区、直辖市人民政府要把公共服务体系建设作为本地区"十四五"经济社会发展重点任务，加强组织领导，明确责任分工，编制省级公共服务专项规划，细化落实举措，做好重大项目衔接统筹，确保《规划》明确的重要任务和政策举措落实到位，实现公共服务能力和水平稳步提升。对新增公共服务事项、提高服务标准等要审慎研究论证，确保财力可承受、服务可持续。鼓励有条件的地区在公共服务体系统一规划、统筹建设、体制创新等方面开展试点，探索积累经验，分步推广实施。

四、各有关部门要按照职责分工，依据《规划》细化提出可衡量、可考核的具体实施举措，明确工作责任和进度安排，深化政策解读，强化宣传引导，健全统计调查体系，定期分领域开展公共服务发展情况监测评估，确保《规划》重点工作任务有效落实。国家发展改革委要会同各有关部门完善基本公共服务标准体系建设部际联席会议制度，制定《规划》任务分工方案，加大跨区域、跨领域、跨部门重大事项协调力度，跟踪《规划》实施进展情况，重大事项及时向国务院报告。

国务院

2021 年 11 月 20 日

国务院办公厅转发国家发展改革委
关于推动生活性服务业补短板上水平
提高人民生活品质若干意见的通知

国办函〔2021〕103 号

各省、自治区、直辖市人民政府，国务院各部委、各直属机构：

国家发展改革委《关于推动生活性服务业补短板上水平提高人民生活品质的若干意见》已经国务院同意，现转发给你们，请认真贯彻落实。

国务院办公厅

2021 年 10 月 13 日

（此件公开发布）

关于推动生活性服务业补短板上水平
提高人民生活品质的若干意见

国家发展改革委

近年来，我国生活性服务业蓬勃发展，对优化经济结构、扩大国内需求、促进居民就业、保障改善民生发挥了重要作用，但也存在有效供给不足、便利共享不够、质量标准不高、人才支撑不强、营商环境不优、政策落地不到位等问题。为推动生活性服务业补短板、上水平，提高人民生活品质，更好满足人民群众日益增长的美好生活需要，现提出以下意见。

一 加强公益性基础性服务供给

（一）强化基本公共服务保障。加强城乡教育、公共卫生、基本医疗、文化体育等领域基本公共服务能力建设。认真落实并动态调整国家基本公共服务标准，确保项目全覆盖、质量全达标。以服务半径和服务人口为依据做好基本公共服务设施规划建设。探索建立公共服务短板状况第三方监测评价机制。

（二）扩大普惠性生活服务供给。在"一老一小"等供需矛盾突出的领域，通过政府购买服务、公建民营、民办公助等方式引入社会力量发展质量有保障、价格可承受的普惠性生活服务。加强普惠性生活服务机构（网点）建设，纳入新建、改建居住区公共服务配套设施规划予以统筹。加强省级统筹，推动县市因地制宜制定社区普惠性生活服务机构（网点）认定支持具体办法，实行统一标识、统一挂牌，开展社会信用承诺。

（三）大力发展社区便民服务。推动公共服务机构、便民服务设施、商业服务网点辐射所有城乡社区，推进社区物业延伸发展基础性、嵌入式服务。推动大城市加快发展老年助餐、居家照护服务，力争五年内逐步覆盖80%以上社区。支持城市利用社会力量发展托育服务设施。推动构建一刻钟便民生活圈，统筹城市生活服务网点建设改造，扩大网点规模，完善网点布局、业态结构和服务功能。探索社区服务设施"一点多用"，提升一站式便民服务能力。探索建立社区生活服务"好差评"评价机制和质量认证机制。

二　加快补齐服务场地设施短板

（四）推动社区基础服务设施达标。结合推进城镇老旧小区改造和城市居住社区建设补短板，建设社区综合服务设施，统筹设置幼儿园、托育点、养老服务设施、卫生服务中心（站）、微型消防站、体育健身设施、家政服务点、维修点、便利店、菜店、食堂以及公共阅读和双创空间等。开展社区基础服务设施面积条件达标监测评价。

（五）完善老年人、儿童和残疾人服务设施。推进城乡公共服务设施和公共空间适老化、适儿化改造。在提供数字化智能化服务的同时，保留必要的传统服务方式。建设社区老年教育教学点，推进老年人居家适老化改造。开展儿童友好城市示范，加强校外活动场所、社区儿童之家建设，发展家庭托育点。加快无障碍环境建设和困难重度残疾人家庭无障碍改造，开展康复辅助器具社区租赁。

（六）强化服务设施建设运营保障。各地补建社区"一老一小"、公共卫生、全民健身等服务设施，可依法依规适当放宽用地和容积率限制。在确保安全规范前提下，提供社区群众急需服务的市场主体可租赁普通住宅设置服务网点。推进存量建筑盘活利用，支持大城市疏解腾退资源优先改造用于社区服务。推广政府无偿或低价提供场地设施、市场主体微利运营模式，降低普惠性生活服务成本。

三　加强服务标准品牌质量建设

（七）加快构建行业性标杆化服务标准。支持以企业为主体、行业组织为依托，在养老、育幼、家政、物业服务等领域开展服务业标准化试点，推出一批标杆化服务标准。加强生活性服务业质量监测评价和通报工作，推广分领域质量认证。推动各地开展生活性服务业"领跑者"企业建设，以养老、育幼、体育、家政、社区服务为重点，培育一批诚信经营、优质服务的示范性企业。

（八）创建生活性服务业品牌。推动各地在养老、育幼、文化、旅游、体育、家政等领域培育若干特色鲜明的服务品牌。深入实施商标品牌战略，健全以产品、企业、区域品牌为支撑的品牌体系。引导各地多形式多渠道加强优质服务品牌推介。

四　强化高质量人力资源支撑

（九）完善产教融合人才培养模式。支持生活性服务业企业深化产教融合，联合高等学校和职业学校共同开发课程标准、共建共享实习实训基地、联合开展师资培训，符合条件的优先纳入产教融合型企业建设培育库。加快养老、育幼、家政等相关专业紧缺人才培养，允许符合条件的企业在岗职工以工学交替等方式接受高等职业教育。加强本科层次人才培养，支持护理、康复、家政、育幼等相关专业高职毕业生提升学历。到 2025 年，力争全国护理、康复、家政、育幼等生活性服务业相关专业本科在校生规模比 2020 年增加 10 万人。

（十）开展大规模职业技能培训。强化生活服务技能培训，推进落实农村转移就业劳动力、下岗失业人员和转岗职工、残疾人等重点群体培训补贴政策，对符合条件的人员按规定落实培训期间生活费补贴。在人口大省、大市、大县打造一批高质量劳动力培训基地。逐年扩大生活性服务业职业技能培训规模。

（十一）畅通从业人员职业发展通道。推动养老、育幼、家政、体育健身企业员工制转型，对符合条件的员工制企业吸纳就业困难人员及高校毕业生就业的，按规定给予社保补贴。做好从业人员职业技能、工作年限与技能人才支持政策和积分落户政策的衔接。关心关爱从业人员，保障合法权益，宣传激励优秀典型。

五　推动服务数字化赋能

（十二）加快线上线下融合发展。加快推动生活服务市场主体特别是小微企业和个体工商户"上云用数赋智"，完善电子商务公共服务体系，引导电子商务平台企业依法依规为市场主体提供信息、营销、配送、供应链等一站式、一体化服务。引导各类市场主体积极拓展在线技能培训、数字健康、数字文化场馆、虚拟景区、虚拟养老院、在线健身、智慧社区等新型服务应用。加强线上线下融合互动，通过预约服务、无接触服务、沉浸式体验等扩大优质服务覆盖面。

（十三）推动服务数据开放共享。在保障数据安全和保护个人隐私前提下，分领域制定生活服务数据开放共享标准和目录清单，优先推进旅游、体育、家政等领域公共数据开放。面向市场主体和从业人员，分领域探索建设服务质量用户评价分享平台，降低服务供需信息不对称，实现服务精准供给。引导支持各地加强政企合作，建设面向生活性服务业重点应用场景的数字化、智能化基础设施，打造城市社区智慧生活支撑平台。

六 培育强大市场激活消费需求

（十四）因地制宜优化生活性服务业功能布局。推动东部地区积极培育生活性服务业领域新兴产业集群，率先实现品质化多样化升级。支持中西部和东北地区补齐生活服务短板，健全城乡服务对接机制，推进公共教育服务优质均衡发展，完善区域医疗中心布局，加快发展文化、旅游、体育服务。支持欠发达地区和农村地区发展"生态旅游+"等服务，培育乡村文化产业，提升吸纳脱贫人口特别是易地搬迁群众就业能力。

（十五）推进服务业态融合创新。在生活性服务业各领域，纵深推动大众创业万众创新。创新医养结合模式，健全医疗与养老机构深度合作、相互延伸机制。促进"体育+健康"服务发展，构建体医融合的疾病管理和健康服务模式。推进文化、体育、休闲与旅游深度融合，推动红色旅游、工业旅游、乡村旅游、健康旅游等业态高质量发展。促进"服务+制造"融合创新，加强物联网、人工智能、大数据、虚拟现实等在健康、养老、育幼、文化、旅游、体育等领域应用，发展健康设备、活动装备、健身器材、文创产品、康复辅助器械设计制造，实现服务需求和产品创新相互促进。

（十六）促进城市生活服务品质提升。开展高品质生活城市建设行动，推动地方人民政府制定生活性服务业发展整体解决方案，支持有条件的城市发起设立美好生活城市联盟。支持大城市建设业态丰富、品牌汇集、环境舒适、特色鲜明、辐射带动能力强的生活性服务业消费集聚区，推动中小城市提高生活服务消费承载力。支持各地推出一批有代表性的服务场景和示范项目，加强城市特色商业街区、旅游休闲街区和商圈建设，集成文化娱乐、旅游休闲、体育健身、餐饮住宿、生活便利服务，打造综合服务载体。

（十七）激活县乡生活服务消费。加快贯通县乡村三级电子商务服务体系和快递物流配送体系，大力推进电商、快递进农村。建设农村生活服务网络，推进便民服务企业在县城建设服务综合体，在乡镇设置服务门店，在行政村设置服务网点。经常性开展医疗问诊、文化、电影、体育等下乡活动。

（十八）开展生活服务消费促进行动。推动各地区有针对性地推出一批务实管用的促消费措施，地方人民政府促消费相关投入优先考虑支持群众急需的生活服务领域。深化工会送温暖活动，切实做好职工福利和生活保障，广泛开展职工生活服务项目，为职工提供健康管理、养老育幼、心理疏导、文化体育等专业服务。

七　打造市场化法治化国际化营商环境

（十九）提升政务服务便利化水平。健全卫生健康、养老、育幼、文化、旅游、体育、家政等服务机构设立指引，明确办理环节和时限并向社会公布。简化普惠性生活服务企业审批程序，鼓励连锁化运营，推广实施"一照多址"注册登记。

（二十）积极有序扩大对外开放。完善外商投资准入前国民待遇加负面清单管理制度。有序推进教育、医疗、文化等领域相关业务开放。支持粤港澳大湾区、海南自由贸易港、自由贸易试验区依法简化审批流程，更大力度吸引和利用外资。探索引入境外家政职业培训机构落户海南。

（二十一）完善监督检查机制。制定实施重点领域监管清单，梳理现场检查事项并向社会公开，大力推行远程监管、移动监管、预警防控等非现场监管。依托"信用中国"网站、国家企业信用信息公示系统等加强生活性服务业企业信用信息公开，及时公示行政许可、行政处罚、抽查检查结果等信息，加快构建以信用为基础的新型监管机制。

（二十二）加强权益保障。依法保护各类市场主体产权和合法权益，严格规范公正文明执法。维护公平竞争市场秩序，严厉打击不正当竞争行为。促进平台经济规范健康发展，从严治理滥用垄断地位、价格歧视、贩卖个人信息等违法行为。开展民生领域案件查办"铁拳"行动，从严查处群众反映强烈的预付消费"跑路坑民"、虚假广告宣传、非法集资等案件。

八　完善支持政策

（二十三）加强财税和投资支持。地方各级人民政府要强化投入保障，统筹各类资源支持生活性服务业发展。各地安排的相关资金要优先用于支持普惠性生活服务。落实支持生活性服务业发展的税收政策。发挥中央预算内投资的引导和撬动作用，加强教育、医疗卫生、文化、旅游、社会服务、"一老一小"等设施建设，积极支持城镇老旧小区改造配套公共服务设施建设。对价格普惠且具有一定收益的公共服务设施项目，符合条件的纳入地方政府专项债券支持范围。

（二十四）加大金融支持力度。积极运用再贷款再贴现等工具支持包括生活性服务业企业在内的涉农领域、小微企业、民营企业发展。引导商业银行扩大信用贷款、增加首贷户，推广"信易贷"，使资金更多流向小微企业、个体工商户。鼓励保险机构开展生活性服务业保险产品和服务创新。

（二十五）完善价格和用地等支持政策。注重与政府综合投入水平衔接配套，合理制定基础性公共服务价格标准。充分考虑当地群众可承受度以及相关机构运营成本，加强对普惠性生活服务的价格指导。经县级以上地方人民政府批准，对利用存量建筑兴办国家支持产业、行业提供普惠性生活服务的，可享受5年内不改变用地主体和规划条件的过渡期支持政策。对建筑面积300平方米以下或总投资30万元以下的社区服务设施，县级以上地方人民政府可因地制宜优化办理消防验收备案手续。

（二十六）增强市场主体抗风险能力。健全重大疫情、灾难、事故等应急救助机制，对提供群众急需普惠性生活服务的市场主体特别是小微企业，及时建立绿色通道，强化应急物资供应保障，落实租金减免、运营补贴、税费减免、融资服务等必要帮扶措施。鼓励发展适应疫情常态化防控要求的生活性服务业新业态。

九　加强组织实施

（二十七）健全工作统筹协调机制。国家发展改革委会同有关部门开展高品质生活城市建设行动，各部门按照职责分工组织实施相关建设行动，抓好相关领域和行业支持生活性服务业发展工作，完善行业政策、标准和规范。

（二十八）压实地方主体责任。县级以上地方人民政府要切实履行主体责任，因地制宜、因城施策编制生活性服务业发展行动方案，研究制定具体措施。省级人民政府要探索将生活性服务业发展纳入市县绩效考核范围，确保各项任务落实落地。

（二十九）加强统计监测评价。完善生活性服务业统计分类标准，探索逐步建立统计监测制度，建立常态化运行监测机制和多方参与评价机制，逐步形成信息定期发布制度。

（三十）强化舆论宣传引导。各地区、各部门要广泛宣传动员，加强舆论引导，做好政策解读，主动回应社会关切，及时推广新做法新经验新机制，为生活性服务业发展营造良好氛围。

中共中央　国务院关于新时代推动中部地区高质量发展的意见

（2021 年 4 月 23 日）

促进中部地区崛起战略实施以来，特别是党的十八大以来，在以习近平同志为核心的党中央坚强领导下，中部地区经济社会发展取得重大成就，粮食生产基地、能源原材料基地、现代装备制造及高技术产业基地和综合交通运输枢纽地位更加巩固，经济总量占全国的比重进一步提高，科教实力显著增强，基础设施明显改善，社会事业全面发展，在国家经济社会发展中发挥了重要支撑作用。同时，中部地区发展不平衡不充分问题依然突出，内陆开放水平有待提高，制造业创新能力有待增强，生态绿色发展格局有待巩固，公共服务保障特别是应对公共卫生等重大突发事件能力有待提升。受新冠肺炎疫情等影响，中部地区特别是湖北省经济高质量发展和民生改善需要作出更大努力。顺应新时代新要求，为推动中部地区高质量发展，现提出如下意见。

一　总体要求

（一）指导思想。以习近平新时代中国特色社会主义思想为指导，全面贯彻党的十九大和十九届二中、三中、四中、五中全会精神，坚持稳中求进工作总基调，立足新发展阶段，贯彻新发展理念，构建新发展格局，坚持统筹发展和安全，以推动高质量发展为主题，以深化供给侧结构性改革为主线，以改革创新为根本动力，以满足人民日益增长的美好生活需要为根本目的，充分发挥中部地区承东启西、连南接北的区位优势和资源要素丰富、市场潜力巨大、文化底蕴深厚等比较优势，着力构建以先进制造业为支撑的现代产业体系，着力增强城乡区域发展协调性，着力建设绿色发展的美丽中部，着力推动内陆高水平开放，着力提升基本公共服务保障水平，着力改革完善体制机制，推动中部地区加快崛起，在全面建设社会主义现代化国家新征程中作出更大贡献。

（二）主要目标。到 2025 年，中部地区质量变革、效率变革、动力变革取得突破性进展，投入产出效益大幅提高，综合实力、内生动力和竞争力进一步增强。创新能力建设取得明显成效，科创产业融合发展体系基本建立，全社会研发经费投入占地区生产总值比重达到全国平均水平。常住人口城镇化率年均提高 1 个百分点以上，分工合理、优势互补、各具特色的协调发展格局基本形成，城乡区域发展协调性进一步增强。绿色发展深入推进，单位地区生产总值能耗降幅达到全国平均水平，单位地区生产总值二氧化碳排放进一步降低，资源节约型、环境友好型发展方式普遍建立。开放水平再上新台阶，内陆开放型经济新体制基本形成。共享发展达到新水平，居民人均可支配收入与经济增长基本同步，统筹应对公共卫生等重大突发事件能力显著提高，人民群众获得感、幸福感、安全感明显增强。

到 2035 年，中部地区现代化经济体系基本建成，产业整体迈向中高端，城乡区域协调发展达到较高水平，绿色低碳生产生活方式基本形成，开放型经济体制机制更加完善，人民生活更加幸福安康，基本实现社会主义现代化，共同富裕取得更为明显的实质性进展。

二 坚持创新发展，构建以先进制造业为支撑的现代产业体系

（三）做大做强先进制造业。统筹规划引导中部地区产业集群（基地）发展，在长江沿线建设中国（武汉）光谷、中国（合肥）声谷，在京广沿线建设郑州电子信息、长株潭装备制造产业集群，在京九沿线建设南昌、吉安电子信息产业集群，在大湛沿线建设太原新材料、洛阳装备制造产业集群。建设智能制造、新材料、新能源汽车、电子信息等产业基地。打造集研究开发、检验检测、成果推广等功能于一体的产业集群（基地）服务平台。深入实施制造业重大技术改造升级工程，重点促进河南食品轻纺、山西煤炭、江西有色金属、湖南冶金、湖北化工建材、安徽钢铁有色等传统产业向智能化、绿色化、服务化发展。加快推进山西国家资源型经济转型综合配套改革试验区建设和能源革命综合改革试点。

（四）积极承接制造业转移。推进皖江城市带、晋陕豫黄河金三角、湖北荆州、赣南、湘南湘西承接产业转移示范区和皖北承接产业转移集聚区建设，积极承接新兴产业转移，重点承接产业链关键环节。创新园区建设运营方式，支持与其他地区共建产业转移合作园区。依托园区搭建产业转移服务平台，加强信息沟通及区域产业合作，推动产业转移精准对接。加大中央预算内投资对产业转移合作园区基础设施建设支持力度。在坚持节约集约用地前提下，适当增加中部地区承接制造业转移项目新增建设用地计划指标。创新跨区域制造业转移利益分享机制，建立跨区域经济统计分成制度。

（五）提高关键领域自主创新能力。主动融入新一轮科技和产业革命，提高关键领域自主创新能力，以科技创新引领产业发展，将长板进一步拉长，不断缩小与东部地区尖端技术差距，加快数字化、网络化、智能化技术在各领域的应用。加快合肥综合性国家科学中心建设，探索国家实验室建设运行模式，推动重大科技基础设施集群化发展，开展关键共性技术、前沿引领技术攻关。选择武汉等有条件城市布局一批重大科技基础设施。加快武汉信息光电子、株洲先进轨道交通装备、洛阳农机装备等国家制造业创新中心建设，新培育一批产业创新中心和制造业创新中心。支持建设一批众创空间、孵化器、加速器等创新创业孵化平台和双创示范基地，鼓励发展创业投资。联合区域创新资源，实施一批重要领域关键核心技术攻关。发挥企业在科技创新中的主体作用，支持领军企业组建创新联合体，带动中小企业创新活动。促进产学研融通创新，布局建设一批综合性中试基地，依托龙头企业建设一批专业中试基地。加强知识产权保护，更多鼓励原创技术创新，依托现有国家和省级技术转移中心、知识产权交易中心等，建设中部地区技术交易市场联盟，推动技术交易市场互联互通。完善科技成果转移转化机制，支持有条件地区创建国家科技成果转移转化示范区。

（六）推动先进制造业和现代服务业深度融合。依托产业集群（基地）建设一批工业设计中心和工业互联网平台，推动大数据、物联网、人工智能等新一代信息技术在制造业领域的应用创新，大力发展研发设计、金融服务、检验检测等现代服务业，积极发展服务型制造业，打造数字经济新优势。加强新型基础设施建设，发展新一代信息网络，拓展第五代移动通信应用。积极发展电商网购、在线服务等新业态，推动生活服务业线上线下融合，支持电商、快递进农村。加快郑州、长沙、太原、宜昌、赣州国家物流枢纽建设，支持建设一批生产服务型物流枢纽。增加郑州商品交易所上市产品，支持山西与现有期货交易所合作开展能源商品期现结合交易。推进江西省赣江新区绿色金融改革创新试验区建设。

三 坚持协调发展，增强城乡区域发展协同性

（七）主动融入区域重大战略。加强与京津冀协同发展、长江经济带发展、粤港澳大湾区建设、长三角一体化发展、黄河流域生态保护和高质量发展等区域重大战略互促共进，促进区域间融合互动、融通补充。支持安徽积极融入长三角一体化发展，打造具有重要影响力的科技创新策源地、新兴产业聚集地和绿色发展样板区。支持河南、山西深度参加黄河流域生态保护和高质量发展战略实施，共同抓好大保护，协同推进大治理。支持湖北、湖南、江西加强生态保护、推动绿色发展，在长江经济带建设中发挥更大作用。

（八）促进城乡融合发展。以基础设施互联互通、公共服务共建共享为重点，加强长江中游城市群、中原城市群内城市间合作。支持武汉、长株潭、郑州、合肥等都市圈及山西中部城市群建设，培育发展南昌都市圈。加快武汉、郑州国家中心城市建设，增强长沙、合肥、南昌、太原等区域中心城市辐射带动能力，促进洛阳、襄阳、阜阳、赣州、衡阳、大同等区域重点城市经济发展和人口集聚。推进以县城为重要载体的城镇化建设，以县域为单元统筹城乡发展。发展一批特色小镇，补齐县城和小城镇基础设施与公共服务短板。有条件地区推进城乡供水一体化、农村供水规模化建设和水利设施改造升级，加快推进引江济淮、长江和淮河干流治理、鄂北水资源配置、江西花桥水库、湖南椒花水库等重大水利工程建设。

（九）推进城市品质提升。实施城市更新行动，推进城市生态修复、功能完善工程，合理确定城市规模、人口密度，优化城市布局，推动城市基础设施体系化网络化建设，推进基于数字化的新型基础设施建设。加快补齐市政基础设施和公共服务设施短板，系统化全域化推进海绵城市建设，增强城市防洪排涝功能。推动地级及以上城市加快建立生活垃圾分类投放、分类收集、分类运输、分类处理系统。建设完整居住社区，开展城市居住社区建设补短板行动。加强建筑设计管理，优化城市空间和建筑布局，塑造城市时代特色风貌。

（十）加快农业农村现代化。大力发展粮食生产，支持河南等主产区建设粮食生产核心区，确保粮食种植面积和产量保持稳定，巩固提升全国粮食生产基地地位。实施大中型灌区续建配套节水改造和现代化建设，大力推进高标准农田建设，推广先进适用的农机化技术和装备，加强种质资源保护和利用，支持发展高效旱作农业。高质量推进粮食生产功能区、重要农产品生产保护区和特色农产品优势区建设，大力发展油料、生猪、水产品等优势农产品生产，打造一批绿色农产品生产加工供应基地。支持农产品加工业发展，加快农村产业融合发展示范园建设，推动农村一二三产业融合发展。加快培育农民合作社、家庭农场等新兴农业经营主体，大力培育高素质农民，健全农业社会化服务体系。加快农村公共基础设施建设，因地制宜推进农村改厕、生活垃圾处理和污水治理，改善农村人居环境，建设生态宜居的美丽乡村。

（十一）推动省际协作和交界地区协同发展。围绕对话交流、重大事项协商、规划衔接，建立健全中部地区省际合作机制。加快落实支持赣南等原中央苏区、大别山等革命老区振兴发展的政策措施。推动中部六省省际交界地区以及与东部、西部其他省份交界地区合作，务实推进晋陕豫黄河金三角区域合作，深化大别山、武陵山等区域旅游与经济协作。加强流域上下游产业园区合作共建，充分发挥长江流域园区合作联盟作用，建立淮河、汉江流域园区合作联盟，促进产业协同创新、有序转移、优化升级。加快重要流域上下游、左右岸地区融合发展，推动长株潭跨湘江、南昌跨赣江、太原跨汾河、荆州和芜湖等跨长江发展。

四　坚持绿色发展，打造人与自然和谐共生的美丽中部

（十二）共同构筑生态安全屏障。牢固树立绿水青山就是金山银山理念，统筹推进山水林田湖草沙系统治理。将生态保护红线、环境质量底线、资源利用上线的硬约束落实到环境管控单元，建立全覆盖的生态环境分区管控体系。坚持以水而定、量水而行，把水资源作为最大刚性约束，严格取用水管理。继续深化做实河长制湖长制。强化长江岸线分区管理与用途管制，保护自然岸线和水域生态环境，加强鄱阳湖、洞庭湖等湖泊保护和治理，实施好长江十年禁渔，保护长江珍稀濒危水生生物。加强黄河流域水土保持和生态修复，实施河道和滩区综合提升治理工程。加快解决中小河流、病险水库、重要蓄滞洪区和山洪灾害等防汛薄弱环节，增强城乡防洪能力。以河道生态整治和河道外两岸造林绿化为重点，建设淮河、汉江、湘江、赣江、汾河等河流生态廊道。构建以国家公园为主体的自然保护地体系，科学推进长江中下游、华北平原国土绿化行动，积极开展国家森林城市建设，推行林长制，大力推进森林质量精准提升工程，加强生物多样性系统保护，加大地下水超采治理力度。

（十三）加强生态环境共保联治。深入打好污染防治攻坚战，强化全民共治、源头防治，落实生态保护补偿和生态环境损害赔偿制度，共同解决区域环境突出问题。以城市群、都市圈为重点，协同开展大气污染联防联控，推进重点行业大气污染深度治理。强化移动源污染防治，全面治理面源扬尘污染。以长江、黄河等流域为重点，推动建立横向生态保护补偿机制，逐步完善流域生态保护补偿等标准体系，建立跨界断面水质目标责任体系，推动恢复水域生态环境。加快推进城镇污水收集处理设施建设和改造，推广污水资源化利用。推进土壤污染综合防治先行区建设。实施粮食主产区永久基本农田面源污染专项治理工程，加强畜禽养殖污染综合治理和资源化利用。加快实施矿山修复重点工程、尾矿库污染治理工程，推动矿业绿色发展。严格防控港口船舶污染。加强白色污染治理。强化噪声源头防控和监督管理，提高声环境功能区达标率。

（十四）加快形成绿色生产生活方式。加大园区循环化改造力度，推进资源循环利用基地建设，支持新建一批循环经济示范城市、示范园区。支持开展低碳城市试点，积极推进近零碳排放示范工程，开展节约型机关和绿色家庭、绿色学校、绿色社区、绿色建筑等创建行动，鼓励绿色消费和绿色出行，促进产业绿色转型发展，提升生态碳汇能力。因地制宜发展绿色小水电、分布式光伏发电，支持山西煤层气、鄂西页岩气开发转化，加快农村能源服务体系建设。进一步完善和落实资源有偿使用制度，依托规范的公共资源和产权交易平台开展排污权、用能权、用水权、碳排放权市场化交易。按照国家统一部署，扎实做好碳达峰、碳中和各项工作。健全有利于节约用水的价格机制，完善促进节能环保的电价机制。支持许昌、铜陵、瑞金等地深入推进"无废城市"建设试点。

五　坚持开放发展，形成内陆高水平开放新体制

（十五）加快内陆开放通道建设。全面开工呼南纵向高速铁路通道中部段，加快沿江、厦渝横向高速铁路通道中部段建设。实施汉江、湘江、赣江、淮河航道整治工程，研究推进水系沟通工程，形成水运大通道。加快推进长江干线过江通道建设，继续实施省际高速公路连通工程。加强武汉长江中游航运中心建设，发展沿江港口铁水联运功能，优化中转设施和集疏运网络。加快推进郑州国际物流中心、湖北鄂州货运枢纽机场和合肥国际航空货运集散中心建设，提升郑州、武汉区域航空枢纽功能，积极推动长沙、合肥、南昌、太原形成各具特色的区域枢纽，提高支线机场服务能力。完善国际航线网络，发展全货机航班，增强中部地区机场连接国际枢纽机场能力。

发挥长江黄金水道和京广、京九、浩吉、沪昆、陇海-兰新交通干线作用，加强与长三角、粤港澳大湾区、海峡西岸等沿海地区及内蒙古、广西、云南、新疆等边境口岸合作，对接新亚欧大陆桥、中国-中南半岛、中国-中亚-西亚经济走廊、中蒙俄经济走廊及西部陆海新通道，全面融入共建"一带一路"。

（十六）打造内陆高水平开放平台。高标准建设安徽、河南、湖北、湖南自由贸易试验区，支持先行先试，形成可复制可推广的制度创新成果，进一步发挥辐射带动作用。支持湖南湘江新区、江西赣江新区建成对外开放重要平台。充分发挥郑州航空港经济综合实验区、长沙临空经济示范区在对外开放中的重要作用，鼓励武汉、南昌、合肥、太原等地建设临空经济区。加快郑州-卢森堡"空中丝绸之路"建设，推动江西内陆开放型经济试验区建设。支持建设服务外包示范城市。加快跨境电子商务综合试验区建设，构建区域性电子商务枢纽。支持有条件地区设立综合保税区、创建国家级开放口岸，深化与长江经济带其他地区、京津冀、长三角、粤港澳大湾区等地区通关合作，提升与"一带一路"沿线国家主要口岸互联互通水平。支持有条件地区加快建设具有国际先进水平的国际贸易"单一窗口"。

（十七）持续优化市场化法治化国际化营商环境。深化简政放权、放管结合、优化服务改革，全面推行政务服务"一网通办"，推进"一次办好"改革，做到企业开办全程网上办理。推进与企业发展、群众生活密切相关的高频事项"跨省通办"，实现更多事项异地办理。对标国际一流水平，建设与国际通行规则接轨的市场体系，促进国际国内要素有序自由流动、资源高效配置。加强事前事中事后全链条监管，加大反垄断和反不正当竞争执法司法力度，为各类所有制企业发展创造公平竞争环境。改善中小微企业发展生态，放宽小微企业、个体工商户登记经营场所限制，便利各类创业者注册经营、及时享受扶持政策，支持大中小企业融通发展。

六　坚持共享发展，提升公共服务保障水平

（十八）提高基本公共服务保障能力。认真总结新冠肺炎疫情防控经验模式，加强公共卫生体系建设，完善公共卫生服务项目，建立公共卫生事业稳定投入机制，完善突发公共卫生事件监测预警处置机制，防范化解重大疫情和突发公共卫生风险，着力补齐公共卫生风险防控和应急管理短板，重点支持早期监测预警能力、应急医疗救治体系、医疗物资储备设施及隔离设施等传染病防治项目建设，加快实施传染病医院、疾控中心标准化建设，提高城乡社区医疗服务能力。推动基本医疗保险信息互联共享，完善住院费用异地直接结算。建立统一的公共就业信息服务平台，加强对重点行业、重点群体就业支持，引导重点就业群体跨地区就业，促进多渠道灵活就业。支持农民工、高校毕业生和退役军人等人员返乡入乡就业创业。合理提高孤儿基本生活费、事实无人抚养儿童基本生活补贴标准，推动儿童福利机构优化提质和转型发展。完善农村留守老人关爱服务工作体系，健全农村养老服务设施。建立健全基本公共服务标准体系并适时进行动态调整。推动居住证制度覆盖全部未落户城镇常住人口，完善以居住证为载体的随迁子女就学、住房保障等公共服务政策。

（十九）增加高品质公共服务供给。加快推进世界一流大学和一流学科建设，支持国内一流科研机构在中部地区设立分支机构，鼓励国外著名高校在中部地区开展合作办学。大力开展职业技能培训，加快高水平高职学校和专业建设，打造一批示范性职业教育集团（联盟），支持中部省份共建共享一批产教融合实训基地。支持建设若干区域医疗中心，鼓励国内外大型综合性医疗机构依法依规在中部地区设立分支机构。支持县级医院与乡镇（社区）医疗机构建立医疗联合体，提升基层医疗机构服务水平。条件成熟时在中部地区设立药品、医疗器械审评分中心，加快创新药品、医疗器械审评审批进程。深入挖掘和利用地方特色文化资源，打响中原文化、楚文化、三晋文化品牌。传承和弘扬赣南等原中央苏区、井冈山、大别山等革命老区红色文化，打造爱国主义教育基地和红色旅游目的地。积极发展文化创意、广播影视、动漫游戏、数字出版等产业，推进国家文化与科技融合示范基地、国家级文化产业示范园区建设，加快建设景德镇国家陶瓷文化传承创新试验区。加大对足球场地等体育设施建设支持力度。

（二十）加强和创新社会治理。完善突发事件监测预警、应急响应平台和决策指挥系统，建设区域应急救援平台和区域保障中心，提高应急物资生产、储备和调配能力。依托社会管理信息化平台，推动政府部门业务数据互联共享，打造智慧城市、智慧社区。推进城市社区网格化管理，推动治理重心下移，实现社区服务规范化、全覆盖。完善村党组织领导乡村治理的体制机制，强化村级组织自治功能，全面实施村级事务阳光工程。全面推进"一区一警、一村一辅警"建设，打造平安社区、平安乡村。加强农村道路交通安全监督管理。加强农村普法教育和法律援助，依法解决农村社会矛盾。

（二十一）实现巩固拓展脱贫攻坚成果同乡村振兴有效衔接。聚焦赣南等原中央苏区、大别山区、太行山区、吕梁山区、罗霄山区、武陵山区等地区，健全防止返贫监测和帮扶机制，保持主要帮扶政策总体稳定，实施帮扶对象动态管理，防止已脱贫人口返贫。进一步改善基础设施和市场环境，因地制宜推动特色产业可持续发展。

七 完善促进中部地区高质量发展政策措施

（二十二）建立健全支持政策体系。确保支持湖北省经济社会发展的一揽子政策尽快落实到位，支持保就业、保民生、保运转，促进湖北经济社会秩序全面恢复。中部地区欠发达县（市、区）继续比照实施西部大开发有关政策，老工业基地城市继续比照实施振兴东北地区等老工业基地有关政策，并结合实际调整优化实施范围和有关政策内容。对重要改革开放平台建设用地实行计划指标倾斜，按照国家统筹、地方分担原则，优先保障先进制造业、跨区域基础设施等重大项目新增建设用地指标。鼓励人才自由流动，实行双向挂职、短期工作、项目合作等灵活多样的人才柔性流动政策，推进人力资源信息共享和服务政策有机衔接，吸引各类专业人才到中部地区就业创业。允许中央企事业单位专业技术人员和管理人才按有关规定在中部地区兼职并取得合法报酬，鼓励地方政府设立人才引进专项资金，实行专业技术人才落户"零门槛"。

（二十三）加大财税金融支持力度。中央财政继续加大对中部地区转移支付力度，支持中部地区提高基本公共服务保障水平，在风险可控前提下适当增加省级政府地方政府债券分配额度。全面实施工业企业技术改造综合奖补政策，对在投资总额内进口的自用设备按现行规定免征关税。积极培育区域性股权交易市场，支持鼓励类产业企业上市融资，支持符合条件的企业通过债券市场直接融资，引导各类金融机构加强对中部地区的支持，加大对重点领域和薄弱环节信贷支持力度，提升金融服务质效，增强金融普惠性。

八　认真抓好组织实施

（二十四）加强组织领导。坚持和加强党的全面领导，把党的领导贯穿推动中部地区加快崛起的全过程。山西、安徽、江西、河南、湖北、湖南等中部六省要增强"四个意识"、坚定"四个自信"、做到"两个维护"，落实主体责任，完善推进机制，加强工作协同，深化相互合作，确保党中央、国务院决策部署落地见效。

（二十五）强化协调指导。中央有关部门要按照职责分工，密切与中部六省沟通衔接，在规划编制和重大政策制定、项目安排、改革创新等方面予以积极支持。国家促进中部地区崛起工作办公室要加强统筹指导，协调解决本意见实施中面临的突出问题，强化督促和实施效果评估。本意见实施涉及的重要规划、重点政策、重大项目要按规定程序报批。重大事项及时向党中央、国务院请示报告。

国务院办公厅关于健全
重特大疾病医疗保险和救助制度的意见

国办发〔2021〕42 号

各省、自治区、直辖市人民政府，国务院各部委、各直属机构：

做好重特大疾病医疗保障，是进一步减轻困难群众和大病患者医疗费用负担、防范因病致贫返贫、筑牢民生保障底线的重要举措。为深入贯彻党中央、国务院关于深化医疗保障制度改革和完善社会救助制度的决策部署，巩固拓展医疗保障脱贫攻坚成果，不断增强人民群众获得感、幸福感、安全感，经国务院同意，现就健全重特大疾病医疗保险和救助制度提出以下意见。

一　总体要求

以习近平新时代中国特色社会主义思想为指导，全面贯彻党的十九大和十九届二中、三中、四中、五中全会精神，坚持以人民为中心，坚持共同富裕方向，坚持应保尽保、保障基本，尽力而为、量力而行，推动民生改善更可持续。聚焦减轻困难群众重特大疾病医疗费用负担，建立健全防范和化解因病致贫返贫长效机制，强化基本医保、大病保险、医疗救助（以下统称三重制度）综合保障，实事求是确定困难群众医疗保障待遇标准，确保困难群众基本医疗有保障，不因罹患重特大疾病影响基本生活，同时避免过度保障。促进三重制度综合保障与慈善救助、商业健康保险等协同发展、有效衔接，构建政府主导、多方参与的多层次医疗保障体系。

二　科学确定医疗救助对象范围

（一）及时精准确定救助对象。医疗救助公平覆盖医疗费用负担较重的困难职工和城乡居民，根据救助对象类别实施分类救助。对低保对象、特困人员、低保边缘家庭成员和纳入监测范围的农村易返贫致贫人口，按规定给予救助。对不符合低保、特困人员救助供养或低保边缘家庭条件，但因高额医疗费用支出导致家庭基本生活出现严重困难的大病患者（以下称因病致贫重病患者），根据实际给予一定救助。综合考虑家庭经济状况、医疗费用支出、医疗保险支付等情况，由省（自治区、直辖市）民政部门会同医疗保障等相关部门合理确定因病致贫重病患者认定条件。县级以上地方人民政府规定的其他特殊困难人员，按上述救助对象类别给予相应救助。

三　强化三重制度综合保障

（二）确保困难群众应保尽保。困难群众依法参加基本医保，按规定享有三重制度保障权益。全面落实城乡居民基本医保参保财政补助政策，对个人缴费确有困难的群众给予分类资助。全额资助特困人员，定额资助低保对象、返贫致贫人口。定额资助标准由省级人民政府根据实际确定。适应人口流动和参保需求变化，灵活调整救助对象参保缴费方式，确保其及时参保、应保尽保。

（三）促进三重制度互补衔接。发挥基本医保主体保障功能，严格执行基本医保支付范围和标准，实施公平适度保障；增强大病保险减负功能，探索完善大病保险对低保对象、特困人员和返贫致贫人口的倾斜支付政策，发挥补充保障作用；夯实医疗救助托底保障功能，按照"先保险后救助"的原则，对基本医保、大病保险等支付后个人医疗费用负担仍然较重的救助对象按规定实施救助，合力防范因病致贫返贫风险。完善农村易返贫致贫人口医保帮扶措施，推动实现巩固拓展医疗保障脱贫攻坚成果同乡村振兴有效衔接。

四 夯实医疗救助托底保障

（四）明确救助费用保障范围。坚持保基本，妥善解决救助对象政策范围内基本医疗需求。救助费用主要覆盖救助对象在定点医药机构发生的住院费用、因慢性病需长期服药或患重特大疾病需长期门诊治疗的费用。由医疗救助基金支付的药品、医用耗材、诊疗项目原则上应符合国家有关基本医保支付范围的规定。基本医保、大病保险起付线以下的政策范围内个人自付费用，按规定纳入救助保障。除国家另有明确规定外，各统筹地区不得自行制定或用变通的方法擅自扩大医疗救助费用保障范围。

（五）合理确定基本救助水平。按救助对象家庭困难情况，分类设定年度救助起付标准（以下简称起付标准）。对低保对象、特困人员原则上取消起付标准，暂不具备条件的地区，其起付标准不得高于所在统筹地区上年居民人均可支配收入的5%，并逐步探索取消起付标准。低保边缘家庭成员起付标准按所在统筹地区上年居民人均可支配收入的10%左右确定，因病致贫重病患者按25%左右确定。对低保对象、特困人员符合规定的医疗费用可按不低于70%的比例救助，其他救助对象救助比例原则上略低于低保对象。具体救助比例的确定要适宜适度，防止泛福利化倾向。各统筹地区要根据经济社会发展水平、人民健康需求、医疗救助基金支撑能力，合理设定医疗救助年度救助限额。农村易返贫致贫人口救助水平，按巩固拓展医疗保障脱贫攻坚成果有效衔接乡村振兴战略有关政策规定执行。

（六）统筹完善托底保障措施。加强门诊慢性病、特殊疾病救助保障，门诊和住院救助共用年度救助限额，统筹资金使用，着力减轻救助对象门诊慢性病、特殊疾病医疗费用负担。对规范转诊且在省域内就医的救助对象，经三重制度综合保障后政策范围内个人负担仍然较重的，给予倾斜救助，具体救助标准由统筹地区人民政府根据医疗救助基金筹资情况科学确定，避免过度保障。通过明确诊疗方案、规范诊疗等措施降低医疗成本，合理控制困难群众政策范围内自付费用比例。

五　建立健全防范和化解因病致贫返贫长效机制

（七）强化高额医疗费用支出预警监测。实施医疗救助对象信息动态管理。分类健全因病致贫和因病返贫双预警机制，结合实际合理确定监测标准。重点监测经基本医保、大病保险等支付后个人年度医疗费用负担仍然较重的低保边缘家庭成员和农村易返贫致贫人口，做到及时预警。加强部门间信息共享和核查比对，协同做好风险研判和处置。加强对监测人群的动态管理，符合条件的及时纳入救助范围。

（八）依申请落实综合保障政策。全面建立依申请救助机制，畅通低保边缘家庭成员和农村易返贫致贫人口、因病致贫重病患者医疗救助申请渠道，增强救助时效性。已认定为低保对象、特困人员的，直接获得医疗救助。强化医疗救助、临时救助、慈善救助等综合性保障措施，精准实施分层分类帮扶。综合救助水平要根据家庭经济状况、个人实际费用负担情况合理确定。

六　积极引导慈善等社会力量参与救助保障

（九）发展壮大慈善救助。鼓励慈善组织和其他社会组织设立大病救助项目，发挥补充救助作用。促进互联网公开募捐信息平台发展和平台间慈善资源共享，规范互联网个人大病求助平台信息发布，推行阳光救助。支持医疗救助领域社会工作服务和志愿服务发展，丰富救助服务内容。根据经济社会发展水平和各方承受能力，探索建立罕见病用药保障机制，整合医疗保障、社会救助、慈善帮扶等资源，实施综合保障。建立慈善参与激励机制，落实相应税收优惠、费用减免等政策。

（十）鼓励医疗互助和商业健康保险发展。支持开展职工医疗互助，规范互联网平台互助，加强风险管控，引导医疗互助健康发展。支持商业健康保险发展，满足基本医疗保障以外的保障需求。鼓励商业保险机构加强产品创新，在产品定价、赔付条件、保障范围等方面对困难群众适当倾斜。

七 规范经办管理服务

（十一）加快推进一体化经办。细化完善救助服务事项清单，出台医疗救助经办管理服务规程，做好救助对象信息共享互认、资助参保、待遇给付等经办服务。推动基本医保和医疗救助服务融合，依托全国统一的医疗保障信息平台，依法依规加强数据归口管理。统一协议管理，强化定点医疗机构费用管控主体责任。统一基金监管，做好费用监控、稽查审核，保持打击欺诈骗保高压态势，对开展医疗救助服务的定点医疗机构实行重点监控，确保基金安全高效、合理使用。推动实行"一站式"服务、"一窗口"办理，提高结算服务便利性。

（十二）优化救助申请审核程序。简化申请、审核、救助金给付流程，低保对象、特困人员直接纳入"一站式"结算，探索完善其他救助对象费用直接结算方式。加强部门工作协同，全面对接社会救助经办服务，按照职责分工做好困难群众医疗救助申请受理、分办转办及结果反馈。动员基层干部，依托基层医疗卫生机构，做好政策宣传和救助申请委托代办等，及时主动帮助困难群众。

（十三）提高综合服务管理水平。加强对救助对象就医行为的引导，推行基层首诊，规范转诊，促进合理就医。完善定点医疗机构医疗救助服务内容，提高服务质量，按规定做好基本医保和医疗救助费用结算。按照安全有效、经济适宜、救助基本的原则，引导医疗救助对象和定点医疗机构优先选择纳入基本医保支付范围的药品、医用耗材和诊疗项目，严控不合理费用支出。经基层首诊转诊的低保对象、特困人员在市域内定点医疗机构住院，实行"先诊疗后付费"，全面免除其住院押金。做好异地安置和异地转诊救助对象登记备案、就医结算，按规定转诊的救助对象，执行户籍地所在统筹地区救助标准。未按规定转诊的救助对象，所发生的医疗费用原则上不纳入医疗救助范围。

八　强化组织保障

（十四）加强组织领导。强化党委领导、政府主导、部门协同、社会参与的重特大疾病保障工作机制。将困难群众重特大疾病医疗救助托底保障政策落实情况作为加强和改善民生的重要指标，纳入医疗救助工作绩效评价。各省（自治区、直辖市）要落实主体责任，细化政策措施，强化监督检查，确保政策落地、待遇落实、群众得实惠。要结合落实医疗保障待遇清单制度，制定出台细化措施，切实规范医疗救助保障范围，坚持基本保障标准，确保制度可持续发展。加强政策宣传解读，及时回应社会关切，营造良好舆论氛围。各地区政策实施情况及时报送国家医保局。

（十五）加强部门协同。建立健全部门协同机制，加强医疗保障、社会救助、医疗卫生制度政策及经办服务统筹协调。医疗保障部门要统筹推进医疗保险、医疗救助制度改革和管理工作，落实好医疗保障政策。民政部门要做好低保对象、特困人员、低保边缘家庭成员等救助对象认定工作，会同相关部门做好因病致贫重病患者认定和相关信息共享，支持慈善救助发展。财政部门要按规定做好资金支持。卫生健康部门要强化对医疗机构的行业管理，规范诊疗路径，促进分级诊疗。税务部门要做好基本医保保费征缴相关工作。银保监部门要加强对商业保险机构承办大病保险的行业监管，规范商业健康保险发展。乡村振兴部门要做好农村易返贫致贫人口监测和信息共享。工会要做好职工医疗互助和罹患大病困难职工帮扶。

（十六）加强基金预算管理。在确保医疗救助基金安全运行基础上，统筹协调基金预算和政策制定，落实医疗救助投入保障责任。拓宽筹资渠道，动员社会力量，通过慈善和社会捐助等多渠道筹集资金，统筹医疗救助资金使用。加强预算执行监督，全面实施预算绩效管理。促进医疗救助统筹层次与基本医保统筹层次相协调，提高救助资金使用效率。

（十七）加强基层能力建设。加强基层医疗保障经办队伍建设，统筹医疗保障公共服务需求和服务能力配置，做好相应保障。积极引入社会力量参与经办服务，大力推动医疗救助经办服务下沉，重点提升信息化和经办服务水平。加强医疗救助政策和业务能力培训，努力打造综合素质高、工作作风好、业务能力强的基层经办队伍。

国务院办公厅

2021 年 10 月 28 日

国务院办公厅关于进一步加大对中小企业纾困帮扶力度的通知

国办发〔2021〕45 号

各省、自治区、直辖市人民政府，国务院各部委、各直属机构：

中小企业是国民经济和社会发展的主力军，在促进增长、保障就业、活跃市场、改善民生等方面发挥着重要作用。近期，受原材料价格上涨、订单不足、用工难用工贵、应收账款回款慢、物流成本高以及新冠肺炎疫情散发、部分地区停电限电等影响，中小企业成本压力加大、经营困难加剧。为贯彻落实党中央、国务院决策部署，进一步加大助企纾困力度，减轻企业负担，帮助渡过难关，经国务院同意，现就有关事项通知如下：

一、加大纾困资金支持力度。鼓励地方安排中小企业纾困资金，对生产经营暂时面临困难但产品有市场、项目有前景、技术有竞争力的中小企业，以及劳动力密集、社会效益高的民生领域服务型中小企业（如养老托育机构等）给予专项资金支持，减轻房屋租金、水电费等负担，给予社保补贴等，帮助企业应对原材料价格上涨、物流及人力成本上升等压力。落实创业担保贷款贴息及奖补政策。用好小微企业融资担保降费奖补资金，支持扩大小微企业融资担保业务规模，降低融资担保成本。有条件的地方要发挥好贷款风险补偿机制作用。（财政部、工业和信息化部、人力资源社会保障部、人民银行等国务院相关部门及各地区按职责分工负责）

二、进一步推进减税降费。深入落实月销售额 15 万元以下的小规模纳税人免征增值税、小型微利企业减征所得税、研发费用加计扣除、固定资产加速折旧、支持科技创新进口等税收优惠政策。制造业中小微企业按规定延缓缴纳 2021 年第四季度部分税费。研究适时出台部分惠企政策到期后的接续政策。持续清理规范涉企收费，确保政策红利落地。（财政部、税务总局、海关总署、市场监管总局等国务院相关部门及各地区按职责分工负责）

三、灵活精准运用多种金融政策工具。加强再贷款再贴现政策工具精准"滴灌"中小企业，用好新增 3000 亿元支小再贷款额度。加大信用贷款投放，按规定实施普惠小微企业信用贷款支持政策。对于受新冠肺炎疫情、洪涝灾害及原材料价格上涨等影响严重的小微企业，加强流动资金贷款支持，按规定实施普惠小微企业贷款延期还本付息政策。（人民银行、银保监会按职责分工负责）

四、推动缓解成本上涨压力。加强大宗商品监测预警，强化市场供需调节，严厉打击囤积居奇、哄抬价格等违法行为。支持行业协会、大型企业搭建重点行业产业链供需对接平台，加强原材料保供对接服务。推动期货公司为中小企业提供风险管理服务，助力中小企业运用期货套期保值工具应对原材料价格大幅波动风险。稳定班轮公司在中国主要出口航线的运力供给。发挥行业协会、商会及地方政府作用，引导外贸企业与班轮公司签订长约合同，鼓励班轮公司推出中小企业专线服务。（国家发展改革委、工业和信息化部、市场监管总局、中国证监会、交通运输部、商务部等国务院相关部门及各地区按职责分工负责）

五、加强用电保障。加强电力产供储销体系建设，科学实施有序用电，合理安排错峰用电，保障对中小企业尤其是制造业中小企业的能源安全稳定供应。推动产业链龙头企业梳理上下游重点企业名单，保障产业链关键环节中小企业用电需求，维护产业链供应链安全稳定，确保企业已有订单正常生产，防范订单违约风险。加快推进电力市场化改革，充分考虑改革进程和中小企业承受能力，平稳有序推动中小企业进入电力市场。鼓励有条件的地方对小微企业用电实行阶段性优惠。（国家发展改革委、工业和信息化部及各地区按职责分工负责）

六、支持企业稳岗扩岗。落实失业保险稳岗返还及社保补贴、培训补贴等减负稳岗扩就业政策，支持中小企业稳定岗位，更多吸纳高校毕业生等重点群体就业。推动各级政府公共服务平台、人力资源服务机构为中小企业发布实时有效的岗位信息，加强用工供需信息对接。（人力资源社会保障部、财政部及各地区按职责分工负责）

七、保障中小企业款项支付。进一步落实《保障中小企业款项支付条例》，制定保障中小企业款项支付投诉处理办法，加强大型企业应付账款管理，对滥用市场优势地位逾期占用、恶意拖欠中小企业账款行为，加大联合惩戒力度。继续开展清理拖欠中小企业账款专项行动。推动各级政府部门、事业单位、大型企业及时支付采购中小企业货物、工程、服务的账款，从源头防范层层拖欠形成"三角债"。严禁以不签合同、在合同中不约定具体付款时限和付款方式等方法规避及时支付义务的行为。（工业和信息化部、国务院国资委、财政部、人民银行等国务院相关部门及各地区按职责分工负责）

八、着力扩大市场需求。加大民生领域和新型基础设施建设投资力度，进一步落实《政府采购促进中小企业发展管理办法》，鼓励各地因地制宜细化预留采购份额、价格评审优惠、降低投标成本、优先采购等支持措施。组织开展供需对接活动，促进大型企业扩大向中小企业采购规模。搭建政银合作平台，开展中小企业跨境撮合服务。依托跨境电商等外贸新业态，为中小企业提供远程网上交流、供需信息对接等服务。加快海外仓发展，保障外贸产业链供应链畅通运转。充分发挥境外经贸合作区作为中小企业"抱团出海"平台载体的作用，不断提升合作区建设质量和服务水平，引导和支持有合作需求的中小企业入区开展投资合作。（国家发展改革委、财政部、商务部、工业和信息化部按职责分工负责）

九、全面压实责任。各有关部门、各地区要进一步把思想认识行动统一到党中央、国务院决策部署上来，强化责任担当，勇于开拓创新，进一步细化纾困举措，积极采取针对性措施，帮助中小企业应对困难，推动中小企业向"专精特新"方向发展，不断提升市场竞争力。各有关部门要加强对中小企业面临困难和问题的调研，总结经验做法，加强政策储备，适时推动出台；要加大对地方的指导支持力度，扎实推动各项政策措施落地见效。落实情况要及时报送国务院促进中小企业发展工作领导小组办公室。（国务院相

关部门及各地区按职责分工负责）

国务院办公厅

2021 年 11 月 10 日

国务院办公厅关于进一步做好困难群众
基本生活保障有关工作的通知

国办发明电〔2021〕2 号

各省、自治区、直辖市人民政府，国务院各部委、各直属机构：

党中央、国务院高度重视困难群众基本生活保障工作。2020 年以来，各地各有关部门克服新冠肺炎疫情、洪涝灾害、罕见低温等不利影响，扎实做好"六稳"工作，全面落实"六保"任务，广大困难群众基本生活得到了较好保障。当前，春节临近，为进一步保障好困难群众生活，确保他们度过一个温暖祥和的春节，经国务院同意，现通知如下：

一　保障市场供应充足和价格平稳

全面落实粮食安全省长责任制和"菜篮子"市长负责制，做好重要商品的保供稳价工作，加强价格监测和市场监管，确保春节期间米面油、蔬菜、肉蛋奶等生活物资生产正常、运输畅通、供应充足、价格平稳、质量可靠，保障城乡居民过节物资需求。根据食品等物价波动情况，视情启动社会救助和保障标准与物价上涨挂钩联动机制。加强资金保障，确保价格临时补贴及时足额发放到位，低保对象、特困人员的价格临时补贴从地方困难群众救助资金列支或由地方财政另行安排；领取失业保险金人员的价格临时补贴从失业保险基金列支；享受国家定期抚恤补助待遇的优抚对象的价格临时补贴由地方财政安排。

二　加强困难群众基本生活保障

扎实做好春节期间困难群众救助保障和关爱服务，及时足额发放低保、特困供养等救助金。各地可根据实际情况，为低保对象、特困人员、孤儿、事实无人抚养儿童等困难群众发放节日补助或临时生活补助。开展取暖救助，确保寒冷地区的困难群众冬天不受冻。全面开展低收入家庭认定工作，根据困难群众实际情况按规定给予基本生活救助或医疗、教育、住房、就业等专项救助。以低保对象、特困人员、低收入家庭等信息为基础，建立健全低收入人口信息库，加强民政与教育、人力资源社会保障、住房城乡建设、医疗保障等部门数据的共享比对，主动发现、精准识别困难群众，对符合条件的及时给予社会救助。加强对已脱贫人口和边缘人口的监测排查，确保社会救助兜底保障不遗漏。对经济困难的高龄、失能、独居（留守）老年人和孤儿、事实无人抚养儿童、农村留守儿童、流浪乞讨人员、残疾人、精神障碍患者等特殊困难群众，开展巡访探访，提供针对性帮扶和关爱服务。保障特困人员供养服务机构基本运转，做好有集中供养意愿且生活不能自理特困人员的集中供养工作。加强贫困重度残疾人照护服务，落实经济困难的高龄、失能老年人补贴等政策，实施困难残疾人生活补贴和重度残疾人护理补贴标准动态调整机制，合理确定孤儿基本生活费和事实无人抚养儿童基本生活补贴标准。切实做好生活无着的流浪乞讨人员"寒冬送温暖"专项救助工作，重点巡查露天广场、地下通道、闲置房屋等流浪乞讨人员易集中区域和部位，夜间及恶劣天气时增加巡查频次。

三　妥善做好受灾人员基本生活救助

加快中央冬春临时生活困难救助资金发放进度，确保春节前全面发放到受灾群众手中。加强冬春临时生活困难救助与其他社会救助、走访慰问活动等有序衔接，进一步突出救助重点、增强救助实效。积极推进因灾倒损民房恢复重建，用好用足各类重建政策和资金，有效形成帮扶合力，支持受灾群众尽快恢复重建住房，早日入住新居。对因灾房屋倒损需过渡安置的受灾群众继续做好帮扶救助，规范有序发放过渡期生活救助资金等款物，确保受灾群众通过投亲靠友、自行租房、借住公房等方式得到妥善安置。做好冬春期间各类灾害防范应对准备，及时启动应急响应机制，快速下拨发放救灾款物，确保受灾群众得到及时有效救助。

四　防范化解各类特殊困难群众服务机构安全隐患

压实各类特殊困难群众服务机构主体责任，健全预警机制和应急处置预案，增强安全意识和安全防范能力，严密防范各类安全事故发生，确保所有服务机构健康有序运行。加强各类养老服务机构、儿童福利机构、未成年人救助保护机构、流浪乞讨人员救助管理机构、精神卫生福利机构等特殊困难群众服务机构的安全管理，分区分级严格落实相关疫情防控措施，从严从细排查消除消防、食品卫生等方面的安全隐患。加强冬季供暖保障，防止发生煤气、煤烟中毒和冻伤、冻死事故。进一步做好机构内服务对象照护管理和日常巡查，密切关注服务对象身心健康，及时做好送医就医、精神慰藉和心理疏导等工作。切实加强节日期间值班值守工作，严格执行专人值班值守制度。

五　全力做好受疫情影响困难群众兜底保障工作

当前，各地区、各部门要毫不松懈做好疫情防控有关工作，认真落实党中央、国务院出台的疫情防控期间困难群众兜底保障各项政策措施，努力降低疫情对困难群众生活的影响。对患新冠肺炎的低保对象、特困人员、低收入家庭成员等，按规定及时给予临时救助，可一事一议加大救助力度。对受疫情影响无法外出务工、经营、就业，导致收入下降、基本生活出现困难的城乡居民，简化低保申请确认程序，及时将符合条件的纳入救助范围。受疫情影响严重地区，可采取增发救助金、发放临时生活补助和生活物资、暂缓退出低保等方式，保障困难群众基本生活。对受疫情影响陷入生活困境的群众，急难发生地直接实施临时救助。对失业农民工等生活困难未参保失业人员，符合条件的由务工地或经常居住地发放一次性临时救助金，帮助其渡过生活难关。对因疫情防控影响缺乏监护或照料的老年人、残疾人、儿童等特殊群体，加强走访探视、摸底排查，做到妥善照顾、服务到位。做好留在当地农民工、留校学生等的生活安排，对生活困难的及时提供临时住宿、饮食、御寒衣物等救助帮扶。

六　确保各项救助帮扶政策落到实处

各地区、各有关部门要进一步提高政治站位，加强组织领导，压实主体责任，守住民生底线，坚决防止发生冲击社会道德底线的事件。各级财政要把保障困难群众基本生活放在突出位置，优先安排、打够打足基本民生保障资金。按照资金直达要求，加强监管、防止挪用，及时足额将各类救助和补贴资金发放到困难群众手中。充分发挥县级困难群众基本生活保障工作协调机制作用，统筹整合救助资源，解决好困难群众急难个案问题。畅通社会救助服务热线，加强热线电话值守，规范办理流程，提高办理效率，确保困难群众求助有门、受助及时。发挥好临时救助的救急难作用。对非因主观故意将不符合条件人员纳入救助帮扶范围的，可免予追究相关责任，激励党员干部、一线工作人员担当作为。春节期间，各地区、各有关部门要精心组织走访慰问活动，加强对困难群众的关心关爱，妥善解决困难群众生产生活实际问题，确保困难群众安心过年、温暖过冬。

国务院办公厅

2021 年 1 月 18 日

国务院关于新时代支持革命老区振兴发展的意见

国发〔2021〕3 号

各省、自治区、直辖市人民政府，国务院各部委、各直属机构：

革命老区是党和人民军队的根，是中国人民选择中国共产党的历史见证。革命老区大部分位于多省交界地区，很多仍属于欠发达地区。为加大对革命老区支持力度，2012 年以来国务院先后批准了支持赣南等原中央苏区和陕甘宁、左右江、大别山、川陕等革命老区振兴发展的政策文件，部署实施了一批支持措施和重大项目，助力革命老区如期打赢脱贫攻坚战，持续改善基本公共服务，发挥特色优势推进高质量发展，为全面建成小康社会作出了积极贡献。为深入贯彻落实党中央、国务院决策部署，支持革命老区在新发展阶段巩固拓展脱贫攻坚成果，开启社会主义现代化建设新征程，让革命老区人民逐步过上更加富裕幸福的生活，现提出以下意见。

一 总体要求

（一）指导思想。以习近平新时代中国特色社会主义思想为指导，全面贯彻党的十九大和十九届二中、三中、四中、五中全会精神，坚持和加强党的全面领导，坚持以人民为中心，立足新发展阶段、贯彻新发展理念、构建新发展格局、推动高质量发展，巩固拓展脱贫攻坚成果，激发内生动力，发挥比较优势，努力走出一条新时代振兴发展新路，把革命老区建设得更好，让革命老区人民过上更好生活，逐步实现共同富裕。

（二）主要目标。到2025年，革命老区脱贫攻坚成果全面巩固拓展，乡村振兴和新型城镇化建设取得明显进展，基础设施和基本公共服务进一步改善，居民收入增长幅度高于全国平均水平，对内对外开放合作水平显著提高，红色文化影响力明显增强，生态环境质量持续改善。到2035年，革命老区与全国同步基本实现社会主义现代化，现代化经济体系基本形成，居民收入水平显著提升，基本公共服务实现均等化，人民生活更加美好，形成红色文化繁荣、生态环境优美、基础设施完善、产业发展兴旺、居民生活幸福、社会和谐稳定的发展新局面。

二 巩固拓展脱贫攻坚成果，因地制宜推进振兴发展

坚持统筹谋划、因地制宜、各扬所长，聚焦重点区域、重点领域、重点人群巩固拓展脱贫攻坚成果，促进革命老区振兴发展。

（三）推动实现巩固拓展脱贫攻坚成果同乡村振兴有效衔接。一定时期内保持脱贫攻坚政策总体稳定，完善防止返贫监测和帮扶机制，优先支持将革命老区县列为国家乡村振兴重点帮扶县，巩固"两不愁三保障"等脱贫攻坚成果。做好易地扶贫搬迁后续帮扶工作，建设配套产业园区，提升完善安置区公共服务设施。加大以工代赈对革命老区的支持力度，合理确定建设领域、赈济方式。统筹城乡规划，以交通、能源、水利、信息网络等为重点，加快推进革命老区美丽生态宜居乡村建设。提高农房设计和建造水平，改善群众住房条件和居住环境。因地制宜发展规模化供水、建设小型标准化供水设施，大力实施乡村电气化提升工程，全面推进"四好农村路"建设，开展数字乡村试点，加快乡村绿化美化。坚持扶志扶智相结合，加大对革命老区农村低收入群体就业技能培训和外出务工的扶持力度。完善城乡低保对象认定方法，适当提高低保标准，落实符合条件的"三红"人员（在乡退伍红军老战士、在乡西路军红军老战士、红军失散人员）、烈士老年子女、年满60周岁农村籍退役士兵等人群的优抚待遇。

（四）促进大中小城市协调发展。落实推进以人为核心的新型城镇化要求，支持革命老区重点城市提升功能品质、承接产业转移，建设区域性中心城市和综合交通枢纽城市。研究支持赣州、三明等城市建设革命老区高质量发展示范区。支持革命老区县城建设和县域经济发展，促进环境卫生设施、市政公用设施、公共服务设施、产业配套设施提质增效，支持符合条件的县城建设一批产业转型升级示范园区，增强内生发展动力和服务农业农村能力。健全城乡融合发展体制机制，推进经济发达镇行政管理体制改革。推动信息网络等新型基础设施建设，加快打造智慧城市，提升城市管理和社会治理的数字化、智能化、精准化水平。

（五）对接国家重大区域战略。将支持革命老区振兴发展纳入国家重大区域战略和经济区、城市群、都市圈相关规划并放在突出重要位置，加强革命老区与中心城市、城市群合作，共同探索生态、交通、产业、园区等多领域合作机制。支持赣南等原中央苏区和海陆丰革命老区深度参与粤港澳大湾区建设，支持赣州、龙岩与粤港澳大湾区共建产业合作试验区，建设好赣州、井冈山、梅州综合保税区和龙岩、梅州跨境电商综合试验区，支持吉安申请设立跨境电商综合试验区，支持三明推动海峡两岸乡村融合发展。鼓励大别山、川陕、湘鄂渝黔等革命老区对接长江经济带发展、成渝地区双城经济圈建设，陕甘宁、太行、沂蒙等革命老区重点对接黄河流域生态保护和高质量发展，浙西南革命老区融入长江三角洲区域一体化发展，琼崖革命老区在海南自由贸易港建设中发挥独特作用。鼓励左右江革命老区开展全方位开放合作，引导赣南等原中央苏区与湘赣边区域协同发展。支持革命老区积极参与"一带一路"建设，以开放合作增强振兴发展活力。

三 促进实体经济发展，增强革命老区发展活力

加快完善革命老区基础设施，发展特色产业体系，提升创新能力，培育革命老区振兴发展新动能，提高经济质量效益和核心竞争力。

（六）完善基础设施网络。支持将革命老区公路、铁路、机场和能源、水利、应急等重大基础设施项目列入国家相关规划，具备条件后尽快启动建设，促进实现互联互通。加快建设京港（台）、包（银）海、沿江、厦渝等高铁主通道，规划建设相关区域连接线，加大普速货运铁路路网投资建设和改造升级力度。大力支持革命老区高速公路规划建设，优化高速公路出入口布局，便捷连接重点城镇和重点红色文化纪念地，加快国省道干线改造。支持革命老区民用运输机场新建和改扩建，规划建设一批通用机场。加快综合水运枢纽建设和航道整治，推进百色水利枢纽过船设施等工程，研究论证赣粤运河可行性。建设一批重点水源工程和大型灌区工程，推进大中型灌区续建配套与现代化改造、中小河流治理、病险水库除险加固和山洪灾害防治等工程。有序规划建设支撑性清洁煤电项目、煤运通道和煤炭储备基地，加快建设跨区域输电工程，持续完善电力骨干网架，推动石油、天然气管道和配套项目建设，保障革命老区能源稳定供应。

（七）培育壮大特色产业。支持革命老区加强农田水利和高标准农田建设，深入推进优质粮食工程，稳步提升粮食生产能力。加强绿色食品、有机农产品、地理标志农产品认证和管理，推行食用农产品合格证制度，推动品种培优、品质提升、品牌打造和标准化生产。做大做强水果、蔬菜、茶叶等特色农林产业，支持发展沙县小吃等特色富民产业。建设一批农村产业融合发展园区、农业标准化示范区、农产品质量检验检测中心和冷链物流基地，鼓励电商企业与革命老区共建农林全产业链加工、物流和交易平台。支持有条件的地区建设新材料、能源化工、生物医药、电子信息、新能源汽车等特色优势产业集群，支持符合条件的地区建设承接产业转移示范区。推进"中国稀金谷"建设，研究中重稀土和钨资源收储政策。支持革命老区立足红色文化、民族文化和绿色生态资源，加快特色旅游产业发展，推出一批乡村旅游重点村镇和精品线路。支持有条件的地区规划建设稀土、旅游等行业大数据中心，鼓励互联网企业在革命老区发展运营中心、呼叫中心等业务。

（八）提升创新驱动发展能力。支持革命老区重点高校、重点学科和重点实验室建设，加大对口支援革命老区重点高校工作力度，鼓励"双一流"建设高校、中国特色高水平高职学校与革命老区开展合作共建。完善东中西部科技合作机制，促进中西部革命老区与东部地区加强科技合作。鼓励科研院所、高校与革命老区合作，共建中科院赣江创新研究院、国家钨与稀土产业计量测试中心等创新平台，研究建设稀土绿色高效利用等重大创新平台，支持有条件的地区组建专业化技术转移机构，创建国家科技成果转移转化示范区。支持在革命老区建设创新型城市和创新型县（市），布局建设一批国家级高新区、创新研发基地等创新载体。支持地方完善人才政策和激励机制，加大人才培养和引进力度，在科技特派员制度创新等方面先行先试，深入推进大众创业、万众创新。强化企业创新主体地位，鼓励企业加大研发投入。鼓励革命老区完善第五代移动通信（5G）网络、工业互联网、物联网等新一代信息基础设施，因地制宜促进数字经济发展，鼓励有条件的地区开展北斗系统应用。

四　补齐公共服务短板，增进革命老区人民福祉

健全基本公共服务体系，改善人民生活品质，提高社会治理水平，繁荣发展红色文化，促进人与自然和谐共生，增强革命老区人民群众获得感、幸福感、安全感。

（九）提升公共服务质量。支持革命老区依据国家基本公共服务标准，结合本地实际，尽力而为、量力而行，建立健全本地区基本公共服务标准，保障群众基本生活。完善革命老区中小学和幼儿园布局，加大教师培训力度。继续推进"八一爱民学校"援建工作。继续面向革命老区实施相关专项招生计划倾斜。推进高职学校、技工院校建设，实施省部共建职业教育试点项目。加强革命老区公共卫生防控救治能力建设，支持市县级综合医院、传染病医院（传染科）和卫生应急监测预警体系建设。鼓励国内一流医院与革命老区重点医院开展对口帮扶，合作共建医联体。按照"保基本、强基层、建机制"要求，深化县域综合医改，整合县域医疗卫生资源，推动发展县域医共体。实施中医临床优势培育工程和中医康复服务能力提升工程，建设中医优势专科。提升公共文化和公共体育设施建设运营水平，优化广播电视公共服务供给和基层公共文化服务网络，建设一批体育公园，鼓励革命老区承办全国性、区域性文化交流和体育赛事活动。

（十）弘扬传承红色文化。把红色资源作为坚定理想信念、加强党性修养的生动教材，围绕革命历史创作一批文艺作品，将红色经典、革命故事纳入中小学教材，在干部培训中加强党史、新中国史、改革开放史、社会主义发展史教育。加大对瑞金中央苏区旧址、古田会议旧址、杨家岭革命旧址、鄂豫皖苏区首府革命博物馆、川陕革命根据地博物馆等革命历史类纪念设施、遗址和英雄烈士纪念设施的保护修缮力度，加强西路军、东北抗联等战斗过的革命老区县现存革命文物保护修复和纪念设施保护修缮。统筹推进长征国家文化公园建设，建设一批标志性工程。公布革命文物名录，实施革命文物保护利用工程。支持革命历史类纪念设施、遗址积极申报全国爱国主义教育示范基地、全国重点文物保护单位、国家级英雄烈士纪念设施和国家级抗战纪念设施、遗址。推动红色旅游高质量发展，建设红色旅游融合发展示范区，支持中央和地方各类媒体通过新闻报道、公益广告等多种方式宣传推广红色旅游。

（十一）促进绿色转型发展。坚持绿水青山就是金山银山理念，促进生态保护和经济发展、民生保障相得益彰。统筹推进革命老区山水林田湖草一体化保护和修复，加强长江、黄河等大江大河和其他重要江河源头生态环境治理，支持赣南等原中央苏区和陕甘宁、左右江等革命老区建设长江、黄河、珠江流域重要生态安全屏障。深入总结浙西南等革命老区生态保护修复成果经验，继续支持新安江等流域探索生态保护补偿，复制推广经验做法，建立健全流域上下游横向生态保护补偿机制。支持大别山、川陕等革命老区实施生物多样性保护重大工程。支持科学布局建设国家公园。支持革命老区开展促进生态保护修复的产权激励机制试点。鼓励地方依法依规通过租赁、置换、合作等方式规范流转集体林地。加快能源资源产业绿色发展，延伸拓展产业链，鼓励资源就地转化和综合利用，支持资源开发和地方经济协同发展。推动绿色矿山建设，加强赣南、陕北等历史遗留矿山生态修复，开展尾矿库综合治理，推进采煤沉陷区综合治理，推动将部分厂矿旧址、遗址列为工业遗产。

五 健全政策体系和长效机制

坚持目标导向和问题导向，健全长效普惠性的扶持机制和精准有效的差别化支持机制，激发革命老区振兴发展内生动力。

（十二）加强党的全面领导。增强"四个意识"、坚定"四个自信"、做到"两个维护"，充分发挥党总揽全局、协调各方的领导核心作用，把党的领导始终贯穿革命老区振兴发展全过程和各领域各方面各环节。完善支持赣南等原中央苏区振兴发展部际联席会议制度，研究建立省部会商和省际协商机制，及时协调推动陕甘宁、大别山、左右江、川陕等革命老区振兴发展重要事项。出台中央国家机关及有关单位对口支援赣南等原中央苏区工作方案，继续组织对口支援工作。研究建立发达省市与革命老区重点城市对口合作机制，支持革命老区重点城市与中央国家机关及有关单位、重点高校、经济发达地区开展干部双向挂职交流。发挥井冈山、延安等干部学院作用，支持地方办好瑞金、古田、百色、大别山等干部学院，开展理想信念和党性教育。大力弘扬老区精神，广泛凝聚正能量，表彰奖励正面典型，努力营造全社会支持参与革命老区振兴发展的良好氛围。

（十三）加大财政金融支持力度。中央财政在安排革命老区转移支付、地方政府专项债券时，对革命老区所在省份予以倾斜支持。探索制定革命老区转移支付绩效评估和奖惩激励办法。继续支持赣州执行西部大开发政策，在加快革命老区高质量发展上作示范。中央预算内投资对赣南等原中央苏区参照执行西部地区政策，对沂蒙革命老区参照执行中部地区政策，研究安排专项资金支持革命老区产业转型升级平台建设。支持符合条件的革命老区海关特殊监管区域按规定开展增值税一般纳税人资格试点，对其他地区向革命老区重点城市转移的企业，按原所在地区已取得的海关信用等级实施监督。鼓励政策性金融机构结合职能定位和业务范围加大对革命老区支持力度，鼓励商业性金融机构通过市场化方式积极参与革命老区振兴发展，支持符合条件的革命老区重点企业上市融资。

（十四）优化土地资源配置。支持革命老区重点城市开展城镇低效用地再开发，对损毁的建设用地和零星分散的未利用地开发整理成耕地的，经认定可用于占补平衡，允许城乡建设用地增减挂钩节余指标按规定在省域范围内流转使用。对革命老区列入国家有关规划和政策文件的建设项目，纳入国家重大建设项目范围并按规定加大用地保障力度。支持探索革命老区乡村产业发展用地政策。

（十五）强化组织实施。相关省（自治区、直辖市）要将革命老区振兴发展列为本地区重点工作，加强组织领导，完善工作机制，明确责任分工，制定配套政策，健全对革命老区的差别化绩效评估体系，对重点城市和城市化地区侧重考核经济转型发展和常住人口基本公共服务等方面指标，对重点生态功能区和农产品主产区进一步强化生态服务功能和农产品供给能力相关指标考核，在开展试点示范和安排中央补助时对革命老区给予倾斜支持。有关部门要加强工作指导，在国土空间规划、专项规划、区域规划等相关规划编制实施过程中强化对革命老区的统筹支持，研究制定支持革命老区巩固拓展脱贫攻坚成果、基础设施建设、生态环境保护修复、红色旅游等重点领域实施方案，细化具体支持政策，指导地方开展革命老区振兴发展规划修编。国家发展改革委要加强对革命老区振兴发展各项工作的协调，制定重点任务分工和年度工作要点，重大事项及时向国务院报告。

国务院

2021 年 1 月 24 日

国务院办公厅关于建立健全职工基本医疗保险门诊共济保障机制的指导意见

国办发〔2021〕14 号

各省、自治区、直辖市人民政府，国务院各部委、各直属机构：

为进一步健全互助共济、责任共担的职工基本医疗保险（以下简称职工医保）制度，更好解决职工医保参保人员门诊保障问题，切实减轻其医疗费用负担，按照党中央、国务院关于深化医疗保障制度改革任务部署，经国务院同意，现就建立健全职工医保门诊共济保障机制提出如下意见。

一 总体要求

（一）指导思想。以习近平新时代中国特色社会主义思想为指导，全面贯彻党的十九大和十九届二中、三中、四中、五中全会精神，既尽力而为、又量力而行，坚持人人尽责、人人享有，完善制度、引导预期，加快医疗保障重点领域和关键环节改革，将门诊费用纳入职工医保统筹基金支付范围，改革职工医保个人账户，建立健全门诊共济保障机制，提高医保基金使用效率，逐步减轻参保人员医疗费用负担，实现制度更加公平更可持续。

（二）基本原则。坚持保障基本，实行统筹共济，切实维护参保人员权益。坚持平稳过渡，保持政策连续性，确保改革前后待遇顺畅衔接。坚持协同联动，完善门诊保障机制和改进个人账户制度同步推进、逐步转换。坚持因地制宜，在整体设计基础上，鼓励地方从实际出发，积极探索增强职工医保门诊保障的有效途径。

二　主要措施

（三）增强门诊共济保障功能。建立完善职工医保普通门诊费用统筹保障机制，在做好高血压、糖尿病等群众负担较重的门诊慢性病、特殊疾病（以下统称门诊慢特病）医疗保障工作的基础上，逐步将多发病、常见病的普通门诊费用纳入统筹基金支付范围。普通门诊统筹覆盖职工医保全体参保人员，政策范围内支付比例从50%起步，随着医保基金承受能力增强逐步提高保障水平，待遇支付可适当向退休人员倾斜。针对门诊医疗服务特点，科学测算起付标准和最高支付限额，并做好与住院费用支付政策的衔接。同步完善城乡居民基本医疗保险门诊统筹，并逐步提高保障水平。

根据医保基金承受能力，逐步扩大由统筹基金支付的门诊慢特病病种范围，将部分治疗周期长、对健康损害大、费用负担重的疾病门诊费用纳入共济保障，对部分适合在门诊开展、比住院更经济方便的特殊治疗，可参照住院待遇进行管理。不断健全门诊共济保障机制，逐步由病种保障向费用保障过渡。将符合条件的定点零售药店提供的用药保障服务纳入门诊保障范围，支持外配处方在定点零售药店结算和配药，充分发挥定点零售药店便民、可及的作用。探索将符合条件的"互联网+"医疗服务纳入保障范围。

（四）改进个人账户计入办法。科学合理确定个人账户计入办法和计入水平，在职职工个人账户由个人缴纳的基本医疗保险费计入，计入标准原则上控制在本人参保缴费基数的2%，单位缴纳的基本医疗保险费全部计入统筹基金；退休人员个人账户原则上由统筹基金按定额划入，划入额度逐步调整到统筹地区根据本意见实施改革当年基本养老金平均水平的2%左右。个人账户的具体划入比例或标准，由省级医保部门会同财政部门按照以上原则，指导统筹地区结合本地实际研究确定。调整统筹基金和个人账户结构后，增加的统筹基金主要用于门诊共济保障，提高参保人员门诊待遇。

（五）规范个人账户使用范围。个人账户主要用于支付参保人员在定点医疗机构或定点零售药店发生的政策范围内自付费用。可以用于支付参保人员本人及其配偶、父母、子女在定点医疗机构就医发生的由个人负担的医疗费用，以及在定点零售药店购买药品、医疗器械、医用耗材发生的由个人负担的费用。探索个人账户用于配偶、父母、子女参加城乡居民基本医疗保险等的个人缴费。个人账户不得用于公共卫生费用、体育健身或养生保健消费等不属于基本医疗保险保障范围的支出。健全完善个人账户使用管理办法，做好收支信息统计。

（六）加强监督管理。完善管理服务措施，创新制度运行机制，引导医疗资源合理利用，确保医保基金稳定运行，充分发挥保障功能。严格执行医保基金预算管理制度，加强基金稽核制度和内控制度建设。建立对个人账户全流程动态管理机制，加强对个人账户使用、结算等环节的审核。强化对医疗行为和医疗费用的监管，严肃查处"挂床"住院、诱导住院等违法违规行为。建立医保基金安全防控机制，严厉打击欺诈骗保行为，确保基金安全高效、合理使用。创新门诊就医服务管理办法，健全医疗服务监控、分析和考核体系，引导定点医疗机构规范提供诊疗服务。加快全国统一的医疗保障信息平台建设，推进门诊费用异地就医直接结算。通过协同推动基层医疗服务体系建设、完善家庭医生签约服务、规范长期处方管理等，引导参保人员在基层就医首诊。结合完善门诊慢特病管理措施，规范基层定点医疗机构诊疗及转诊等行为。

（七）完善与门诊共济保障相适应的付费机制。对基层医疗服务可按人头付费，积极探索将按人头付费与慢性病管理相结合；对日间手术及符合条件的门诊特殊病种，推行按病种或按疾病诊断相关分组付费；对不宜打包付费的门诊费用，可按项目付费。科学合理确定医保药品支付标准，引导医疗机构和患者主动使用疗效确切、价格合理的药品。

三　组织实施

（八）加强组织领导。建立健全职工医保门诊共济保障机制是深化医疗保障制度改革的重要内容，涉及广大参保人员切身利益，政策性和技术性强。各省级人民政府要高度重视，切实加强领导，建立协调机制，抓好工作落实。国家医保局、财政部要会同相关部门加强对各地的工作指导，上下联动，形成合力。

（九）积极稳妥推进。各省级人民政府要按照本意见要求，统筹安排，科学决策，在 2021 年 12 月底前出台实施办法，指导各统筹地区推进落实，可设置 3 年左右的过渡期，逐步实现改革目标。各统筹地区要结合本地实际，进一步明确和细化政策规定，妥善处理好改革前后的政策衔接，确保参保人员待遇平稳过渡，已经开展相关工作的要进一步规范政策标准，尚未开展相关工作的要积极稳妥启动实施。

（十）注重宣传引导。要创新宣传方式，丰富宣传手段，广泛开展宣传，准确解读政策。充分宣传建立健全职工医保门诊共济保障机制对减轻参保人员医疗费用负担、促进制度更加公平更可持续的重要作用，大力宣传医疗保险共建共享、互助共济的重要意义。要建立舆情监测和处置机制，积极主动回应社会关切，营造良好舆论氛围。

国务院办公厅

2021 年 4 月 13 日

国务院办公厅关于印发
新时代中央国家机关及有关单位
对口支援赣南等原中央苏区工作方案的通知

国办发〔2021〕15 号

各省、自治区、直辖市人民政府，国务院各部委、各直属机构：

《新时代中央国家机关及有关单位对口支援赣南等原中央苏区工作方

案》已经国务院同意，现印发给你们，请认真贯彻执行。

国务院办公厅

2021 年 4 月 21 日

（此件公开发布）

新时代中央国家机关及有关单位对口支援 赣南等原中央苏区工作方案

按照党中央、国务院决策部署，2013 年以来中央国家机关及有关单位与赣南等原中央苏区加强工作对接，积极推进对口支援工作，助力受援地如期打赢脱贫攻坚战，振兴发展取得重大成效。为贯彻落实《国务院关于新时代支持革命老区振兴发展的意见》（国发〔2021〕3 号）有关部署，扎实推进新时代中央国家机关及有关单位对口支援赣南等原中央苏区工作，现制定以下工作方案。

一 总体要求

以习近平新时代中国特色社会主义思想为指导，全面贯彻党的十九大和十九届二中、三中、四中、五中全会精神，认真落实党中央、国务院关于新时代支持革命老区振兴发展的战略部署，立足新发展阶段、贯彻新发展理念、构建新发展格局，充分发挥中央国家机关及有关单位职能作用，激发赣南等原中央苏区内生发展动力，努力构建人才、产业、项目、创新等相结合的对口支援工作格局，探索新时代推动革命老区高质量发展、逐步实现共同富裕的有效途径。

二 工作安排

对口支援赣南等原中央苏区工作，对口支援单位包括 63 个中央国家机关及有关单位，受援地包括江西省赣州市、吉安市、抚州市和福建省龙岩市、三明市所辖共 43 个县（市、区）。工作期限为 2021 年至 2030 年。其中，国家发展改革委、中央组织部作为牵头部门，负责对口支援工作的组织协调和统筹指导，并结合自身职能全面开展对口支援相关工作，不安排具体对口支援关系；其他 61 个对口支援单位与受援地具体结对安排如下：

（一）赣州市 18 个县（市、区）。

国务院国资委、国家药监局——章贡区（含赣州经济技术开发区）

证监会、中国民航局——南康区

科技部、自然资源部——赣县区

财政部、新华社——瑞金市

工业和信息化部、海关总署——龙南市

农业农村部、国家能源局——信丰县

广电总局、中科院——大余县

教育部、全国工商联——上犹县

生态环境部、体育总局——崇义县

交通运输部、供销合作总社——安远县

银保监会、进出口银行——定南县

商务部、开发银行——全南县

人力资源社会保障部、水利部——宁都县

国家卫生健康委、国家粮食和储备局——于都县

民政部、国家烟草局——兴国县

审计署、市场监管总局——会昌县

中央宣传部、国家统计局——寻乌县

司法部、国家乡村振兴局——石城县

（二）吉安市 8 个县（区）。

税务总局——吉州区

招商局集团有限公司——青原区

中国人民保险集团股份有限公司——吉安县

国家国防科工局——吉水县

人民银行——新干县

国家铁路局——永丰县

社科院——泰和县

国家林草局——万安县

（三）抚州市5个县。

中国旅游集团有限公司——黎川县

农业发展银行——南丰县

国家民委——乐安县

国家文物局——宜黄县

中央统战部——广昌县

（四）龙岩市7个县（市、区）。

国家电网有限公司——新罗区

文化和旅游部——永定区

国务院台办——漳平市

中国建筑集团有限公司——长汀县

退役军人部——上杭县

国家开发投资集团有限公司——武平县

住房城乡建设部——连城县

（五）三明市5个县。

国家中医药局——明溪县

华润（集团）有限公司——清流县

应急部——宁化县

中国国家铁路集团有限公司——泰宁县

中粮集团有限公司——建宁县

三　工作要求

（一）完善工作机制。国家发展改革委、中央组织部要加强统筹协调，会同各对口支援单位和受援地明确工作总体目标和重点任务，扎实推进落实对口支援各项工作任务。各对口支援单位要加强与受援地沟通协商，健全领导有力、联系紧密、运转高效的工作推进机制。江西、福建等有关省份和受援地要落实主体责任，明确任务分工，加强沟通衔接，参照本方案推进省级部门和企事业单位对口支援革命老区，确保对口支援工作取得实效。

（二）落实重点任务。各对口支援单位要结合自身职能和优势，充分考虑受援地比较优势和发展需要，以干部挂职、人才培训、营商环境营造、产业和创新平台建设等为重点，科学编制并推动落实对口支援实施方案。要把红色资源作为坚定理想信念、加强党性修养的生动教材，选派优秀干部到赣南等原中央苏区和其他革命老区挂职锻炼。要聚焦提升内生发展动力，支持受援地培训一批专业技术人才，推广一批改革创新举措，实施一批有利于推动高质量发展的政策与项目。支持其他革命老区重点市县学习借鉴赣南等原中央苏区经验做法，结合中央国家机关及有关单位选派干部挂职锻炼，探索建立合作机制。

（三）加强督促评估。国家发展改革委、中央组织部要及时跟踪对口支援工作进展情况，加大督促检查力度，定期组织工作成效评估，并将评估结果纳入地方政府绩效评价考核体系。重大问题及时向国务院报告。

国务院办公厅关于加快发展
保障性租赁住房的意见

国办发〔2021〕22 号

各省、自治区、直辖市人民政府，国务院各部委、各直属机构：

近年来，各地区、各有关部门认真贯彻落实党中央、国务院决策部署，扎实推进住房保障工作，有效改善了城镇户籍困难群众住房条件，但新市民、青年人等群体住房困难问题仍然比较突出，需加快完善以公租房、保障性租赁住房和共有产权住房为主体的住房保障体系。经国务院同意，现就加快发展保障性租赁住房，促进解决好大城市住房突出问题，提出以下意见。

一 指导思想

以习近平新时代中国特色社会主义思想为指导，全面贯彻党的十九大和十九届二中、三中、四中、五中全会精神，立足新发展阶段、贯彻新发展理念、构建新发展格局，坚持以人民为中心，坚持房子是用来住的、不是用来炒的定位，突出住房的民生属性，扩大保障性租赁住房供给，缓解住房租赁市场结构性供给不足，推动建立多主体供给、多渠道保障、租购并举的住房制度，推进以人为核心的新型城镇化，促进实现全体人民住有所居。

二 基础制度

（一）明确对象标准。保障性租赁住房主要解决符合条件的新市民、青年人等群体的住房困难问题，以建筑面积不超过 70 平方米的小户型为主，租金低于同地段同品质市场租赁住房租金，准入和退出的具体条件、小户型的具体面积由城市人民政府按照保基本的原则合理确定。

（二）引导多方参与。保障性租赁住房由政府给予土地、财税、金融等政策支持，充分发挥市场机制作用，引导多主体投资、多渠道供给，坚持"谁投资、谁所有"，主要利用集体经营性建设用地、企事业单位自有闲置土地、产业园区配套用地和存量闲置房屋建设，适当利用新供应国有建设用地建设，并合理配套商业服务设施。支持专业化规模化住房租赁企业建设和运营管理保障性租赁住房。

（三）坚持供需匹配。城市人民政府要摸清保障性租赁住房需求和存量土地、房屋资源情况，结合现有租赁住房供求和品质状况，从实际出发，因城施策，采取新建、改建、改造、租赁补贴和将政府的闲置住房用作保障性租赁住房等多种方式，切实增加供给，科学确定"十四五"保障性租赁住房建设目标和政策措施，制定年度建设计划，并向社会公布。

（四）严格监督管理。城市人民政府要建立健全住房租赁管理服务平台，加强对保障性租赁住房建设、出租和运营管理的全过程监督，强化工程质量安全监管。保障性租赁住房不得上市销售或变相销售，严禁以保障性租赁住房为名违规经营或骗取优惠政策。

（五）落实地方责任。城市人民政府对本地区发展保障性租赁住房，促进解决新市民、青年人等群体住房困难问题负主体责任。省级人民政府对本地区发展保障性租赁住房工作负总责，要加强组织领导和监督检查，对城市发展保障性租赁住房情况实施监测评价。

三 支持政策

（一）进一步完善土地支持政策。

1. 人口净流入的大城市和省级人民政府确定的城市，在尊重农民集体意愿的基础上，经城市人民政府同意，可探索利用集体经营性建设用地建设保障性租赁住房；应支持利用城区、靠近产业园区或交通便利区域的集体经营性建设用地建设保障性租赁住房；农村集体经济组织可通过自建或联营、入股等方式建设运营保障性租赁住房；建设保障性租赁住房的集体经营性建设用地使用权可以办理抵押贷款。

2. 人口净流入的大城市和省级人民政府确定的城市，对企事业单位依法取得使用权的土地，经城市人民政府同意，在符合规划、权属不变、满足安全要求、尊重群众意愿的前提下，允许用于建设保障性租赁住房，并变更土地用途，不补缴土地价款，原划拨的土地可继续保留划拨方式；允许土地使用权人自建或与其他市场主体合作建设运营保障性租赁住房。

3. 人口净流入的大城市和省级人民政府确定的城市，经城市人民政府同意，在确保安全的前提下，可将产业园区中工业项目配套建设行政办公及生活服务设施的用地面积占项目总用地面积的比例上限由 7% 提高到 15%，建筑面积占比上限相应提高，提高部分主要用于建设宿舍型保障性租赁住房，严禁建设成套商品住宅；鼓励将产业园区中各工业项目的配套比例对应的用地面积或建筑面积集中起来，统一建设宿舍型保障性租赁住房。

4. 对闲置和低效利用的商业办公、旅馆、厂房、仓储、科研教育等非居住存量房屋，经城市人民政府同意，在符合规划原则、权属不变、满足安全要求、尊重群众意愿的前提下，允许改建为保障性租赁住房；用作保障性租赁住房期间，不变更土地使用性质，不补缴土地价款。

5. 人口净流入的大城市和省级人民政府确定的城市，应按照职住平衡原则，提高住宅用地中保障性租赁住房用地供应比例，在编制年度住宅用地供应计划时，单列租赁住房用地计划、优先安排、应保尽保，主要安排在产业园区及周边、轨道交通站点附近和城市建设重点片区等区域，引导产城人融合、人地房联动；保障性租赁住房用地可采取出让、租赁或划拨等方式供应，其中以出让或租赁方式供应的，可将保障性租赁住房租赁价格及调整方式作为出让或租赁的前置条件，允许出让价款分期收取。新建普通商品住房项目，可配建一定比例的保障性租赁住房，具体配建比例和管理方式由市县人民政府确定。鼓励在地铁上盖物业中建设一定比例的保障性租赁住房。

（二）简化审批流程。各地要精简保障性租赁住房项目审批事项和环节，构建快速审批流程，提高项目审批效率。利用非居住存量土地和非居住存量房屋建设保障性租赁住房，可由市县人民政府组织有关部门联合审查建设方案，出具保障性租赁住房项目认定书后，由相关部门办理立项、用地、规划、施工、消防等手续。不涉及土地权属变化的项目，可用已有用地手续等材料作为土地证明文件，不再办理用地手续。探索将工程建设许可和施工许可合并为一个阶段。实行相关各方联合验收。

（三）给予中央补助资金支持。中央通过现有经费渠道，对符合规定的保障性租赁住房建设任务予以补助。

（四）降低税费负担。综合利用税费手段，加大对发展保障性租赁住房的支持力度。利用非居住存量土地和非居住存量房屋建设保障性租赁住房，取得保障性租赁住房项目认定书后，比照适用住房租赁增值税、房产税等税收优惠政策。对保障性租赁住房项目免收城市基础设施配套费。

（五）执行民用水电气价格。利用非居住存量土地和非居住存量房屋建设保障性租赁住房，取得保障性租赁住房项目认定书后，用水、用电、用气价格按照居民标准执行。

（六）进一步加强金融支持。

1. 加大对保障性租赁住房建设运营的信贷支持力度，支持银行业金融机构以市场化方式向保障性租赁住房自持主体提供长期贷款；按照依法合规、风险可控、商业可持续原则，向改建、改造存量房屋形成非自有产权保障性租赁住房的住房租赁企业提供贷款。完善与保障性租赁住房相适应的贷款统计，在实施房地产信贷管理时予以差别化对待。

2. 支持银行业金融机构发行金融债券，募集资金用于保障性租赁住房贷款投放。支持企业发行企业债券、公司债券、非金融企业债务融资工具等公司信用类债券，用于保障性租赁住房建设运营。企业持有运营的保障性租赁住房具有持续稳定现金流的，可将物业抵押作为信用增进，发行住房租赁担保债券。支持商业保险资金按照市场化原则参与保障性租赁住房建设。

四 组织实施

（一）做好政策衔接。各地要把解决新市民、青年人等群体住房困难问题摆上重要议事日程，高度重视保障性租赁住房建设。要对现有各类政策支持租赁住房进行梳理，包括通过利用集体建设用地建设租赁住房试点、中央财政支持住房租赁市场发展试点、非房地产企业利用自有土地建设租赁住房试点、发展政策性租赁住房试点建设的租赁住房等，符合规定的均纳入保障性租赁住房规范管理，不纳入的不得享受利用非居住存量土地和非居住存量房屋建设保障性租赁住房不补缴土地价款等国家对保障性租赁住房的专门支持政策。

（二）强化部门协作。住房城乡建设部要加强对发展保障性租赁住房工作的组织协调和督促指导，会同有关部门组织做好发展保障性租赁住房情况监测评价，及时总结宣传经验做法。国家发展改革委、财政部、自然资源部、人民银行、税务总局、银保监会、证监会等部门和单位要加强政策协调、工作衔接，强化业务指导、调研督促。各有关部门和单位要按职责分工，加强协作、形成合力，确保各项政策落实到位。

国务院办公厅

2021 年 6 月 24 日

国务院关于印发"十四五"
残疾人保障和发展规划的通知

国发〔2021〕10 号

各省、自治区、直辖市人民政府，国务院各部委、各直属机构：

现将《"十四五"残疾人保障和发展规划》印发给你们，请认真贯彻执行。

国务院

2021 年 7 月 8 日

（此件公开发布）

"十四五"残疾人保障和发展规划

为贯彻落实习近平总书记关于残疾人事业的重要指示批示精神和党中央、国务院决策部署,进一步保障残疾人民生、促进残疾人发展,依据《中华人民共和国残疾人保障法》和《中华人民共和国国民经济和社会发展第十四个五年规划和2035年远景目标纲要》,制定本规划。

一　编制背景

党中央、国务院高度重视残疾人事业发展,对残疾人格外关心、格外关注。"十三五"时期,残疾人事业取得重大成就,"全面建成小康社会,残疾人一个也不能少"的目标如期实现。710万农村建档立卡贫困残疾人脱贫,城乡新增180.8万残疾人就业,1076.8万困难残疾人被纳入最低生活保障范围。1212.6万困难残疾人得到生活补贴,1473.8万重度残疾人得到护理补贴。残疾人基本康复服务覆盖率达到80%,辅助器具适配率达到80%。残疾儿童少年接受义务教育的比例达到95%,5万多残疾学生进入高等院校学习。城乡无障碍环境明显改善,关爱帮助残疾人的社会氛围日益浓厚。越来越多的残疾人更加勇敢地面对生活的挑战,更加坚强地为梦想而奋斗,为经济社会发展作出了重要贡献。我国在国际残疾人事务中的影响力显著提升。这些重大成就,有效改善了残疾人民生,有力推动了社会文明进步,成为全面建成小康社会的重要方面,彰显了中国共产党领导和中国特色社会主义制度的显著优势。

我国有8500多万残疾人。"十四五"时期,由于人口老龄化加快等因素,残疾仍会多发高发。残疾人人数众多、特性突出,特别需要关心帮助。当前面临的突出问题:一是残疾人返贫致贫风险高,相当数量的低收入残疾人家庭生活还比较困难。二是残疾人社会保障水平和就业质量还不高,残疾人家庭人均收入与社会平均水平相比还存在不小差距。三是残疾人公共服务总量不足、分布不均衡、质量效益还不高,残疾人就学就医、康复照护、无障碍等多样化需求还没有得到满足。四是残疾人平等权利还没有得到充分实现，歧视残疾人、侵害残疾人权益的现象还时有发生。五是残疾人事业仍然是经济社会发展的短板，欠发达地区、农村和基层为残疾人服务的能力尤其薄弱。

残疾人事业是中国特色社会主义事业的重要组成部分，扶残助残是社会文明进步的重要标志。习近平总书记强调，"残疾人事业一定要继续推动"，要"促进残疾人全面发展和共同富裕"。在全面建设社会主义现代化国家的新征程中，决不能让残疾人掉队。"十四五"时期，要继续加快发展残疾人事业，团结带领残疾人和全国人民一道，积极投身全面建设社会主义现代化国家的伟大实践，共建共享更加幸福美好的生活。

二　总体要求

（一）指导思想。

高举中国特色社会主义伟大旗帜，深入贯彻党的十九大和十九届二中、三中、四中、五中全会精神，坚持以习近平新时代中国特色社会主义思想为指导，贯彻落实习近平总书记关于残疾人事业的重要指示批示精神和党中央、国务院决策部署，立足新发展阶段、贯彻新发展理念、构建新发展格局，坚持弱有所扶，以推动残疾人事业高质量发展为主题，以巩固拓展残疾人脱贫攻坚成果、促进残疾人全面发展和共同富裕为主线，保障残疾人平等权利，增进残疾人民生福祉，增强残疾人自我发展能力，推动残疾人事业向着现代化迈进，不断满足残疾人美好生活需要。

（二）基本原则。

坚持党的全面领导。健全党委领导、政府负责的残疾人工作领导体制，为残疾人保障和发展提供坚强的政治保障、组织保障。

坚持以人民为中心。坚持对残疾人格外关心、格外关注，解决好残疾人最关心、最直接、最现实的利益问题。激发残疾人的积极性、主动性、创造性，不断增强残疾人的获得感、幸福感、安全感。

坚持保基本、兜底线。着力完善残疾人社会福利制度和关爱服务体系，织密扎牢残疾人民生保障安全网，堵漏洞、补短板、强弱项，改善残疾人生活品质，促进残疾人共享经济社会发展成果。

坚持固根基、提质量。深化残疾人服务供给侧改革，强化残疾人事业人才培养、科技应用、信息化、智能化等基础保障条件，推动残疾人事业高质量发展，满足残疾人多层次、多样化的发展需要。

坚持统筹协调、形成合力。发挥政府主导作用和社会力量、市场主体协同作用，发挥地方优势和基层首创精神，集成政策、整合资源、优化服务，促进残疾人事业与经济社会协调发展，推动城乡、区域残疾人事业均衡发展。

（三）主要目标。

到 2025 年，残疾人脱贫攻坚成果巩固拓展，生活品质得到新改善，民生福祉达到新水平。多层次的残疾人社会保障制度基本建立，残疾人基本民生得到稳定保障，重度残疾人得到更好照护。多形式的残疾人就业支持体系基本形成，残疾人实现较为充分较高质量的就业。均等化的残疾人基本公共服务体系更加完备，残疾人思想道德素养、科学文化素质和身心健康水平明显提高。无障碍环境持续优化，残疾人在政治、经济、文化、社会、家庭生活等各方面平等权利得到更好实现。残疾人事业基础保障条件明显改善，质量效益不断提升。

到 2035 年，残疾人事业与经济社会协调发展，与国家基本实现现代化目标相适应。残疾人物质生活更为宽裕，精神生活更为丰富，与社会平均水平的差距显著缩小。平等包容的社会氛围更加浓厚，残疾人充分享有平等参与、公平发展的权利，残疾人的全面发展和共同富裕取得更为明显的实质性进展。

专栏 1　"十四五"残疾人保障和发展主要指标

类　别	指　标	2020 年	2025 年	属性
收入和就业	1. 残疾人家庭人均收入年均增长（%）	—	与国内生产总值增长基本同步	预期性
	2. 城乡残疾人职业技能培训人数（人）	—	200 万	预期性

续表

类　别	指　标	2020 年	2025 年	属性
社会保障和基本公共服务	3. 符合条件的残疾人纳入最低生活保障比例(%)	100	100	约束性
	4. 困难残疾人生活补贴覆盖率(%)	100	100	约束性
	5. 重度残疾人护理补贴覆盖率(%)	100	100	约束性
	6. 残疾人城乡居民基本养老保险参保率(%)	90	>90	预期性
	7. 残疾人城乡居民基本医疗保险参保率(%)	>95	>95	预期性
	8. 残疾儿童少年义务教育入学率(%)	95	97	预期性
	9. 残疾人基本康复服务覆盖率(%)	>80	85	约束性
	10. 残疾人辅助器具适配率(%)	>80	85	约束性
	11. 困难重度残疾人家庭无障碍改造数(户)	—	110 万	约束性

三　重点任务

（一）完善残疾人社会保障制度，为残疾人提供更加稳定更高水平的民生保障。

1. 巩固拓展残疾人脱贫攻坚成果。健全易返贫致贫人口动态监测预警和帮扶机制，将符合条件的残疾人及时纳入易返贫致贫监测范围，对易返贫致贫残疾人及时给予有效帮扶。对脱贫人口中完全丧失劳动能力或部分丧失劳动能力且无法通过产业就业获得稳定收入的残疾人，按规定纳入农村低保或特困人员救助供养范围，做到应保尽保、应兜尽兜。做好易地搬迁残疾人后续帮扶工作。按照巩固拓展脱贫攻坚成果同乡村振兴有效衔接要求，持续做好农村低收入残疾人家庭帮扶工作。继续把残疾人帮扶作为东西部协作工作重要内容，持续动员社会力量参与残疾人帮扶。依法保障农村残疾人的土地承包经营权、宅基地使用权、集体收益分配权等权益。在深化农村集体产权制度改革中帮助残疾人共享集体经济发展成果。扶持农村残疾人参与乡村富民产业，分享产业链增值收益。充分发挥基层党组织在扶残助残中的重要作用，组织协调各方面资源力量加强对残疾人的关心关爱。

2. 强化残疾人社会救助保障。为符合条件的残疾人和残疾人家庭提供特困人员救助供养或最低生活保障。加强对生活无着流浪乞讨残疾人的救助安置和寻亲服务。做好对符合条件残疾人的医疗救助，强化医疗救助与基本医疗保险、大病保险的互补衔接，减轻困难残疾人医疗费用负担。加强临时救助，在重大疫情等突发公共事件中做好对困难残疾人的急难救助。

3. 加快发展残疾人托养和照护服务。积极发展服务类社会救助，推动开展残疾人长期照护服务。着力增强县级特困人员救助供养服务机构对残疾人特困对象的照护服务能力。鼓励通过政府购买服务对社会救助家庭中生活不能自理的残疾人提供必要的访视、照护服务。落实托养服务机构扶持政策，继续实施"阳光家园计划"，为就业年龄段（16—59 周岁）智力、精神和重度肢体残疾人等提供托养服务，支持中西部地区残疾人托养服务发展。研究探索老年人能力评估标准、长期护理保险失能等级评估标准等与国家残疾人残疾分类和分级标准的衔接，支持养老服务机构完善服务功能，接收符合条件的盲人、聋人等老年残疾人。研究制定低收入重度残疾人照护服务指导意见，为符合条件的重度残疾人提供集中照护、日间照料、居家服务、邻里互助等多种形式的社会化照护服务。

4. 提高残疾人保险覆盖率和待遇水平。落实地方政府为重度残疾人代缴城乡居民基本养老保险费、资助符合条件的残疾人参加城乡居民基本医疗保险、对残疾人个体工商户和安置残疾人就业单位社会保险进行补贴等政策，帮助残疾人按规定参加基本养老和基本医疗保险，实现应保尽保。研究制定职工基本养老保险参保人员病残津贴政策。落实好 29 项符合条件的残疾人医疗康复项目纳入基本医保支付范围的政策，按规定做好重性精神病药物维持治疗参保患者门诊保障工作。支持就业残疾人依法参加失业保险，享受失业保险待遇。推进用人单位依法参加工伤保险，按规定支付工伤保险待遇，加强工伤预防和工伤职工康复工作。开展长期护理保险试点的地区，按规定将符合条件的残疾人纳入保障范围。鼓励残疾人参加意外伤害、补充养老等商业保险。鼓励商业保险机构开发残疾人商业保险产品、财产信托等服务。

5. 完善残疾人社会福利制度和社会优待政策。全面落实困难残疾人生活补贴和重度残疾人护理补贴制度，普遍建立补贴标准动态调整机制，有条件的地方可按规定扩大对象范围。有条件的地方可以对城乡困难残疾人、重度残疾人基本型辅助器具适配给予补贴，为残疾人携带辅助器具、导盲犬等乘坐公共交通工具、出入公共场所和进出境提供便利。落实低收入残疾人家庭生活用水、电、气、暖优惠补贴政策和电信业务资费优惠政策。落实残疾人机动轮椅车燃油补贴政策，落实残疾人乘坐市内公共汽车电车、城市轨道交通等优待政策，鼓励铁路、民航等为残疾人提供优惠便利。完善残疾人驾驶机动车政策。加强残疾孤儿、事实无人抚养残疾儿童医疗、康复、教育等服务，合理确定包括残疾孤儿、事实无人抚养残疾儿童在内的孤儿、事实无人抚养儿童等基本生活费标准，提升儿童福利机构安全管理水平和服务质量。加快建设精神卫生福利服务体系，为特殊困难精神残疾人提供康复、照护等服务。逐步实现在内地长期居住的港澳台地区残疾人享有居住地普惠性社会保障和公共服务。

6. 保障残疾人基本住房安全便利。优先解决低收入残疾人家庭住房安全问题。持续支持符合条件的农村低收入残疾人家庭实施危房改造，对符合条件的城镇残疾人家庭优先配租公租房，不断改善残疾人居住条件。城镇保障性住房建设、农村危房改造统筹考虑无障碍设施设备建设安装。

7. 落实残疾军人和伤残民警抚恤优待政策。构建科学化残疾评鉴、制度化退役安置、规范化收治休养、标准化待遇保障的伤病残军人安置管理和服务优待体系，合理确定残疾军人抚恤金标准，妥善解决伤病残军人生活待遇、子女入学等现实困难。修订《军人抚恤优待条例》、《人民警察抚恤优待办法》，加强相关抚恤优待工作，协调推动国家综合性消防救援队伍人员伤残优待政策落实落地。促进残疾军人、伤残民警残疾评定标准与国家残疾人残疾分类和分级标准合理衔接，保证残疾军人、伤残民警优先享受扶残助残政策待遇、普惠性社会保障和公共服务。

8. 加强重大疫情等突发公共事件中对残疾人的保护。推动公共卫生立法和突发公共事件应急预案保障残疾人等重点人群。制定重大疫情、自然灾害、安全事故等突发公共事件中残疾人社会支持和防护保护指南，研发适用于残疾人的专业救援技术和设备。加强残疾人集中场所和残疾人服务机构安全保障、应急服务、消防安全能力建设。村（社区）可以通过结对帮扶等方式，动员村（居）民协助残疾人更好应对突发灾害事故、及时疏散逃生。开展残疾人应急科普宣传，引导残疾人增强自救互救能力。

专栏2 残疾人社会保障重点项目

一、资金类

1. 最低生活保障。将符合条件的残疾人家庭全部纳入最低生活保障范围，低保边缘家庭的重度残疾人经本人申请参照单人户纳入低保范围。对纳入低保范围后生活仍有困难的残疾人和残疾人家庭，采取必要措施给予生活保障。

2. 困难残疾人生活补贴和重度残疾人护理补贴。完善困难残疾人生活补贴和重度残疾人护理补贴标准动态调整机制，补贴标准根据经济社会发展水平和残疾人生活保障需求、长期照护需求以及财政承受能力统筹确定，逐步完善补贴办法。推动两项补贴资格认定申请"跨省通办"，构建主动发现、精准发放、动态监管的智慧管理服务机制。

3. 残疾人基本型辅助器具适配资助。通过政府补贴等方式，对符合条件的残疾人适配辅助器具给予支持。

4. 残疾人电信业务资费优惠。合理降低残疾人使用移动电话、宽带网络等服务费用，减免残疾人使用助残公益类移动互联网应用程序（APP）流量资费。

5. 残疾评定补贴。为符合条件的低收入和重度残疾人残疾评定提供补贴和便利服务。

二、服务类

1. 困难残疾人走访探视服务。村（居）委会和残疾人协会对困难残疾人开展经常性走访探视，发现问题及时报告，协助予以解决。

2. 低收入重度残疾人照护服务。低收入重度残疾人数量和服务需求较多的乡镇（街道）可建立集中照护服务机构；有条件的村（社区）依托公共服务设施，为符合条件的重度残疾人提供集中照护、日间照料、居家服务、邻里互助等多种形式的社会化照护服务。

3. 就业年龄段残疾人托养服务。乡镇（街道）根据需要建立残疾人托养服务机构，或依托党群服务中心、社区服务中心、社会福利机构、社会组织、企业等为就业年龄段智力、精神和重度肢体残疾人等提供生活照料和护理、生活自理能力训练、社会适应能力训练、运动能力训练、职业康复与劳动技能训练、辅助性就业等服务。政府投资建设的市、县级残疾人托养服务机构要发挥示范作用。

4. 残疾人社会工作和家庭支持服务。开展残疾人社会工作服务，为残疾人建立社会支持网络，让更多残疾人有"微信群"、"朋友圈"。为残疾人家庭提供临时照护"喘息服务"、心理辅导和康复、教育等专业指导。逐步在残疾人服务机构中设置社会工作岗位。

5. 重大疫情等突发公共事件中困难残疾人急难救助。对因疫情防控在家隔离的残疾人，落实包保联系人，加强走访探视，及时提供必要帮助。因突发事件等紧急情况，监护人暂时无法履行监护职责、被监护人处于无人照料状态的，被监护人住所地的村（居）委会或者相关部门应当及时为被监护人提供必要的临时生活照护。

（二）帮扶城乡残疾人就业创业，帮助残疾人通过生产劳动过上更好更有尊严的生活。

1. 完善残疾人就业法规政策。修订实施《残疾人就业条例》。落实残疾人就业支持政策，保障残疾人就业培训、就业服务、补贴奖励等相关资金投入。完善残疾人按比例就业制度，制定党政机关、事业单位、国有企业带头安置残疾人就业办法，合理认定按比例安排残疾人就业形式。加强残疾人就业促进政策与社会保障政策的衔接，纳入低保范围的已就业残疾人可按规定在核算其家庭收入时扣减必要的就业成本，并在其家庭成员人均收入超过当地低保标准后给予一定时间的渐退期。按照国家有关规定，对残疾人就业先进个人和用人单位予以表彰。

2. 多渠道、多形式促进残疾人就业创业。开展残疾人就业促进专项行动。对正式招录（聘）残疾人的用人单位按规定给予岗位补贴、社会保险补贴、职业培训补贴、设施设备购置改造补贴、职业技能鉴定补贴等扶持，对超比例安排残疾人就业的用人单位给予奖励。规范残疾人按比例就业年审并实现全国联网认证。落实残疾人集中就业单位税费优惠、政府优先采购等扶持政策，稳定残疾人集中就业。支持非营利性残疾人集中就业机构持续发展。在经营场地、设施设备、社会保险补贴、金融信贷等方面扶持残疾人自主创业、灵活就业，鼓励残疾人通过新就业形态实现就业。加大对"阳光家园"、"残疾人之家"等辅助性就业机构的支持保障力度，组织智力、精神和重度肢体残疾人等就业更为困难的残疾人就近就便参加生产劳动、进行职业康复、实现社会融合。统筹现有公益性岗位，安排符合条件的残疾人就业。修订《盲人医疗按摩管理办法》，推动省级盲人按摩医院建设，制定盲人保健按摩有关标准，扶持和规范盲人按摩行业发展。拓宽残疾人特别是盲人在文化艺术、心理卫生和互联网服务等领域就业渠道。为残疾人特别是聋人参加职业技能培训、就业创业提供无障碍支持服务。支持手工制作等残疾妇女就业创业项目，鼓励残疾人参与文化产业。扶持残疾人亲属就业创业，实现零就业残疾人家庭至少有一人就业。

专栏3 残疾人就业补贴奖励重点项目

一、补贴类

1. 残疾人自主就业创业补贴。对自主创业、灵活就业的残疾人，按规定给予经营场所租赁补贴、社会保险补贴、职业培训和创业培训补贴、设施设备购置补贴、网络资费补助、一次性创业补贴；对求职创业的应届高校残疾人毕业生给予补贴。

2. 残疾学生见习补贴。对符合条件的残疾学生在见习期间给予一定标准的补贴。

3. 招录（聘）残疾人的用人单位补贴。对正式招录（聘）残疾人的用人单位，按规定给予岗位补贴、社会保险补贴、职业培训补贴、设施设备购置改造补贴、职业技能鉴定补贴；对安排残疾人见习的用人单位给予一次性补贴。

4. 辅助性就业机构补贴。对残疾人辅助性就业机构给予一次性建设、场地租金、机构运行、无障碍环境改造、生产设备和辅助器具购置等补贴。

5. 通过公益性岗位安排残疾人就业的用人单位补贴。对通过公益性岗位安排残疾人就业并缴纳社会保险费的用人单位给予社会保险补贴。

二、奖励类

1. 超比例安排残疾人就业奖励。对超比例安排残疾人就业的用人单位给予奖励。

2. 残疾人就业服务奖励。充分发挥残疾人就业服务中心、公共就业服务机构、劳务派遣公司、经营性人力资源服务机构在残疾人就业供需对接方面的作用，对推荐残疾人稳定就业一年以上的单位，按就业人数给予奖励。

3. 提升残疾人职业素质和就业创业能力。制定实施《残疾人职业技能提升计划（2021—2025年）》，帮助有就业愿望和培训需求的残疾人普遍得到相应的职业素质培训、就业技能培训、岗位技能培训和创业培训。继续开展农村残疾人实用技术培训。支持符合条件的残疾人技能大师建立工作室。开发线上线下相结合的残疾人职业技能培训优质课程资源。完善残疾人职业技能培训保障和管理制度。研究制定残疾人职业技能培训补贴标准。开发适合残疾人就业或为残疾人服务的新职业。举办第七届全国残疾人职业技能竞赛暨第四届全国残疾人展能节、全国残疾人岗位精英职业技能竞赛等残疾人职业技能竞赛，组团参加国际残疾人职业技能竞赛。

4. 改进残疾人就业服务。健全残疾人就业服务体系，充分发挥残疾人就业服务机构和各类公共就业服务平台、人力资源服务机构、社会组织作用，为残疾人和用人单位提供全链条、专业化、精准化服务。建立残疾人就业辅导员制度，扩大就业辅导员队伍。为高校残疾人毕业生建立就业帮扶工作台账，按照"一人一档"、"一人一策"要求重点帮扶。将符合条件的就业困难残疾人纳入就业援助范围，持续开展"就业援助月"等专项就业服务活动。加强各级残疾人就业服务机构规范化建设，明确保障条件、专业人员配备等要求。通过政府购买服务等方式开展残疾人就业服务，拓宽服务渠道，提高服务质量。举办残疾人职业人才交流、残疾人就业产品市场营销、残疾人就业创业成果展示等活动。

5. 维护残疾人就业权益。合理确定残疾人取得职业资格和公务员、事业单位人员等入职的体检条件，对于具有正常履行职责的身体条件和心理素质的残疾人，应依法保障其平等就业权益。用人单位应当为残疾职工提供适合其身心特点的劳动条件、劳动保护、无障碍环境及合理便利，在晋职、晋级、职称评定、社会保险、生活福利等方面给予其平等待遇。加强残疾人就业劳动监察，坚决防范和打击侵害残疾人就业权益的行为。

专栏4 残疾人就业服务重点项目

1. 党政机关、事业单位按比例安排残疾人就业项目。编制50人以上（含50人）的省级、地市级党政机关，编制67人以上（含67人）的事业单位（中小学、幼儿园除外），安排残疾人就业未达到规定比例的，2025年前至少安排1名残疾人。县级及以上残联机关干部队伍中要有15%以上（含15%）的残疾人。

2. 农村残疾人就业帮扶基地建设项目。依托农村创业创新孵化实训基地和家庭农场、农民合作社、农业社会化服务组织等新型农业经营主体，扶持一批辐射带动能力强、经营管理规范、具有一定规模的残疾人就业帮扶基地，带动残疾人稳定就业、生产增收。

3. 残疾人职业技能培训和创业孵化基地建设项目。依托企业、职业院校、社会培训机构等，建设一批残疾人职业技能培训和创业孵化基地，打造残疾人职业技能培训、实习见习和就业创业示范服务平台。

4. 盲人按摩提升项目。大力推进盲人医疗按摩人员在医院、社区卫生服务机构等就业执业，完善职称评定有关规定。促进盲人保健按摩行业规范化、标准化、专业化、品牌化发展。

5. 残疾人新就业形态扶持项目。鼓励互联网平台企业、中介服务机构等帮助残疾人参与网络零售、云客服、直播带货、物流快递、小店经济等新就业形态。

6. 残疾人辅助性就业项目。加强残疾人辅助性就业机构能力建设，鼓励引导市场主体和社会力量提供辅助性就业服务，提升残疾人就业水平和质量。

7. 残疾人公益性岗位项目。地方设立的乡村保洁员、水管员、护路员、生态护林员、社会救助协理员、农家书屋管理员、社区服务人员等公益性岗位优先安排残疾人。

（三）健全残疾人关爱服务体系，提升残疾人康复、教育、文化、体育等公共服务质量。

1. 加强残疾人健康服务。全面推进残疾人家庭医生签约服务，支持保障签约医生为残疾人提供基本医疗、公共卫生和健康管理等个性化服务。加强和改善残疾人医疗服务，为残疾人提供就医便利，维护残疾人平等就医权利。加强残疾人心理健康服务。关注残疾妇女健康，开展生殖健康服务。将残疾人健康状况、卫生服务需求与利用等纳入国家卫生服务调查，加强残疾人健康状况评估。

2. 提升残疾人康复服务质量。完善残疾人基本康复服务目录，继续实施精准康复服务行动，提升康复服务质量，满足残疾人基本康复服务需求。落实残疾儿童康复救助制度，合理确定康复救助标准，增加康复服务供给，确保残疾儿童得到及时有效的康复服务。加强精神卫生综合管理服务，广泛开展精神障碍社区康复。健全综合医院康复医学科、康复医院（康复医疗中心）、基层医疗卫生机构三级康复医疗服务体系。加强残疾人康复机构建设，完善全面康复业务布局，充实职业康复、社会康复、心理康复等功能。支持儿童福利机构增加和完善康复功能，配备相应的康复设备和专业技术人员，与医疗机构加强合作，提高康复医疗服务能力。加强社区康复，推广残疾人自助、互助康复，促进康复服务市场化发展。建成高起点、高水平、国际化的康复大学，加快培养高素质、专业化康复人才。完善康复人才职称评定办法。加强康复学科建设和科学技术研究，发挥中医药在康复中的独特优势，推动康复服务高质量发展。

3. 加快发展康复辅助器具服务。开展康复辅助器具产业国家综合创新试点。推广安全适用的基本型康复辅助器具,加快康复辅助器具创新产品研发生产,增强优质康复辅助器具供给能力,推动康复辅助器具服务提质升级。鼓励实施公益性康复辅助器具适配项目。完善康复辅助器具适配服务网络,加强各级康复辅助器具适配服务机构建设,支持社会力量及医疗、康复、养老机构和残疾人教育、就业、托养机构开展康复辅助器具适配服务。推广社区康复辅助器具租赁、回收、维修等服务。完善康复辅助器具标准体系,充分发挥标准对康复辅助器具产业的支持和引领作用。加强康复辅助器具产品质量检验认证。搭建产业促进和信息交流平台,继续办好中国国际福祉博览会等展示交流活动。

4. 强化残疾预防。制定实施残疾预防行动计划,结合残疾预防日、预防出生缺陷日、爱眼日、爱耳日、全国防灾减灾日等节点,广泛开展残疾预防宣传教育,形成全人群、全生命周期的残疾预防意识。加强出生缺陷综合防治,构建覆盖城乡居民,涵盖婚前、孕前、孕期、新生儿期和儿童期各阶段的出生缺陷防治体系,继续针对先天性结构畸形等疾病实施干预救助项目,预防和减少出生缺陷、发育障碍致残。大力推进0—6岁儿童残疾筛查,建立筛查、诊断、康复救助衔接机制。加强省、市、县三级妇幼保健机构能力建设,夯实县、乡、村儿童保健服务网络,不断提升儿童致残性疾病早发现、早诊断、早干预、早康复能力和效果。实施慢性病预防干预措施,开展重大慢性病早诊早治,减少慢性病致残。开展社会心理服务和社区心理干预,预防和减少精神残疾发生。开展防盲治盲、防聋治聋工作,加强对麻风病等传染病和碘缺乏病、大骨节病等地方病的防控。加强安全生产、消防安全和交通安全管理,加强道路交通安全执法和安全防护设施建设,加快公共场所急救设备配备,提高自然灾害和火灾现场应急处置能力、突发事件紧急医学救援能力和院前急救能力,防止老年人跌倒、儿童意外伤害致残,减少因灾害、事故、职业伤害等致残。

专栏5 残疾人健康和康复服务重点项目

1. 残疾人精准康复服务行动。开展残疾人康复需求调查评估,为残疾人普遍提供基本康复服务，为家庭照护者提供居家康复、照护技能培训和支持服务。针对特困残疾人和残疾孤儿实施"福康工程"、孤儿医疗康复明天计划等康复服务项目。

2. 残疾儿童康复救助项目。为符合条件的残疾儿童提供手术、辅助器具适配、康复训练等服务。有条件的地区，可扩大残疾儿童康复救助年龄范围，也可放宽对救助对象家庭经济条件的限制，合理确定救助标准，提高康复质量。

3. 精神卫生综合管理服务。开展严重精神障碍患者日常发现、登记报告、随访管理、服药指导、社区康复、心理支持和疏导等服务，为家庭照护者提供技能培训、心理支持和疏导等服务。健全精神障碍社区康复服务体系，实现80%以上县（市、区、旗）开展精神障碍社区康复服务。

4. 残疾人互助康复项目。推广脊髓损伤者"希望之家"、中途失明者"光明之家"、精神障碍患者家属专家交流互助等残疾人互助康复项目。

5. 康复辅助器具产业培育项目。鼓励康复辅助器具企业转型升级和并购重组，做大做强龙头企业，带动产业发展。

6. 康复专业人才培养项目。加强康复医疗人才队伍建设，开展残疾人康复专业技术人员规范化培训。将康复专业纳入全科医生、家庭医生、村医等培养培训内容。

7. 康复大学建设项目。建成高起点、高水平、国际化的康复大学，加强学科建设，加快培养高素质康复人才，推动现代康复医学基础研究。

5. 健全残疾人教育体系。坚持立德树人，促进残疾儿童少年德智体美劳全面发展。制定实施《第三期特殊教育提升计划（2021—2025 年）》。巩固提高残疾儿童少年义务教育水平，加快发展非义务教育阶段特殊教育。健全普通学校随班就读支持保障体系，发挥残疾人教育专家委员会作用，实现适龄残疾儿童少年"一人一案"科学教育安置。着力发展以职业教育为重点的残疾人高中阶段教育，使完成义务教育且有意愿的残疾青少年都能接受适宜的中等职业教育。稳步推进残疾人高等教育，支持有条件的高校面向残疾考生开展单考单招，为残疾人接受高等教育提供支持服务。开展残疾人融合教育示范区、示范校和优秀教育教学案例遴选。支持高校开展残疾人融合教育。落实从学前到研究生教育全覆盖的学生资助政策，对家庭经济困难的残疾学生（幼儿）予以资助。为残疾学生提供辅助器具、特殊学习用品、康复训练和无障碍等支持服务，为残疾学生参加国家教育考试和部分职业考试提供合理便利。

6. 完善特殊教育保障机制。发挥高校等机构特殊教育专业优势，建设国家和省级特殊教育资源中心（基地）。各省（自治区、直辖市）根据残疾学生规模、类型、分布等情况，因地制宜合理配置特殊教育资源。支持符合条件的儿童福利机构单独设立特教班、特教幼儿园、特教学校开展特殊教育。继续改善特殊教育学校办学条件，加强特殊教育学校规范化建设，推行新课标新教材，改革教学教研，建立学校、家庭、社会协同育人机制。加强特殊教育师资队伍建设，创新培养方式，按国家有关规定开展表彰奖励，提升教书育人能力素质。加强特殊教育督导和质量监测评估。制定实施《第二期国家手语和盲文规范化行动计划（2021—2025年）》，加快推广国家通用手语和国家通用盲文。

专栏6　残疾人教育重点项目

1. 残疾儿童少年义务教育巩固提高项目。县（市、区、旗）规范设立残疾人教育专家委员会，对适龄残疾儿童少年入学需求进行排查和评估，给予科学教育安置。推动各地规范送教上门工作。

2. 残疾幼儿学前康复教育发展项目。鼓励普通幼儿园招收具有接受普通教育能力的残疾幼儿，支持特殊教育学校、残疾儿童康复机构、儿童福利机构开展学前康复教育，有条件的地方建立残疾儿童学前康复教育机构，加强公办残疾儿童学前康复教育机构建设，支持视力、听力、智力残疾儿童和孤独症儿童接受学前康复教育。

3. 残疾人职业教育提升项目。支持普通职业院校招收具有接受普通教育能力的残疾学生。支持特殊教育学校与普通职业院校联合开展残疾人职业教育。鼓励各省（自治区、直辖市）至少办好一所面向全省（自治区、直辖市）招生的残疾人中等职业学校。支持中高等职业学校（含特教学校中职部）加强实训基地建设，为残疾学生实习实训提供保障和便利。

4. 融合教育推广项目。鼓励普通学校招收具有接受普通教育能力的残疾儿童少年，同等条件下在招生片区内优先安排残疾儿童少年就近就便入学。设置随班就读区域资源中心或资源教室，配备必要的教育教学、康复训练设施设备和专业人员。

5. 特殊教育师资培养项目。师范类院校和综合性院校的师范专业开设特殊教育课程。加强评估，提高师范类院校特殊教育专业质量和水平。实施特殊教育学校校长、特殊教育骨干教师和融合教育骨干教师培训项目。改进培养模式，加大中西部地区特殊教育教师定向培养力度。鼓励高校面向一线教师开展特殊教育专业硕士研究生教育。支持高校残疾人毕业生从事特殊教育。

6. 手语盲文推广项目。丰富国家通用手语，加强手语翻译认证审核和注册管理，开展面向公共服务行业的国家通用手语推广。加强国家手语和盲文研究中心建设，依托华夏出版社和中国盲文出版社建设国家通用手语数字推广中心、国家通用盲文研究和推广中心。加强手语盲文研究推广人才培养。推动盲文数字化出版。推进国家通用手语、国家通用盲文在特殊教育教材中的应用。

7. 提升残疾人公共文化服务。鼓励残疾人参加"书香中国·阅读有我"等公共文化活动，持续开展"残疾人文化周"、"共享芬芳·共铸美好"等残疾人群众性文化艺术活动，推动基层创建一批残健融合文化服务示范中心（站、点），不断满足残疾人文化需求、增强残疾人精神力量。加强中西部和农村地区重度残疾人文化服务，为盲人、聋人提供无障碍文化服务。鼓励电视台、广播电台、网络视听媒体和融媒体中心开设残疾人专题节目。发展特殊艺术，鼓励残疾人参与文化艺术创作和非物质文化遗产传承，扶持残疾人题材图书等出版。扶持残疾人特殊艺术人才和师资培养。举办第十届、第十一届全国残疾人艺术汇演，举办国际特殊艺术交流活动。扶持中国残疾人艺术团和地方残疾人文艺小分队开展基层巡演。

8. 推动残疾人体育全面发展。筹办好北京冬残奥会，实现"简约、安全、精彩"目标。实施残疾人奥运争光行动，不断提高竞技水平，在北京冬残奥会和东京残奥会等重大国际赛事上力争好成绩。办好杭州亚残运会和第十一届、第十二届全国残运会暨特奥会等重大赛事。实施残疾人康复健身体育行动，将残疾人作为重点人群纳入全民健身公共服务体系建设，组织残疾人参加各级各类全民健身活动，推动残疾人康复健身体育身边化服务。加强残疾人体育运动保护研究。

专栏7 残疾人文化、体育服务重点项目

一、残疾人文化服务

1. "五个一"文化进家庭、进社区项目。为重度残疾人家庭开展"五个一"（读一本书、看一场电影、游一次园、参观一次展览、参加一次文化活动）文化服务。依托新时代文明实践中心和基层文化设施，增添必要的文化设备，推动基层创建一批残健融合文化服务示范中心（站、点）。

2. 盲人文化服务项目。为盲人提供盲文读物、有声读物、大字读物、数字阅读、无障碍电影电视剧等产品和服务。继续开展盲人数字阅读推广工程。推动公共图书馆盲人阅览室（区）建设，加强中国盲文图书馆和分支馆建设，增加公共图书馆盲文图书和视听文献资源。鼓励电影院线、有线电视提供无障碍影视服务。

3. 聋人文化服务项目。鼓励影视作品、网络视频加配字幕，鼓励有条件的省市级电视台开播国家通用手语或实时字幕栏目。

4. 网络视听媒体文化服务项目。加强残疾人融媒体平台建设，依托网络视听媒体开设残疾人文化宣传专题节目。

5. 特殊艺术推广项目。支持中国残疾人艺术团创编精品舞台演出剧目，培育"我的梦"特殊艺术品牌。鼓励残疾人参与文化艺术创作，支持残疾儿童少年艺术教育。

6. 残疾人文化产业发展项目。扶持一批吸纳较多残疾人就业、具有较好市场发展前景的文化产业基地。

二、残疾人体育发展

1. 残疾人奥运争光行动。完善训练、科研、医疗等复合型支撑团队，提高国家残疾人体育训练基地保障服务能力，不断提升残疾人竞技体育水平。

2. 残疾人康复健身体育行动。推广适合残疾人的康复健身体育项目、方法和器材，设立残疾人自强康复健身示范点，培养残疾人康复健身社会体育指导员。为重度残疾人提供康复体育进家庭服务。组织举办"残疾人冰雪运动季"、"残疾人健身周"、"全国特奥日"等群众性体育品牌活动。

9. 大力发展残疾人慈善事业和服务产业。鼓励残联、工会、共青团、妇联、科协等群团组织和社会组织、企事业单位等实施助残慈善项目。深入开展"青年志愿者助残阳光行动"、"关心我的残疾人邻居"、"牵着蜗牛去散步"和"集善优品"消费助残等志愿服务关爱行动。培育"集善工程"、"通向明天"等残疾人慈善事业品牌。生活服务业发展布局充分考虑残疾人需求，加快康复辅助器具、康复教育、托养照护、生活服务、无障碍、文化休闲等残疾人服务业发展，满足残疾人多元化、多层次品质生活需求。采取政府购买服务、政府和社会资本合作等方式，加快培育助残社会组织和企业，吸引社会力量和市场主体参与残疾人服务。

10. 加强残疾人服务标准化和行业管理。细化残疾人基本公共服务项目的设施建设、功能布局、施工规范、设备配置、人员配备、服务流程、管理规范等软硬件标准要求，完善标准体系，加强标准间统筹衔接和基层设施设备共建共享。加强康复、托养等残疾人服务行业管理，全面开展绩效评价，支持残疾人和残疾人亲属参与评价。在场地、设备、人才、技术等方面扶持各类残疾人服务机构发展，优先扶持公益性、普惠性残疾人服务机构，支持残疾人服务机构连锁化、品牌化运营。开展残疾人服务需求评估和服务资源调查，为残疾人提供适合的产品和服务。严格规范残疾评定和残疾人证核发管理，全面推行残疾人证电子证照应用，实现"跨省通办"。

（四）保障残疾人平等权利，为残疾人提供无障碍环境和便利化条件。

1. 提高残疾人事业法治化水平。落实宪法、民法典等法律法规关于保障残疾人权益的规定，健全残疾人权益保障法律法规体系，推动残疾人保障法等法律法规有效实施。涉及残疾人的立法应充分论证，开展反残疾歧视评估，广泛征询残疾人、残疾人组织和社会各方面意见。研究完善残疾人就业、无障碍环境建设法律制度，开展残疾人社会保障、残疾人成人监护等立法研究。将残疾人保障法等相关法律法规宣传教育纳入"八五"普法，认真落实"谁执法、谁普法"普法责任制，加大全媒体普法宣传力度。配合各级人大、政协开展残疾人保障法等法律法规执法检查、视察和调研。支持各地制定保护残疾人权益的地方性法规和优惠扶助规定。

2. 创新残疾人法律服务和权益维护。开展残疾人尊法学法守法用法专项行动。将残疾人作为公共法律服务的重点对象，完善公共法律服务平台无障碍功能，依据国家有关规定扩大残疾人法律援助覆盖面，重点提升残疾人法律援助质量。完善残疾人法律救助工作协调机制，培养助残公益律师队伍，开展法律援助志愿助残行动，为残疾人提供及时有效的法律救助服务。加强对残疾人的司法保护，方便残疾人诉讼。发挥"12385"残疾人服务热线和网络信访平台作用，建立健全残疾人权益维护应急处置机制。坚决打击侵害残疾人权益的违法犯罪行为。不断拓宽残疾人和残疾人组织民主参与、民主协商渠道，有效保障残疾人的知情权、参与权、表达权、监督权，支持更多残疾人、残疾人亲友和残疾人工作者进入各级人大、政协并提供履职便利。

3. 提升无障碍设施建设管理水平。新建设施严格执行无障碍相关标准规范。在乡村建设行动、城市更新行动、城镇老旧小区改造和居住社区建设中统筹推进无障碍设施建设和改造。城市道路、公共交通、社区服务设施、公共服务设施和残疾人服务设施、残疾人集中就业单位等加快开展无障碍设施建设和改造。提高残疾人家庭无障碍改造水平。加快推广无障碍公共厕所。探索传统无障碍设施设备数字化、智能化升级。开展无障碍市县村镇达标验收工作。提高无障碍设施规划建设管理水平，推进无障碍设计设施认证工作，提高全社会无障碍意识，加强无障碍监督，保障残疾人、老年人等通行安全和使用便利。

4. 加快发展信息无障碍。将信息无障碍作为数字社会、数字政府、智慧城市建设的重要组成部分，纳入文明城市测评指标。推广便利普惠的电信服务，加快政府政务、公共服务、电子商务、电子导航等信息无障碍建设，加快普及互联网网站、移动互联网应用程序和自助公共服务设备无障碍。推进智能化服务要适应残疾人需求，智能工具应当便于残疾人日常生活使用。促进信息无障碍国家标准推广应用，加强对互联网内容可访问性的测试、认证能力建设，开展互联网和移动互联网无障碍化评级评价。支持研发生产科技水平高、性价比优的信息无障碍终端产品。

专栏8　无障碍重点项目

一、无障碍设施

1. 道路交通无障碍。城市主要道路、主要商业区和大型居住区的人行天桥和人行地下通道配备无障碍设施，人行横道交通信号灯逐步完善无障碍服务功能。公共停车场和大型居住区的停车场设置并标明无障碍停车位。民用航空器、客运列车、客运船舶、公共汽车电车、城市轨道交通车辆等公共交通工具逐步配备无障碍设备。

2. 公共服务设施无障碍。加快推动医疗、教育、文化、体育、交通、金融、邮政、商业、旅游、餐饮等公共服务设施和特殊教育、康复、托养、社会福利等残疾人服务设施、残疾人集中就业单位无障碍改造。

3. 社区和家庭无障碍。居住建筑、居住社区建设无障碍设施。为困难重度残疾人家庭实施无障碍改造。

4. 无障碍公共厕所。加快推进公共服务设施、交通设施、旅游景区等无障碍公共厕所建设。

二、信息无障碍

1. 互联网网站和移动互联网应用程序信息无障碍。加快政府门户网站、政务服务平台和网上办事大厅信息无障碍建设。推动新闻资讯、社交通讯、生活购物、医疗健康、金融服务、学习教育、旅游出行等互联网网站、移动互联网应用程序（APP）的无障碍改造。

2. 自助服务终端信息无障碍。推进自动售卖设备、医院自助就医设备、银行自动柜员机、地铁自助检票设备、机场自助值机设备等自助公共服务设备的无障碍改造。

3. 食品药品说明信息无障碍。利用图像识别、二维码等技术加快食品药品信息识别无障碍。

4. 应急服务信息无障碍。把国家通用手语、国家通用盲文作为应急语言文字服务内容，政府新闻发布会和电视、网络发布突发公共事件信息时加配字幕和手语，医院、疏散避险场所和集中隔离场所等设置语音、字幕等信息提示装置。

三、无障碍服务

政府新闻发布会配备同步速录字幕、手语翻译，鼓励政务服务大厅和公共服务场所为残疾人提供字幕、手语、语音等服务。支持地方建设听力、言语残疾人无障碍信息服务平台。

5. 营造全社会助残和残疾人自强的文明社会氛围。深入开展习近平新时代中国特色社会主义思想学习教育，学习宣传习近平总书记关于残疾人事业的重要指示批示精神，坚持以社会主义核心价值观为引领，加强新时代中国特色残疾人事业理论和实践研究，厚植残疾人事业发展的思想文化基础。将扶残助残纳入公民道德建设、文明创建活动和新时代文明实践中心建设，弘扬人道主义精神和扶残助残传统美德，营造理解、尊重、关心、帮助残疾人的文明社会氛围。激发残疾人自强不息精神，鼓励残疾人自尊、自信、自强、自立。加强残疾人事业全媒体传播能力建设，办好全国助残日、国际残疾人日和全国残疾人事业好新闻作品评选等主题宣传活动，支持残疾人题材优秀纪录片、公益广告、网络视听节目制作播出。开展"全国自强模范"和助残先进评选表彰。

（五）完善支持保障条件，促进残疾人事业高质量发展。

1. 强化党委领导、政府负责的领导体制。加强党对残疾人工作的领导，确保习近平总书记关于残疾人事业的重要指示批示精神和党中央、国务院决策部署有效落实，为残疾人事业发展提供坚强政治保障。完善党委领导、政府负责、部门协同、社会参与、市场推动、残疾人组织充分发挥作用的领导体制和工作机制，各级政府残疾人工作委员会统筹协调，有关部门分工协作、履职尽责，形成协同高效的工作合力。

2. 健全多元化投入格局。各级政府按规定做好残疾人事业经费保障。加快构建预算绩效管理体系，资金原则上优先保障实施效果好、残疾人满意度高的项目。落实残疾人事业金融、税收等支持政策，吸引社会资本、慈善捐赠等资金，形成多渠道、多元化投入格局。

3. 加强基础设施和信息化建设。实现有条件的县（市、区、旗）残疾人服务设施全覆盖，促进服务设施规范运营和发挥效益。地方可对新建民办残疾人康复和托养机构给予支持。鼓励地方将政府投资建设的残疾人服务设施无偿或低价提供给公益性、普惠性残疾人服务机构使用。乡镇（街道）、村（社区）为残疾人服务提供场地保障。加强特殊教育学校、残疾人服务设施和基层残疾人组织的信息基础设施建设。推动残疾人基本公共服务项目纳入各地政务服务"一网通办"平台、社会保障卡等加载残疾人服务功能。坚持传统服务方式与智能化服务创新并行，建立线上线下相结合的残疾人服务体系，推动数字化服务在助残中的普惠应用。完善残疾人口基础数据，改进残疾人服务需求和服务供给调查统计，加强残疾人服务大数据建设。

4. 加快科技创新和人才培养。将科技助残纳入科技强国行动纲要，促进生命健康、人工智能等领域科学技术在残疾人服务中示范应用，开展残疾预防、主动健康、康复等基础研究，扶持智能化康复辅助器具、康复设备、盲文数字出版、无障碍等领域关键技术研究和产品推广应用。利用现有资源研究设立康复国家重点实验室，鼓励企业、高校、科研院所等参与残疾人服务科技创新和应用。推动建立从中职、高职到本科、硕士、博士等较为完整的残疾人服务相关专业人才培养体系，鼓励有条件的职业院校和普通本科院校增设康复治疗、康复工程技术、特殊教育、手语、盲文等相关专业，加强残疾人服务从业人员职业能力建设和职称评定，加快培养残疾人康复、教育、就业、托养照护、文化、体育、社会工作等专业人才队伍。

专栏9　基础设施、信息化和科技创新重点项目

1. 残疾人服务设施兜底线工程项目。继续支持残疾人康复、托养等服务设施建设，配置专业设备和器材。支持集中安置盲人医疗按摩人员执业的按摩专科医院建设。

2. 特殊教育学校提升项目。鼓励人口20万以上的县（市）独立设置特殊教育学校，有条件的省（自治区、直辖市）建立孤独症儿童特殊教育学校。各省（自治区、直辖市）扶持一所残疾人职业院校建设提升实训基地。

3. 精神卫生福利设施建设项目。优化精神卫生社会福利机构布局，改善现有设施条件，在精神卫生服务能力不足的地区建设100个左右精神卫生福利设施，逐步形成布局合理、功能完善的精神卫生福利设施体系，为困难精神障碍患者提供集中照护、康复服务。

4. 互联网康复项目。建立线上线下相结合的康复服务平台，支持"爱心阳光"中国残疾人综合服务云平台和华夏云课堂建设，为基层康复机构、残疾人、残疾儿童少年及其家长提供指导和服务。

5. 残疾人就业创业网络服务平台项目。完善全国残疾人职业技能培训管理系统、就业服务管理系统、按比例就业年审系统和盲人医疗按摩人员管理系统，保障系统有效运行。

6. 残疾人服务大数据建设项目。建设残疾人口基础信息和服务需求、服务资源信息数据库，实现与政府有关部门数据的联通共享，推动精准化服务和精细化管理。

7. 科技助残项目。实施相关科技计划项目，开展智能助听、中高端假肢、儿童康复机器人、基于智慧城市的无障碍等技术研发，推动3D盲文绿色印刷生产、语音字幕实时转换、智能化轮椅、柔性可穿戴外骨骼辅助机器人等技术和产品推广应用。

5. 促进残疾人事业城乡、区域协同发展。结合乡村建设行动，加强和改善农村残疾人服务。强化县域残疾人综合服务能力。城镇公共服务设施辐射带动乡村残疾人服务，引导鼓励城镇残疾人服务资源向乡村延伸。城镇残疾人基本公共服务逐步覆盖常住人口。促进中西部、东北地区残疾人事业加快发展，鼓励东部地区探索率先实现残疾人事业现代化。支持革命老区、民族地区、边疆地区残疾人事业加快发展。促进京津冀残疾人事业协同发展，提升长江经济带、黄河流域残疾人事业整体水平，发挥粤港澳大湾区残疾人事业高质量发展先行示范作用，推进长三角残疾人公共服务便利共享。鼓励各地发挥地方优势创新残疾人保障和发展措施。

6. 增强基层为残疾人服务的能力。将残疾人公共服务纳入县（市、区、旗）、乡镇（街道）政府公共服务事项清单和村（居）委会承担的社区工作事项清单及协助政府的社区工作事项清单。实施县域残疾人服务能力提升行动，建设县、乡、村三级联动互补的基层残疾人服务网络。县（市、区、旗）明确残疾人基本公共服务实施标准，开展残疾人需求评估，加强服务资源统筹。乡镇（街道）普遍建立"阳光家园"、"残疾人之家"等服务机构，开展残疾人集中照护、日间照料、社区康复、辅助性就业等服务。将残疾人服务纳入城乡社区治理和服务体系建设，村（居）委会将残疾人作为重点服务对象，加强走访探视，根据残疾人需求协助政府做好集中照护、日间照料、居家服务、邻里互助、安全提示、辅助性就业、社会工作等服务，实现"乡乡有机构、村村有服务"。针对残疾人特殊困难推行上门办、网上办、就近办、一次办等便利化服务。发现侵犯残疾人合法权益的违法犯罪行为，及时报告并采取有效措施加以解决。支持各类社会组织在城乡社区有序开展助残服务。

7. 发挥残疾人组织桥梁纽带作用。各级残联要深入学习贯彻习近平新时代中国特色社会主义思想和习近平总书记关于残疾人事业的重要指示批示精神，以政治建设为统领，落实党的建设、全面从严治党各项任务，进一步增强"四个意识"、坚定"四个自信"、做到"两个维护"。发扬优良传统，履行好残联的"代表、服务、管理"职能，为残疾人解难，为党和政府分忧，把残疾人群众紧紧凝聚在党的周围，听党话、跟党走。深化各级残联改革建设，加强服务创新，增强工作活力。强化县（市、区、旗）和乡镇（街道）残联建设，实现村（社区）残疾人协会全覆盖。改善乡镇（街道）残联、村（社区）残协专职委员待遇，提高其履职能力。支持残疾人专门协会建设，发挥"代表、服务、维权、监督"职能。通过专兼挂等多种方式增强残疾人工作力量，培养忠诚、干净、担当，懂残疾人、知残疾人、爱残疾人、心系残疾人的高素质残联干部队伍。重视各级残联残疾人干部、年轻干部、基层干部培养选拔。加强各级残联党风廉政建设和反腐败斗争。广大残疾人工作者要不忘初心、牢记使命，自觉践行好干部标准，恪守职业道德，加强思想修养，提高专业素质，全心全意为残疾人服务。

8. 积极营造残疾人事业发展的良好国际环境。服务国家外交大局，履行联合国《残疾人权利公约》，落实2030年可持续发展议程涉残疾人可持续发展目标，参与国际残疾人事务。务实开展"一带一路"残疾人群体交流和残疾人事务合作，深化与重点国家及周边国家和地区残疾人事务合作。继续开展"亚太残疾人十年"等残疾人事务区域合作，支持康复国际等国际残疾人组织发挥作用。加强对外宣传，讲好中国残疾人故事，展示我国残疾人人权保障和发展成就。

国务院办公厅关于改革完善
中央财政科研经费管理的若干意见

国办发〔2021〕32号

各省、自治区、直辖市人民政府，国务院各部委、各直属机构：

党的十八大以来，党中央、国务院出台了《关于进一步完善中央财政科研项目资金管理等政策的若干意见》、《关于优化科研管理提升科研绩效若干措施的通知》等一系列优化科研经费管理的政策文件和改革措施，有力地激发了科研人员的创造性和创新活力，促进了科技事业发展。但在科研经费管理方面仍然存在政策落实不到位、项目经费管理刚性偏大、经费拨付机制不完善、间接费用比例偏低、经费报销难等问题。为有效解决这些问题，更好贯彻落实党中央、国务院决策部署，进一步激励科研人员多出高质量科技成果、为实现高水平科技自立自强作出更大贡献，经国务院同意，现就改革完善中央财政科研经费管理提出如下意见：

一　扩大科研项目经费管理自主权

（一）简化预算编制。进一步精简合并预算编制科目，按设备费、业务费、劳务费三大类编制直接费用预算。直接费用中除 50 万元以上的设备费外，其他费用只提供基本测算说明，不需要提供明细。计算类仪器设备和软件工具可在设备费科目列支。合并项目评审和预算评审，项目管理部门在项目评审时同步开展预算评审。预算评审工作重点是项目预算的目标相关性、政策相符性、经济合理性，不得将预算编制细致程度作为评审预算的因素。（项目管理部门负责落实）

（二）下放预算调剂权。设备费预算调剂权全部下放给项目承担单位，不再由项目管理部门审批其预算调增。项目承担单位要统筹考虑现有设备配置情况、科研项目实际需求等，及时办理调剂手续。除设备费外的其他费用调剂权全部由项目承担单位下放给项目负责人，由项目负责人根据科研活动实际需要自主安排。（项目管理部门、项目承担单位负责落实）

（三）扩大经费包干制实施范围。在人才类和基础研究类科研项目中推行经费包干制，不再编制项目预算。项目负责人在承诺遵守科研伦理道德和作风学风诚信要求、经费全部用于与本项目研究工作相关支出的基础上，自主决定项目经费使用。鼓励有关部门和地方在从事基础性、前沿性、公益性研究的独立法人科研机构开展经费包干制试点。（项目管理部门、项目承担单位、财政部、单位主管部门负责落实）

二　完善科研项目经费拨付机制

（四）合理确定经费拨付计划。项目管理部门要根据不同类型科研项目特点、研究进度、资金需求等，合理制定经费拨付计划并及时拨付资金。首笔资金拨付比例要充分尊重项目负责人意见，切实保障科研活动需要。（项目管理部门负责落实）

（五）加快经费拨付进度。财政部、项目管理部门可在部门预算批复前预拨科研经费。项目管理部门要加强经费拨付与项目立项的衔接，在项目任务书签订后 30 日内，将经费拨付至项目承担单位。项目牵头单位要根据项目负责人意见，及时将经费拨付至项目参与单位。（财政部、项目管理部门、项目承担单位负责落实）

（六）改进结余资金管理。项目完成任务目标并通过综合绩效评价后，结余资金留归项目承担单位使用。项目承担单位要将结余资金统筹安排用于科研活动直接支出，优先考虑原项目团队科研需求，并加强结余资金管理，健全结余资金盘活机制，加快资金使用进度。（项目管理部门、项目承担单位负责落实）

三　加大科研人员激励力度

（七）提高间接费用比例。间接费用按照直接费用扣除设备购置费后的一定比例核定，由项目承担单位统筹安排使用。其中，500 万元以下的部分，间接费用比例为不超过 30%，500 万元至 1000 万元的部分为不超过 25%，1000 万元以上的部分为不超过 20%；对数学等纯理论基础研究项目，间接费用比例进一步提高到不超过 60%。项目承担单位可将间接费用全部用于绩效支出，并向创新绩效突出的团队和个人倾斜。（项目管理部门、项目承担单位负责落实）

（八）扩大稳定支持科研经费提取奖励经费试点范围。将稳定支持科研经费提取奖励经费试点范围扩大到所有中央级科研院所。允许中央级科研院所从基本科研业务费、中科院战略性先导科技专项经费、有关科研院所创新工程等稳定支持科研经费中提取不超过 20% 作为奖励经费，由单位探索完善科研项目资金激励引导机制，激发科研人员创新活力。奖励经费的使用范围和标准由试点单位自主决定，在单位内部公示。（中央级科研院所负责落实）

（九）扩大劳务费开支范围。项目聘用人员的劳务费开支标准，参照当地科学研究和技术服务业从业人员平均工资水平，根据其在项目研究中承担的工作任务确定，其由单位缴纳的社会保险补助、住房公积金等纳入劳务费科目列支。（项目承担单位、项目管理部门负责落实）

（十）合理核定绩效工资总量。中央高校、科研院所、企业结合本单位发展阶段、类型定位、承担任务、人才结构、所在地区、现有绩效工资实际发放水平（主要依据上年度事业单位工资统计年报数据确定）、财务状况特别是财政科研项目可用于支出人员绩效的间接费用等实际情况，向主管部门申报动态调整绩效工资水平，主管部门综合考虑激发科技创新活力、保障基础研究人员稳定工资收入、调控不同单位（岗位、学科）收入差距等因素审批后报人力资源社会保障、财政部门备案。分配绩效工资时，要向承担国家科研任务较多、成效突出的科研人员倾斜。借鉴承担国家关键领域核心技术攻关任务科研人员年薪制的经验，探索对急需紧缺、业内认可、业绩突出的极少数高层次人才实行年薪制。（人力资源社会保障部、科技部、财政部、国务院国资委、单位主管部门负责落实）

（十一）加大科技成果转化激励力度。各单位要落实《中华人民共和国促进科技成果转化法》等相关规定，对持有的科技成果，通过协议定价、在技术交易市场挂牌交易、拍卖等市场化方式进行转化。科技成果转化所获收益可按照法律规定，对职务科技成果完成人和为科技成果转化作出重要贡献的人员给予奖励和报酬，剩余部分留归项目承担单位用于科技研发与成果转化等相关工作，科技成果转化收益具体分配方式和比例在充分听取本单位科研人员意见基础上进行约定。科技成果转化现金奖励计入所在单位绩效工资总量，但不受核定的绩效工资总量限制，不作为核定下一年度绩效工资总量的基数。（科技部、人力资源社会保障部、财政部等有关部门负责落实）

四 减轻科研人员事务性负担

（十二）全面落实科研财务助理制度。项目承担单位要确保每个项目配有相对固定的科研财务助理，为科研人员在预算编制、经费报销等方面提供专业化服务。科研财务助理所需人力成本费用（含社会保险补助、住房公积金），可由项目承担单位根据情况通过科研项目经费等渠道统筹解决。（项目承担单位负责落实）

（十三）改进财务报销管理方式。项目承担单位因科研活动实际需要，邀请国内外专家、学者和有关人员参加由其主办的会议等，对确需负担的城市间交通费、国际旅费，可在会议费等费用中报销。允许项目承担单位对国内差旅费中的伙食补助费、市内交通费和难以取得发票的住宿费实行包干制。（项目承担单位负责落实）

（十四）推进科研经费无纸化报销试点。选择部分电子票据接收、入账、归档处理工作量比较大的中央高校、科研院所、企业，纳入电子入账凭证会计数据标准推广范围，推动科研经费报销数字化、无纸化。（财政部、税务总局、单位主管部门等负责落实）

（十五）简化科研项目验收结题财务管理。合并财务验收和技术验收，在项目实施期末实行一次性综合绩效评价。完善项目验收结题评价操作指南，细化明确预算调剂、设备管理、人员费用等财务、会计、审计方面具体要求，避免有关机构和人员在项目验收和检查中理解执行政策出现偏差。选择部分创新能力和潜力突出、创新绩效显著、科研诚信状况良好的中央高校、科研院所、企业作为试点单位，由其出具科研项目经费决算报表作为结题依据，取消科研项目结题财务审计。试点单位对经费决算报表内容的真实性、完整性、准确性负责，项目管理部门适时组织抽查。（科技部、财政部、项目管理部门负责落实）

（十六）优化科研仪器设备采购。中央高校、科研院所、企业要优化和完善内部管理规定，简化科研仪器设备采购流程，对科研急需的设备和耗材采用特事特办、随到随办的采购机制，可不进行招标投标程序。项目承担单位依法向财政部申请变更政府采购方式的，财政部实行限时办结制度，对符合要求的申请项目，原则上自收到变更申请之日起 5 个工作日内办结。有关部门要研究推动政府采购、招标投标等有关法律法规修订工作，进一步明确除外条款。（单位主管部门、项目承担单位、司法部、财政部负责落实）

（十七）改进科研人员因公出国（境）管理方式。对科研人员因公出国（境）开展国际合作与交流的管理应与行政人员有所区别，对为完成科研项目任务目标、从科研经费中列支费用的国际合作与交流按业务类别单独管理，根据需要开展工作。从科研经费中列支的国际合作与交流费用不纳入"三公"经费统计范围，不受零增长要求限制。（单位主管部门、财政部负

责落实）

五　创新财政科研经费投入与支持方式

（十八）拓展财政科研经费投入渠道。发挥财政经费的杠杆效应和导向作用，引导企业参与，发挥金融资金作用，吸引民间资本支持科技创新创业。优化科技创新类引导基金使用，推动更多具有重大价值的科技成果转化应用。拓宽基础研究经费投入渠道，促进基础研究与需求导向良性互动。（财政部、科技部、人民银行、银保监会、证监会等负责落实）

（十九）开展顶尖领衔科学家支持方式试点。围绕国家重大战略需求和前沿科技领域，遴选全球顶尖的领衔科学家，给予持续稳定的科研经费支持，在确定的重点方向、重点领域、重点任务范围内，由领衔科学家自主确定研究课题，自主选聘科研团队，自主安排科研经费使用；3 至 5 年后采取第三方评估、国际同行评议等方式，对领衔科学家及其团队的研究质量、原创价值、实际贡献，以及聘用领衔科学家及其团队的单位服务保障措施落实情况等进行绩效评价，形成可复制可推广的改革经验。（项目管理部门、项目承担单位负责落实）

（二十）支持新型研发机构实行"预算＋负面清单"管理模式。鼓励地方对新型研发机构采用与国际接轨的治理结构和市场化运行机制，实行理事会领导下的院（所）长负责制。创新财政科研经费支持方式，给予稳定资金支持，探索实行负面清单管理，赋予更大经费使用自主权。组织开展绩效评价，围绕科研投入、创新产出质量、成果转化、原创价值、实际贡献、人才集聚和培养等方面进行评估。除特殊规定外，财政资金支持产生的科技成果及知识产权由新型研发机构依法取得、自主决定转化及推广应用。（科技部、财政部负责指导）

六　改进科研绩效管理和监督检查

（二十一）健全科研绩效管理机制。项目管理部门要进一步强化绩效导向，从重过程向重结果转变，加强分类绩效评价，对自由探索型、任务导向型等不同类型科研项目，健全差异化的绩效评价指标体系；强化绩效评价结果运用，将绩效评价结果作为项目调整、后续支持的重要依据。项目承担单

位要切实加强绩效管理，引导科研资源向优秀人才和团队倾斜，提高科研经费使用效益。（项目管理部门、项目承担单位负责落实）

（二十二）强化科研项目经费监督检查。加强审计监督、财会监督与日常监督的贯通协调，增强监督合力，严肃查处违纪违规问题。加强事中事后监管，创新监督检查方式，实行随机抽查、检查，推进监督检查数据汇交共享和结果互认。减少过程检查，充分利用大数据等信息技术手段，提高监督检查效率。强化项目承担单位法人责任，项目承担单位要动态监管经费使用并实时预警提醒，确保经费合理规范使用；对项目承担单位和科研人员在科研经费管理使用过程中出现的失信情况，纳入信用记录管理，对严重失信行为实行追责和惩戒。探索制定相关负面清单，明确科研项目经费使用禁止性行为，有关部门要根据法律法规和负面清单进行检查、评审、验收、审计，对尽职无过错科研人员免予问责。（审计署、财政部、项目管理部门、单位主管部门负责落实）

七 组织实施

（二十三）及时清理修改相关规定。有关部门要聚焦科研经费管理相关政策和改革举措落地"最后一公里"，加快清理修改与党中央、国务院有关文件精神不符的部门规定和办法，科技主管部门要牵头做好督促落实工作。项目承担单位要落实好科研项目实施和科研经费管理使用的主体责任，严格按照国家有关政策规定和权责一致的要求，强化自我约束和自我规范，及时完善内部管理制度，确保科研自主权接得住、管得好。（有关部门、项目承担单位负责落实）

（二十四）加大政策宣传培训力度。有关部门和单位要通过门户网站、新媒体等多种渠道以及开设专栏等多种方式，加强中央财政科研经费管理相关政策宣传解读，提高社会知晓度。同时，加大对科研人员、财务人员、科研财务助理、审计人员等的专题培训力度，不断提高经办服务能力水平。（科技部、财政部会同有关部门负责落实）

（二十五）强化政策落实督促指导。有关部门要加快职能转变，提高服务意识，加强跟踪指导，适时组织开展对项目承担单位科研经费管理政策落实情况的检查，及时发现并协调解决有关问题，推动改革落地见效，国务院办公厅要加强督查。要适时对有关试点政策举措进行总结评估，及时总结推广行之有效的经验和做法。（财政部、科技部会同有关部门负责落实）

财政部、中央级社科类科研项目主管部门要结合社会科学研究的规律和特点，参照本意见尽快修订中央级社科类科研项目资金管理办法。

各地区要参照本意见精神，结合实际，改革完善本地区财政科研经费管理。

国务院办公厅

2021 年 8 月 5 日

国务院关于"十四五"特殊类型地区振兴发展规划的批复

国函〔2021〕98 号

各省、自治区、直辖市人民政府，国家发展改革委：

国家发展改革委关于报送《"十四五"特殊类型地区振兴发展规划（送审稿）》的请示收悉。现批复如下：

一、原则同意《"十四五"特殊类型地区振兴发展规划》（以下简称《规划》），请认真组织实施。

二、《规划》实施要以习近平新时代中国特色社会主义思想为指导，深入贯彻党的十九大和十九届二中、三中、四中、五中全会精神，坚持和加强党的全面领导，坚持以人民为中心，坚持稳中求进工作总基调，立足新发展阶段，完整、准确、全面贯彻新发展理念，构建新发展格局，以推动高质量发展为主题，以深化供给侧结构性改革为主线，以改革创新为根本动力，以满足人民日益增长的美好生活需要为根本目的，统筹发展和安全，健全政策体系和长效机制，支持欠发达地区、革命老区、边境地区、生态退化地区、资源型地区、老工业城市等特殊类型地区更好解决自身困难，更好发挥支撑功能，持续增强内生发展动力，不断增进民生福祉，开拓振兴发展新局面。

三、各省、自治区、直辖市人民政府要加强对特殊类型地区振兴发展的组织领导，明确责任分工，完善工作机制，制定实施方案，细化落实重点任务，组织编制省级专项规划，将《规划》明确的重要任务和改革举措与本地区"十四五"时期经济社会发展紧密衔接起来，确保将《规划》各项目标任务和政策措施落到实处。《规划》实施中涉及的重要政策、重大工程、重点项目要按规定程序报批。

四、国务院各有关部门要根据职责分工，加强工作指导，加大支持力度，细化具体支持措施，为特殊类型地区振兴发展营造良好政策环境。充分发挥支持赣南等原中央苏区振兴发展、生态保护补偿工作、采煤沉陷区综合治理等部际联席会议制度作用，统筹推进重大事项，推动解决《规划》实施中的重大问题。国家发展改革委要加强综合协调和服务，及时跟踪《规划》实施进展情况，重大事项及时向国务院报告。

国务院

2021 年 9 月 23 日

中共中央　国务院
关于实现巩固拓展脱贫攻坚成果同乡村振兴有效衔接的意见
（2020 年 12 月 16 日）

新华社北京 3 月 22 日电　打赢脱贫攻坚战、全面建成小康社会后，要进一步巩固拓展脱贫攻坚成果，接续推动脱贫地区发展和乡村全面振兴。为实现巩固拓展脱贫攻坚成果同乡村振兴有效衔接，现提出如下意见。

一　重大意义

党的十八大以来，以习近平同志为核心的党中央把脱贫攻坚摆在治国理政的突出位置，作为实现第一个百年奋斗目标的重点任务，纳入"五位一体"总体布局和"四个全面"战略布局，作出一系列重大部署和安排，全面打响脱贫攻坚战，困扰中华民族几千年的绝对贫困问题即将历史性地得到解决，脱贫攻坚成果举世瞩目。到 2020 年我国现行标准下农村贫困人口全部实现脱贫、贫困县全部摘帽、区域性整体贫困得到解决。"两不愁"质量水平明显提升，"三保障"突出问题彻底消除。贫困人口收入水平大幅度提高，自主脱贫能力稳步增强。贫困地区生产生活条件明显改善，经济社会发展明显加快。脱贫攻坚取得全面胜利，提前 10 年实现《联合国 2030 年可持续发展议程》减贫目标，实现了全面小康路上一个都不掉队，在促进全体人民共同富裕的道路上迈出了坚实一步。完成脱贫攻坚这一伟大事业，不仅在中华民族发展史上具有重要里程碑意义，更是中国人民对人类文明和全球反贫困事业的重大贡献。

脱贫攻坚的伟大实践，充分展现了我们党领导亿万人民坚持和发展中国特色社会主义创造的伟大奇迹，充分彰显了中国共产党领导和我国社会主义制度的政治优势。脱贫攻坚的伟大成就，极大增强了全党全国人民的凝聚力和向心力，极大增强了全党全国人民的道路自信、理论自信、制度自信、文化自信。

这些成就的取得，归功于以习近平同志为核心的党中央坚强领导，习近平总书记亲自谋划、亲自挂帅、亲自督战，推动实施精准扶贫精准脱贫基本方略；归功于全党全社会众志成城、共同努力，中央统筹、省负总责、市县抓落实，省市县乡村五级书记抓扶贫，构建起专项扶贫、行业扶贫、社会扶贫互为补充的大扶贫格局；归功于广大干部群众辛勤工作和不懈努力，数百万干部战斗在扶贫一线，亿万贫困群众依靠自己的双手和智慧摆脱贫困；归功于行之有效的政策体系、制度体系和工作体系，脱贫攻坚政策体系覆盖面广、含金量高，脱贫攻坚制度体系完备、上下贯通，脱贫攻坚工作体系目标明确、执行力强，为打赢脱贫攻坚战提供了坚强支撑，为全面推进乡村振兴提供了宝贵经验。

脱贫摘帽不是终点，而是新生活、新奋斗的起点。打赢脱贫攻坚战、全面建成小康社会后，要在巩固拓展脱贫攻坚成果的基础上，做好乡村振兴这篇大文章，接续推进脱贫地区发展和群众生活改善。做好巩固拓展脱贫攻坚成果同乡村振兴有效衔接，关系到构建以国内大循环为主体、国内国际双循环相互促进的新发展格局，关系到全面建设社会主义现代化国家全局和实现第二个百年奋斗目标。全党务必站在践行初心使命、坚守社会主义本质要求的政治高度，充分认识实现巩固拓展脱贫攻坚成果同乡村振兴有效衔接的重要性、紧迫性，举全党全国之力，统筹安排、强力推进，让包括脱贫群众在内的广大人民过上更加美好的生活，朝着逐步实现全体人民共同富裕的目标继续前进，彰显党的根本宗旨和我国社会主义制度优势。

二 总体要求

（一）指导思想。以习近平新时代中国特色社会主义思想为指导，深入贯彻党的十九大和十九届二中、三中、四中、五中全会精神，坚定不移贯彻新发展理念，坚持稳中求进工作总基调，坚持以人民为中心的发展思想，坚持共同富裕方向，将巩固拓展脱贫攻坚成果放在突出位置，建立农村低收入人口和欠发达地区帮扶机制，健全乡村振兴领导体制和工作体系，加快推进脱贫地区乡村产业、人才、文化、生态、组织等全面振兴，为全面建设社会主义现代化国家开好局、起好步奠定坚实基础。

（二）基本思路和目标任务。脱贫攻坚目标任务完成后，设立 5 年过渡期。脱贫地区要根据形势变化，理清工作思路，做好过渡期内领导体制、工作体系、发展规划、政策举措、考核机制等有效衔接，从解决建档立卡贫困人口"两不愁三保障"为重点转向实现乡村产业兴旺、生态宜居、乡风文明、治理有效、生活富裕，从集中资源支持脱贫攻坚转向巩固拓展脱贫攻坚成果和全面推进乡村振兴。到 2025 年，脱贫攻坚成果巩固拓展，乡村振兴全面推进，脱贫地区经济活力和发展后劲明显增强，乡村产业质量效益和竞争力进一步提高，农村基础设施和基本公共服务水平进一步提升，生态环境持续改善，美丽宜居乡村建设扎实推进，乡风文明建设取得显著进展，农村基层组织建设不断加强，农村低收入人口分类帮扶长效机制逐步完善，脱贫地区农民收入增速高于全国农民平均水平。到 2035 年，脱贫地区经济实力显著增强，乡村振兴取得重大进展，农村低收入人口生活水平显著提高，城乡差距进一步缩小，在促进全体人民共同富裕上取得更为明显的实质性进展。

（三）主要原则

——坚持党的全面领导。坚持中央统筹、省负总责、市县乡抓落实的工作机制，充分发挥各级党委总揽全局、协调各方的领导作用，省市县乡村五级书记抓巩固拓展脱贫攻坚成果和乡村振兴。总结脱贫攻坚经验，发挥脱贫攻坚体制机制作用。

——坚持有序调整、平稳过渡。过渡期内在巩固拓展脱贫攻坚成果上下更大功夫、想更多办法、给予更多后续帮扶支持，对脱贫县、脱贫村、脱贫人口扶上马送一程，确保脱贫群众不返贫。在主要帮扶政策保持总体稳定的基础上，分类优化调整，合理把握调整节奏、力度和时限，增强脱贫稳定性。

——坚持群众主体、激发内生动力。坚持扶志扶智相结合，防止政策养懒汉和泛福利化倾向，发挥奋进致富典型示范引领作用，激励有劳动能力的低收入人口勤劳致富。

——坚持政府推动引导、社会市场协同发力。坚持行政推动与市场机制有机结合，发挥集中力量办大事的优势，广泛动员社会力量参与，形成巩固拓展脱贫攻坚成果、全面推进乡村振兴的强大合力。

三　建立健全巩固拓展脱贫攻坚成果长效机制

（一）保持主要帮扶政策总体稳定。过渡期内严格落实"四个不摘"要求，摘帽不摘责任，防止松劲懈怠；摘帽不摘政策，防止急刹车；摘帽不摘帮扶，防止一撤了之；摘帽不摘监管，防止贫困反弹。现有帮扶政策该延续的延续、该优化的优化、该调整的调整，确保政策连续性。兜底救助类政策要继续保持稳定。落实好教育、医疗、住房、饮水等民生保障普惠性政策，并根据脱贫人口实际困难给予适度倾斜。优化产业就业等发展类政策。

（二）健全防止返贫动态监测和帮扶机制。对脱贫不稳定户、边缘易致贫户，以及因病因灾因意外事故等刚性支出较大或收入大幅缩减导致基本生活出现严重困难户，开展定期检查、动态管理，重点监测其收入支出状况、"两不愁三保障"及饮水安全状况，合理确定监测标准。建立健全易返贫致贫人口快速发现和响应机制，分层分类及时纳入帮扶政策范围，实行动态清零。健全防止返贫大数据监测平台，加强相关部门、单位数据共享和对接，充分利用先进技术手段提升监测准确性，以国家脱贫攻坚普查结果为依据，进一步完善基础数据库。建立农户主动申请、部门信息比对、基层干部定期跟踪回访相结合的易返贫致贫人口发现和核查机制，实施帮扶对象动态管理。坚持预防性措施和事后帮扶相结合，精准分析返贫致贫原因，采取有针对性的帮扶措施。

（三）巩固"两不愁三保障"成果。落实行业主管部门工作责任。健全控辍保学工作机制，确保除身体原因不具备学习条件外脱贫家庭义务教育阶段适龄儿童少年不失学辍学。有效防范因病返贫致贫风险，落实分类资助参保政策，做好脱贫人口参保动员工作。建立农村脱贫人口住房安全动态监测机制，通过农村危房改造等多种方式保障低收入人口基本住房安全。巩固维护好已建农村供水工程成果，不断提升农村供水保障水平。

（四）做好易地扶贫搬迁后续扶持工作。聚焦原深度贫困地区、大型特大型安置区，从就业需要、产业发展和后续配套设施建设提升完善等方面加大扶持力度，完善后续扶持政策体系，持续巩固易地搬迁脱贫成果，确保搬迁群众稳得住、有就业、逐步能致富。提升安置区社区管理服务水平，建立关爱机制，促进社会融入。

（五）加强扶贫项目资产管理和监督。分类摸清各类扶贫项目形成的资产底数。公益性资产要落实管护主体，明确管护责任，确保继续发挥作用。经营性资产要明晰产权关系，防止资产流失和被侵占，资产收益重点用于项目运行管护、巩固拓展脱贫攻坚成果、村级公益事业等。确权到农户或其他经营主体的扶贫资产，依法维护其财产权利，由其自主管理和运营。

四　聚力做好脱贫地区巩固拓展脱贫攻坚成果同乡村振兴有效衔接重点工作

（六）支持脱贫地区乡村特色产业发展壮大。注重产业后续长期培育，尊重市场规律和产业发展规律，提高产业市场竞争力和抗风险能力。以脱贫县为单位规划发展乡村特色产业，实施特色种养业提升行动，完善全产业链支持措施。加快脱贫地区农产品和食品仓储保鲜、冷链物流设施建设，支持农产品流通企业、电商、批发市场与区域特色产业精准对接。现代农业产业园、科技园、产业融合发展示范园继续优先支持脱贫县。支持脱贫地区培育绿色食品、有机农产品、地理标志农产品，打造区域公用品牌。继续大力实施消费帮扶。

（七）促进脱贫人口稳定就业。搭建用工信息平台，培育区域劳务品牌，加大脱贫人口有组织劳务输出力度。支持脱贫地区在农村人居环境、小型水利、乡村道路、农田整治、水土保持、产业园区、林业草原基础设施等涉农项目建设和管护时广泛采取以工代赈方式。延续支持扶贫车间的优惠政策。过渡期内逐步调整优化生态护林员政策。统筹用好乡村公益岗位，健全按需设岗、以岗聘任、在岗领补、有序退岗的管理机制，过渡期内逐步调整优化公益岗位政策。

（八）持续改善脱贫地区基础设施条件。继续加大对脱贫地区基础设施建设的支持力度，重点谋划建设一批高速公路、客货共线铁路、水利、电力、机场、通信网络等区域性和跨区域重大基础设施建设工程。按照实施乡村建设行动统一部署，支持脱贫地区因地制宜推进农村厕所革命、生活垃圾和污水治理、村容村貌提升。推进脱贫县"四好农村路"建设，推动交通项目更多向进村入户倾斜，因地制宜推进较大人口规模自然村（组）通硬化路，加强通村公路和村内主干道连接，加大农村产业路、旅游路建设力度。加强脱贫地区农村防洪、灌溉等中小型水利工程建设。统筹推进脱贫地区县乡村三级物流体系建设，实施"快递进村"工程。支持脱贫地区电网建设和乡村电气化提升工程实施。

（九）进一步提升脱贫地区公共服务水平。继续改善义务教育办学条件，加强乡村寄宿制学校和乡村小规模学校建设。加强脱贫地区职业院校（含技工院校）基础能力建设。继续实施家庭经济困难学生资助政策和农村义务教育学生营养改善计划。在脱贫地区普遍增加公费师范生培养供给，加强城乡教师合理流动和对口支援。过渡期内保持现有健康帮扶政策基本稳定，完善大病专项救治政策，优化高血压等主要慢病签约服务，调整完善县域内先诊疗后付费政策。继续开展三级医院对口帮扶并建立长效机制，持续提升县级医院诊疗能力。加大中央倾斜支持脱贫地区医疗卫生机构基础设施建设和设备配备力度，继续改善疾病预防控制机构条件。继续实施农村危房改造和地震高烈度设防地区农房抗震改造，逐步建立农村低收入人口住房安全保障长效机制。继续加强脱贫地区村级综合服务设施建设，提升为民服务能力和水平。

五 健全农村低收入人口常态化帮扶机制

（十）加强农村低收入人口监测。以现有社会保障体系为基础，对农村低保对象、农村特困人员、农村易返贫致贫人口，以及因病因灾因意外事故等刚性支出较大或收入大幅缩减导致基本生活出现严重困难人口等农村低收入人口开展动态监测。充分利用民政、扶贫、教育、人力资源社会保障、住房城乡建设、医疗保障等政府部门现有数据平台，加强数据比对和信息共享，完善基层主动发现机制。健全多部门联动的风险预警、研判和处置机制，实现对农村低收入人口风险点的早发现和早帮扶。完善农村低收入人口定期核查和动态调整机制。

（十一）分层分类实施社会救助。完善最低生活保障制度，科学认定农村低保对象，提高政策精准性。调整优化针对原建档立卡贫困户的低保"单人户"政策。完善低保家庭收入财产认定方法。健全低保标准制定和动态调整机制。加大低保标准制定省级统筹力度。鼓励有劳动能力的农村低保对象参与就业，在计算家庭收入时扣减必要的就业成本。完善农村特困人员救助供养制度，合理提高救助供养水平和服务质量。完善残疾儿童康复救助制度，提高救助服务质量。加强社会救助资源统筹，根据对象类型、困难程度等，及时有针对性地给予困难群众医疗、教育、住房、就业等专项救助，做到精准识别、应救尽救。对基本生活陷入暂时困难的群众加强临时救助，做到凡困必帮、有难必救。鼓励通过政府购买服务对社会救助家庭中生活不能自理的老年人、未成年人、残疾人等提供必要的访视、照料服务。

（十二）合理确定农村医疗保障待遇水平。坚持基本标准，统筹发挥基本医疗保险、大病保险、医疗救助三重保障制度综合梯次减负功能。完善城乡居民基本医疗保险参保个人缴费资助政策，继续全额资助农村特困人员，定额资助低保对象，过渡期内逐步调整脱贫人口资助政策。在逐步提高大病保障水平基础上，大病保险继续对低保对象、特困人员和返贫致贫人口进行倾斜支付。进一步夯实医疗救助托底保障，合理设定年度救助限额，合理控制救助对象政策范围内自付费用比例。分阶段、分对象、分类别调整脱贫攻坚期超常规保障措施。重点加大医疗救助资金投入，倾斜支持乡村振兴重点

301

帮扶县。

（十三）完善养老保障和儿童关爱服务。完善城乡居民基本养老保险费代缴政策，地方政府结合当地实际情况，按照最低缴费档次为参加城乡居民养老保险的低保对象、特困人员、返贫致贫人口、重度残疾人等缴费困难群体代缴部分或全部保费。在提高城乡居民养老保险缴费档次时，对上述困难群体和其他已脱贫人口可保留现行最低缴费档次。强化县乡两级养老机构对失能、部分失能特困老年人口的兜底保障。加大对孤儿、事实无人抚养儿童等保障力度。加强残疾人托养照护、康复服务。

（十四）织密兜牢丧失劳动能力人口基本生活保障底线。对脱贫人口中完全丧失劳动能力或部分丧失劳动能力且无法通过产业就业获得稳定收入的人口，要按规定纳入农村低保或特困人员救助供养范围，并按困难类型及时给予专项救助、临时救助等，做到应保尽保、应兜尽兜。

六 着力提升脱贫地区整体发展水平

（十五）在西部地区脱贫县中集中支持一批乡村振兴重点帮扶县。按照应减尽减原则，在西部地区处于边远或高海拔、自然环境相对恶劣、经济发展基础薄弱、社会事业发展相对滞后的脱贫县中，确定一批国家乡村振兴重点帮扶县，从财政、金融、土地、人才、基础设施建设、公共服务等方面给予集中支持，增强其区域发展能力。支持各地在脱贫县中自主选择一部分县作为乡村振兴重点帮扶县。支持革命老区、民族地区、边疆地区巩固脱贫攻坚成果和乡村振兴。建立跟踪监测机制，对乡村振兴重点帮扶县进行定期监测评估。

（十六）坚持和完善东西部协作和对口支援、社会力量参与帮扶机制。继续坚持并完善东西部协作机制，在保持现有结对关系基本稳定和加强现有经济联系的基础上，调整优化结对帮扶关系，将现行一对多、多对一的帮扶办法，调整为原则上一个东部地区省份帮扶一个西部地区省份的长期固定结对帮扶关系。省际间要做好帮扶关系的衔接，防止出现工作断档、力量弱化。中部地区不再实施省际间结对帮扶。优化协作帮扶方式，在继续给予资金支持、援建项目基础上，进一步加强产业合作、劳务协作、人才支援，推进产业梯度转移，鼓励东西部共建产业园区。教育、文化、医疗卫生、科技等行业对口支援原则上纳入新的东西部协作结对关系。更加注重发挥市场作用，强化以企业合作为载体的帮扶协作。继续坚持定点帮扶机制，适当予以调整优化，安排有能力的部门、单位和企业承担更多责任。军队持续推进定点帮扶工作，健全完善长效机制，巩固提升帮扶成效。继续实施"万企帮万村"行动。定期对东西部协作和定点帮扶成效进行考核评价。

七 加强脱贫攻坚与乡村振兴政策有效衔接

（十七）做好财政投入政策衔接。过渡期内在保持财政支持政策总体稳定的前提下，根据巩固拓展脱贫攻坚成果同乡村振兴有效衔接的需要和财力状况，合理安排财政投入规模，优化支出结构，调整支持重点。保留并调整优化原财政专项扶贫资金，聚焦支持脱贫地区巩固拓展脱贫攻坚成果和乡村振兴，适当向国家乡村振兴重点帮扶县倾斜，并逐步提高用于产业发展的比例。各地要用好城乡建设用地增减挂钩政策，统筹地方可支配财力，支持"十三五"易地扶贫搬迁融资资金偿还。对农村低收入人口的救助帮扶，通过现有资金支出渠道支持。过渡期前3年脱贫县继续实行涉农资金统筹整合试点政策，此后调整至国家乡村振兴重点帮扶县实施，其他地区探索建立涉农资金整合长效机制。确保以工代赈中央预算内投资落实到项目，及时足额发放劳务报酬。现有财政相关转移支付继续倾斜支持脱贫地区。对支持脱贫地区产业发展效果明显的贷款贴息、政府采购等政策，在调整优化基础上继续实施。过渡期内延续脱贫攻坚相关税收优惠政策。

（十八）做好金融服务政策衔接。继续发挥再贷款作用，现有再贷款帮扶政策在展期期间保持不变。进一步完善针对脱贫人口的小额信贷政策。对有较大贷款资金需求、符合贷款条件的对象，鼓励其申请创业担保贷款政策支持。加大对脱贫地区优势特色产业信贷和保险支持力度。鼓励各地因地制宜开发优势特色农产品保险。对脱贫地区继续实施企业上市"绿色通道"政策。探索农产品期货期权和农业保险联动。

（十九）做好土地支持政策衔接。坚持最严格耕地保护制度，强化耕地保护主体责任，严格控制非农建设占用耕地，坚决守住18亿亩耕地红线。

以国土空间规划为依据，按照应保尽保原则，新增建设用地计划指标优先保障巩固拓展脱贫攻坚成果和乡村振兴用地需要，过渡期内专项安排脱贫县年度新增建设用地计划指标，专项指标不得挪用；原深度贫困地区计划指标不足的，由所在省份协调解决。过渡期内，对脱贫地区继续实施城乡建设用地增减挂钩节余指标省内交易政策；在东西部协作和对口支援框架下，对现行政策进行调整完善，继续开展增减挂钩节余指标跨省域调剂。

（二十）做好人才智力支持政策衔接。延续脱贫攻坚期间各项人才智力支持政策，建立健全引导各类人才服务乡村振兴长效机制。继续实施农村义务教育阶段教师特岗计划、中小学幼儿园教师国家级培训计划、银龄讲学计划、乡村教师生活补助政策，优先满足脱贫地区对高素质教师的补充需求。继续实施高校毕业生"三支一扶"计划，继续实施重点高校定向招生专项计划。全科医生特岗和农村订单定向医学生免费培养计划优先向中西部地区倾斜。在国家乡村振兴重点帮扶县对农业科技推广人员探索"县管乡用、下沉到村"的新机制。继续支持脱贫户"两后生"接受职业教育，并按规定给予相应资助。鼓励和引导各方面人才向国家乡村振兴重点帮扶县基层流动。

八　全面加强党的集中统一领导

（二十一）做好领导体制衔接。健全中央统筹、省负总责、市县乡抓落实的工作机制，构建责任清晰、各负其责、执行有力的乡村振兴领导体制，层层压实责任。充分发挥中央和地方各级党委农村工作领导小组作用，建立统一高效的实现巩固拓展脱贫攻坚成果同乡村振兴有效衔接的决策议事协调工作机制。

（二十二）做好工作体系衔接。脱贫攻坚任务完成后，要及时做好巩固拓展脱贫攻坚成果同全面推进乡村振兴在工作力量、组织保障、规划实施、项目建设、要素保障方面的有机结合，做到一盘棋、一体化推进。持续加强脱贫村党组织建设，选好用好管好乡村振兴带头人。对巩固拓展脱贫攻坚成果和乡村振兴任务重的村，继续选派驻村第一书记和工作队，健全常态化驻村工作机制。

（二十三）做好规划实施和项目建设衔接。将实现巩固拓展脱贫攻坚成果同乡村振兴有效衔接的重大举措纳入"十四五"规划。将脱贫地区巩固拓展脱贫攻坚成果和乡村振兴重大工程项目纳入"十四五"相关规划。科学编制"十四五"时期巩固拓展脱贫攻坚成果同乡村振兴有效衔接规划。

（二十四）做好考核机制衔接。脱贫攻坚任务完成后，脱贫地区开展乡村振兴考核时要把巩固拓展脱贫攻坚成果纳入市县党政领导班子和领导干部推进乡村振兴战略实绩考核范围。与高质量发展综合绩效评价做好衔接，科学设置考核指标，切实减轻基层负担。强化考核结果运用，将考核结果作为干部选拔任用、评先奖优、问责追责的重要参考。

决战脱贫攻坚目标任务胜利完成，我们要更加紧密地团结在以习近平同志为核心的党中央周围，乘势而上、埋头苦干，巩固拓展脱贫攻坚成果，全面推进乡村振兴，朝着全面建设社会主义现代化国家、实现第二个百年奋斗目标迈进。

附录二
2021年收入分配统计资料

表1 国内生产总值（按当年价格计算）

时间	国民总收入（亿元）	国内生产总值（亿元）	第一产业增加值(亿元)	第二产业增加值(亿元)	第三产业增加值(亿元)	人均国内生产总值(元)
2011 年	483392.8	487940.2	44781.5	227035.1	216123.6	36277
2012 年	537329	538580	49084.6	244639.1	244856.2	39771
2013 年	588141.2	592963.2	53028.1	261951.6	277983.5	43497
2014 年	644380.2	643563.1	55626.3	277282.8	310654	46912
2015 年	685571.2	688858.2	57774.6	281338.9	349744.7	49922
2016 年	742694.1	746395.1	60139.2	295427.8	390828.1	53783
2017 年	830945.7	832035.9	62099.5	331580.5	438355.9	59592
2018 年	915243.5	919281.1	64745.2	364835.2	489700.8	65534
2019 年	983751.2	986515.2	70473.6	380670.6	535371	70078
2020 年	1008782.5	1015986.2	77754.1	384255.3	553976.8	72000
2021 年	1138807.1	1149237.0	83216.5	451544.1	614476.4	81370

注：①1980 年以后国民总收入（原称国民生产总值）与国内生产总值的差额为国外净要素收入。②三次产业分类依据国家统计局 2012 年制定的《三次产业划分规定》。第一产业是指农、林、牧、渔业（不含农、林、牧、渔服务业）；第二产业是指采矿业（不含开采辅助活动），制造业（不含金属制品、机械和设备修理业），电力、热力、燃气及水生产和供应业，建筑业；第三产业即服务业，是指除第一产业、第二产业以外的其他行业。③按照我国国内生产总值（GDP）数据修订制度和国际通行作法，在第四次全国经济普查后，对 2018 年及以前年度的 GDP 历史数据进行了系统修订。

表2 各种价格指数（以上年为100）

年份	居民消费价格指数	城市居民消费价格指数	农村居民消费价格指数	商品零售价格指数
2011	105.4	105.3	105.8	104.9
2012	102.6	102.7	102.5	102
2013	102.6	102.6	102.8	101.4
2014	102	102.1	101.8	101
2015	101.4	101.5	101.3	100.1
2016	102	102.1	101.9	100.7
2017	101.6	101.7	101.3	101.1
2018	102.1	102.1	102.1	101.9
2019	102.9	102.8	103.2	102
2020	102.5	102.3	103	101.4
2021	100.9	101.0	100.7	101.6

注：①国家统计局从2011年1月开始实施新的工业生产者价格统计调查制度方法。"工业品价格统计"改称为"工业生产者价格统计"，将"工业品出厂价格指数"改称为"工业生产者出厂价格指数"。②国家统计局从2011年1月开始实施新的工业生产者价格统计调查制度方法。"工业品价格统计"改称为"工业生产者价格统计"，相应地将"原材料、燃料、动力购进价格指数"改称为"工业生产者购进价格指数"。

表3 国家财政收支总额及增长速度

年份	财政收入（亿元）	财政支出（亿元）	增长速度（%）		财政收入占GDP比重（%）
			财政收入	财政支出	
2011	103874.43	109247.79	25	21.6	21.3
2012	117253.52	125952.97	12.9	15.3	21.8
2013	129209.64	140212.1	10.2	11.3	21.8
2014	140370.03	151785.56	8.6	8.3	21.8
2015	152269.23	175877.77	5.8	13.2	22.1
2016	159604.97	187755.21	4.5	6.3	21.4
2017	172592.77	203085.49	7.4	7.6	20.7
2018	183359.84	220904.13	6.2	8.7	19.9
2019	190390.08	238858.37	3.8	8.1	19.3
2020	182913.88	245679.03	-3.9	2.9	18.0
2021	202554.64	245673.00	10.7	0.0	17.6

注：①财政收入中不包括国内外债务收入。②从2000年起，财政支出中包括国内外债务付息支出。③与以往年份相比，2007年财政收支科目实施了较大改革，特别是财政支出项目口径变化很大，与往年数据不可比。2007年起财政支出采用新的分类指标。

表4 各项税收

单位：亿元

年份	合 计	国内增值税	营业税	国内消费税	关 税	个人所得税	企业所得税
2011	89738.39	24266.63	13679	6936.21	2559.12	6054.11	16769.64
2012	100614.28	26415.51	15747.64	7875.58	2783.93	5820.28	19654.53
2013	110530.7	28810.13	17233.02	8231.32	2630.61	6531.53	22427.2
2014	119175.31	30855.36	17781.73	8907.12	2843.41	7376.61	24642.19
2015	124922.2	31109.47	19312.84	10542.16	2560.84	8617.27	27133.87
2016	130360.73	40712.08	11501.88	10217.23	2603.75	10088.98	28851.36
2017	144369.87	56378.18	/	10225.09	2997.85	11966.37	32117.29
2018	156402.86	61530.77	/	10631.75	2847.78	13871.97	35323.71
2019	158000.46	62347.36	/	12564.44	2889.13	10388.53	37303.77
2020	154312.29	56791.24	/	12028.1	2564.25	11568.26	36425.81
2021	172735.67	63519.59		13880.70	2806.14	13992.68	42042.38

注：①企业所得税2001年以前只包括国有及集体企业所得税，从2001年起，企业所得税还包括除国有企业和集体企业外的其他所有制企业所得税。②国内增值税不包括进口产品增值税；国内消费税不包括进口产品消费税。③自2017年开始营业税改增值税改革后，不再有营业税种类。

表5 城镇单位就业人员工资总额和指数

年份	工资总额(亿元)				指数（上年＝100）			
	合计	国有单位	城镇集体单位	其他单位	合计	国有单位	城镇集体单位	其他单位
2011	59954.7	28954.8	1737.4	29262.4	126.8	116.3	121.2	139.7
2012	70914.2	32950.0	1990.4	35973.8	118.3	113.8	114.6	122.9
2013	93064.3	33359.6	2195.8	57508.9	131.2	101.2	110.3	159.9
2014	102817.2	36106.6	2302.7	64408.0	110.5	108.2	104.9	112.0
2015	112007.8	40387.9	2239.4	69380.5	108.9	111.9	97.3	107.7
2016	120074.8	44462.9	2268.6	73343.3	107.2	110.1	101.3	105.7
2017	129889.1	48884.1	2215.6	78789.3	108.2	109.9	97.7	107.4
2018	141692.2	51126.6	2082.3	88483.3	109.1	104.6	94.0	112.3
2019	154296.1	53743.7	1841.5	98710.9	109.1	105.1	88.4	111.8
2020	164126.9	59628.1	1841.8	102657.0	106.4	110.9	100.0	104.0
2021	180817.5	64547.9	1920.0	114349.7	110.2	108.3	104.2	111.4

表6 城镇单位就业人员平均工资和指数

年份	平均工资(元)				平均货币工资指数(上年=100)				平均实际工资指数(上年=100)			
	合计	国有单位	城镇集体单位	其他单位	合计	国有单位	城镇集体单位	其他单位	合计	国有单位	城镇集体单位	其他单位
2011	41799	43483	28791	41323	114.4	113.4	119.9	115.4	108.6	107.7	113.9	109.6
2012	46769	48357	33784	46360	111.9	111.2	117.3	112.2	109.0	108.3	114.3	109.2
2013	51483	52657	38905	51453	110.1	108.9	115.2	111.0	107.3	106.1	112.2	108.2
2014	56360	57296	42742	56485	109.5	108.8	109.9	109.8	107.2	106.6	107.6	107.5
2015	62029	65296	46607	60906	101.1	114.0	109.0	107.8	108.5	112.3	107.4	106.2
2016	67569	72538	50527	65531	108.9	111.1	108.4	107.6	106.7	108.8	106.2	105.4
2017	74318	81114	55243	71304	110.0	111.8	109.3	108.8	108.0	110.0	107.5	107.0
2018	82461	89474	60664	79532	111.0	110.3	109.8	111.5	108.7	108.0	107.6	109.2
2019	90501	98899	62612	87195	110.2	110.5	103.2	109.7	107.5	107.9	100.4	106.8
2020	97379	108132	68590	92721	107.6	109.3	109.5	106.3	105.2	106.9	107.1	103.9
2021	106837	115583	74491	103182	109.7	106.9	108.6	111.3	108.6	105.8	107.5	110.2

表7 按行业分城镇单位就业人员平均工资

单位：元

指标	2021年	2020年	2019年	2018年	2017年	2016年	2015年	2014年	2013年	2012年
城镇单位就业人员	106837	97379	90501	82413	74318	67569	62029	56339	51483	46769
农、林、牧、渔业	53819	48540	39340	36466	36504	33612	31947	28356	25820	22687
采矿业	108467	96674	91068	81429	69500	60544	59404	61677	60138	56946
制造业	92459	82783	78147	72088	64452	59470	55324	51369	46431	41650
电力、燃气及水的生产和供应业	125332	116728	107733	100162	90348	83863	78886	73339	67085	58202
建筑业	75762	69986	65580	60501	55568	52282	48886	45804	42072	36483
交通运输、仓储和邮政业	109851	100642	97050	88508	80225	73650	68822	63416	57993	53391
信息传输、计算机服务和软件业	201506	177544	161352	147678	133150	122478	112042	100797	90915	80510
批发和零售业	107735	96521	89047	80551	71201	65061	60328	55820	50308	46340
住宿和餐饮业	53631	48833	50346	48260	45751	43382	40806	37264	34044	31267
金融业	150843	133390	131405	129837	122851	117418	114777	108273	99653	89743
房地产业	91143	83807	80157	75281	69277	65497	60244	55554	51048	46764

续表

指标	2021 年	2020 年	2019 年	2018 年	2017 年	2016 年	2015 年	2014 年	2013 年	2012 年
租赁和商务服务业	102537	92924	88190	85147	81393	76782	72489	66475	62538	53162
科学研究、技术服务和地质勘查业	151776	139851	133459	123343	107815	96638	89410	82220	76602	69254
水利、环境和公共设施管理业	65802	63914	61158	56670	52229	47750	43528	39198	36123	32343
居民服务和其他服务业	65193	60722	60232	55343	50552	47577	44802	41882	38429	35135
教育	111392	106474	97681	92383	83412	74498	66592	56580	51950	47734
卫生、社会保障和社会福利业	126828	115449	108903	98118	89648	80026	71624	63267	57979	52564
文化、体育和娱乐业	117329	112081	107708	98621	87803	79875	72764	64150	59336	53558
公共管理和社会组织	111361	104487	94369	87932	80372	70959	62323	53110	49259	46074

表 8　城乡居民家庭人均收入及恩格尔系数

年份	城镇居民家庭人均可支配收入（元）	城乡居民收入差距（元）	农村居民家庭人均纯收入/人均可支配收入	城镇居民家庭恩格尔系数（%）	农村居民家庭恩格尔系数（%）
2011	21809.8	6977.3	3.13	36.3	40.4
2012	24564.7	7916.6	3.10	36.2	39.3
2013	26955.1	8895.9	3.03	35.0	37.7
2014	29381.0	9892.0	2.75	30.0	33.6
2015	31790.3	10772.0	2.95	29.7	33.1
2016	34257.6	11600.1	2.95	29.3	32.2
2017	36396.2	13432.4	2.71	28.6	31.2
2018	39250.8	14617.0	2.69	27.7	30.1
2019	42359.0	16021.0	2.64	27.6	30.0
2020	43834.0	17131.0	2.56	29.2	32.7
2021	47412.0	18931.0	2.51	28.6	32.7

注：2013 年起，农村居民人均纯收入改变为人均可支配收入，而且从 2013 年起城乡居民可支配收入的指数不再统计。根据城乡一体化住户收支与生活状况调查数据，按可比口径推算获得。2016 年起不再推算，本表中 2016 年数据根据 2015 年趋势推算。

表9 各省（区、市）居民人均可支配收入

单位：元

地区	居民人均可支配收入			地区	居民人均可支配收入		
	2019 年	2020 年	2021 年		2019 年	2020 年	2021 年
合　计	30733	32189	35128	河　南	23903	24810	26811
北　京	67756	69434	75002	湖　北	28319	27881	30829
天　津	42404	43854	47449	湖　南	27680	29380	31993
河　北	25665	27136	29383	广　东	39014	41029	44993
山　西	23828	25214	27426	广　西	23328	24562	26727
内蒙古	30555	31497	34108	海　南	26679	27904	30457
辽　宁	31820	32738	35112	重　庆	28920	30824	33803
吉　林	24563	25751	27770	四　川	24703	26522	29080
黑龙江	24254	24902	27159	贵　州	20397	21795	23996
上　海	69442	72232	78027	云　南	22082	23295	25666
江　苏	41440	43390	47498	西　藏	19501	21744	24950
浙　江	49899	52397	57541	陕　西	24666	26226	28568
安　徽	26415	28103	30904	甘　肃	19139	20335	22066
福　建	35616	37202	40659	青　海	22618	24037	25920
江　西	26262	28017	30610	宁　夏	24412	25735	27905
山　东	31597	32886	35705	新　疆	23103	23845	26075

表格索引

图形索引

统计名词解释

家庭人口	指居住在一起,经济上合在一起共同生活的家庭成员。
常住人口	全年经常在家或在家居住 6 个月以上,而且经济和生活与本户连成一体的人口。外出从业人员在外居住时间虽然在 6 个月以上,但收入主要带回家中,经济与本户连为一体,仍视为家庭常住人口。
劳动力	指调查期内常住人口中 16 周岁到 60 周岁的劳动力,虽然在劳动年龄之内,但已丧失劳动能力的人,不应算为劳动力。
转移劳动力	指举家外出住户的劳动力和常住人口中外出从业 6 个月以上,或未外出从业,但在本地非农产业从业 6 个月以上的劳动力。
总收入	住户和住户成员从各种来源渠道得到的收入总和。按收入的性质划分为工资性收入、家庭经营收入、财产性收入和转移性收入,不包括出售财物和借贷收入。
工资性收入	农村中,指住户成员受雇于单位或个人,靠出卖劳动而获得的收入,包括在非企业组织中劳动得到的收入,在本地劳动得到的收入,常住人口外出从业得到的收入。城镇中,指就业人员通过各种途径得到的全部劳动报酬,包括从事主要职业的工资以及从事第二职业、其他兼职和零星劳动得到的其他劳动收入。
家庭经营收入	住户以家庭为生产经营单位进行生产筹划和管理而获得的收入。是全部生产经营收入中扣除生产成本和税金后所得的收入。
财产性收入	指金融资产或有形非生产性资产的所有者向其他机构单位提供资金或将有形非生产性资产供其支配,作为回报而从中获得的收入。
转移性收入	指住户和住户成员无须付出任何对应物而获得的货物、服务、资金或资产所有权等,不包括无偿提供的用于固定资本形成的资金。一般指国家、单位、社会团体对居民家庭的各种转移支付和居民家庭间的收入转移。
总支出	住户用于生产、生活和再分配的全部支出。家庭经营费用支出、购置生产性固定资产支出、生产性固定资产折旧、税费支出、生活消费支出、财产性支出和转移性支出。
农村居民家庭人均纯收入	指住户当年从各个来源得到的总收入相应地扣除所发生的费用后的收入总和。纯收入主要用于再生产投入和当年生活消费支出,也可用于储蓄和各种非义务性支出。计算方法:纯收入＝总收入-家庭经营费用支出-税费支出-生产性固定资产折旧-赠送农村内部亲友支出。

居民家庭人均可支配收入	指调查户可用于最终消费支出和其他非义务性支出以及储蓄的总和,即居民家庭可以用来自由支配的收入。它是家庭总收入扣除经营性支出、交纳的个人所得税、个人交纳的社会保障费以及调查户的记账补贴后的收入。
现金收入	指农村住户和住户成员在调查期内得到的以现金形态表现的收入。按来源分成工资性收入、家庭经营现金收入、财产性收入、转移性收入。
非收入所得	指住户和成员得到的不具收入特性的款项。非收入所得也可用于住户和成员的消费支出,包括支取的储蓄存款、出卖财产得到的款项、借款、贷款和其他款项。

图书在版编目（CIP）数据

中国居民收入分配年度报告 . 2022 ／ 国家发展和改革委员会就业收入分配和消费司，北京师范大学中国收入分配研究院编著 . --北京：社会科学文献出版社，2023.6

ISBN 978-7-5228-1623-4

Ⅰ.①中⋯　Ⅱ.①国⋯②北⋯　Ⅲ.①国民收入分配-研究报告-中国-2022　Ⅳ.①F126.2

中国国家版本馆 CIP 数据核字（2023）第 052875 号

中国居民收入分配年度报告（2022）

编　　著 ／ 国家发展和改革委员会就业收入分配和消费司
　　　　　 北京师范大学中国收入分配研究院

出 版 人 ／ 王利民
组稿编辑 ／ 任文武
责任编辑 ／ 张丽丽
责任印制 ／ 王京美

出　　版 ／ 社会科学文献出版社·城市和绿色发展分社（010）59367143
　　　　　　 地址：北京市北三环中路甲 29 号院华龙大厦　邮编：100029
　　　　　　 网址：www. ssap. com. cn
发　　行 ／ 社会科学文献出版社（010）59367028
印　　装 ／ 三河市龙林印务有限公司

规　　格 ／ 开　本：787mm×1092mm　1/16
　　　　　　 印　张：20.75　字　数：314 千字
版　　次 ／ 2023 年 6 月第 1 版　2023 年 6 月第 1 次印刷
书　　号 ／ ISBN 978-7-5228-1623-4
定　　价 ／ 98.00 元

读者服务电话：4008918866